2021/2022

中国家用纺织品行业发展报告

2021/2022 CHINA HOME TEXTILE INDUSTRY DEVELOPMENT REPORT

中国家用纺织品行业协会　编著

中国纺织出版社有限公司

内 容 提 要

《2021/2022中国家用纺织品行业发展报告》分为八篇。行业报告篇分析了2021年我国家纺行业的运行情况，对我国纺织行业的品牌化进程作了概述。国际动态篇介绍了RCEP生效实施对我国纺织产业的影响及展望，并对2021年我国家纺外贸出口的良好局面进行论述与分析。国内市场篇分别从全国大型零售市场、全国纺织专业市场对2021年家纺内销市场进行系统分析，并着重分析床上用品零售市场的运行情况及发展趋势。上市公司篇对家纺行业主板上市公司和新三板上市公司2021年的生产经营情况及发展特点进行了分析。热点研究篇着眼"绿色低碳""世界级产业集群"以及"跨境电商"三个与家纺行业发展密切相关的热点话题展开论述，对行业下一步发展极具指导价值。研发创新篇为凸显家纺产业时尚与文化创新力，对家纺协会2021年举办的三个全国性家纺设计大赛成果进行了总结。趋势流行篇聚焦产业链上下游产品，把握时尚风向，深挖产业价值，发布了我国纤维流行趋势和床上用品及布艺流行趋势。相关产业篇涵盖了与家纺产业链密切相关的棉纺织、化纤、印染及缝纫机行业的年度运行情况。另外，附录部分收录了2021年度家纺行业各类奖项及相关经济数据等资料。

本书是一部集中反映家用纺织品行业年度发展情况与趋势的研究报告，旨在为相关企业、部门机构科学决策和国家宏观经济管理提供具有权威性和指导性的参考依据。

图书在版编目（CIP）数据

2021/2022 中国家用纺织品行业发展报告 / 中国家用纺织品行业协会编著 . -- 北京：中国纺织出版社有限公司，2022.8

ISBN 978-7-5180-9678-7

Ⅰ . ① 2… Ⅱ . ① 中… Ⅲ . ① 纺织工业—工业发展—研究报告—中国—2021-2022 Ⅳ . ① F426.81

中国版本图书馆 CIP 数据核字（2022）第 123435 号

2021/2022 ZHONGGUO JIAYONG FANGZHIPIN HANGYE FAZHAN BAOGAO

责任编辑：孔会云　　责任校对：王蕙莹　　责任印制：王艳丽

中国纺织出版社有限公司出版发行
地址：北京市朝阳区百子湾东里A407号楼　邮政编码：100124
销售电话：010—67004422　传真：010—87155801
http://www.c-textilep.com
中国纺织出版社天猫旗舰店
官方微博http://weibo.com/2119887771
北京华联印刷有限公司印刷　各地新华书店经销
2022年8月第1版第1次印刷
开本：889×1194　1/16　印张：17
字数：355千字　定价：268.00元
京朝工商广字第8172号

序 Foreword

2021年，在以习近平同志为核心的党中央坚强领导下，我们坚持稳字当头，稳中求进，持续深化转型升级，努力应对新冠肺炎疫情防控、原料价格波动、国际物流不畅等风险，行业运行整体平稳，出口规模又创新高，基本实现"十四五"良好开局。但2022年3月以来，新冠肺炎疫情和乌克兰危机导致风险挑战增多，我国经济发展环境的复杂性、严峻性、不确定性上升，市场需求收缩，生产成本高企，压力进一步加大，行业发展速度明显放缓。

共克时艰，勠力同行。 尽管与疫情相关的挑战给我们带来短期压力，长期来看，中国经济发展的潜力和韧性依旧，长期向好的基本面没有改变。我们要坚定信心，与时代共处，与挑战共处，与不确定共处，心无旁骛发展好自己。为扎实稳住经济，国务院常务会议近期及时部署了扎实稳住经济的六个方面33项一揽子政策措施，一系列稳外贸、促消费、活市场、保稳价和增强实体经济支持的宏观政策相继出台。我国纺织产业链供应链体系完备、高效稳定、自主可控，我们完全有理由相信，随着疫情逐步得到控制，消费市场将会逐步恢复，行业发展也将回归正轨。

行稳致远，奋发有为。 应对挑战，中国家纺行业将继续坚持稳中求进的总基调，围绕行业"十四五"发展目标，用"创新、协调、绿色、开放、共享"的发展理念，深化转型升级，推动高质量发展；加强结构调整，促进区域协调发展；强化内外循环，拓宽产业发展空间；优化外循环，开创国际化新局面。充分展现多年深度调整转型所积累的发展韧性，努力释放高质量发展潜力。

《2021/2022中国家用纺织品行业发展报告》在维持原有风格的基础上，继续深挖行业研究。《中国家用纺织品行业发展报告》自问世以来，获得了业界和社会的多方关注和好评，虽然还有不尽完善之处，但家纺协会一直在努力，力求把本书打造成一部集中反映行业年度发展情况与趋势的研究报告，为产业发展升级提供服务指南。

最后，本书在编写过程中得到了社会各界人士的大力支持、真诚鼓励和热心帮助，在此本人代表中国家用纺织品行业协会借此机会向相关单位及个人表示衷心的感谢！

杨兆华

2022年6月

目录 Contents

行业报告

国际动态

国内市场

上市公司

热点研究

研发创新

趋势流行

相关产业

附 录

行业报告

2021年中国家用纺织品行业运行分析与2022年趋势展望

中国家用纺织品行业协会产业部

2021年，经过上年国家统筹防控工作及行业积极恢复，国内经济稳中加固、稳中向好，为家纺行业经济运行提供有利宏观环境。行业内外销市场总体保持稳定，行业生产稳定有序。与此同时，国际贸易环境不确定性风险犹存，行业成本压力高企，国内外疫情反复持续挑战着行业企业的抗压应变能力。在党和国家对实体产业的高度重视下，各级政府对家纺产业的政策扶持与行业企业勇于探索的共同努力下，家纺行业继续以高质量发展为主要目标，继续深挖行业潜力，践行以"科技、时尚、绿色"为发展理念，严格把控行业产品质量与行业标准，在保证行业健康有序发展的同时，继续深耕行业品牌化发展道路并积极拓展跨界合作新模式，使家纺行业在2021年综合实力持续提高，总体实现了行业"十四五"良好开局。

一、家纺行业整体运行状况

2021年我家纺行业运行总体平稳，基于上年疫情原因导致的产业基数变动，行业增速逐月放缓，全年仍然保持在合理的增长区间。据国家统计局数据测算，2021年全国规模以上家纺企业营业收入同比增长6.45%，利润总额同比下降6.85%。出口增势迅猛，出口额同比增长29.36%，且量价齐增；内销市场总体稳定，行业全年实现平稳运行。

（一）行业增速由高趋缓

2021年，我家纺行业运行总体平稳，经过上年积极应对及消解新冠肺炎疫情冲击影响，产业链上下游均已逐渐恢复，生产衔接顺畅。大部分企业营业额已经恢复至疫情前水平。由于上年疫情影响行业基数较低，一度拉高了今年上半年的增速，随着国内疫情防控形势良好，行业消费、生产恢复态势不断巩固，逐渐摆脱疫情的负面影响，形成前高后低态势，总体保持了稳中有进的增长局面，见图1。据国家统计局数据测算，全国规模以上家纺企业的两年平均营业收入增速为2.87%。

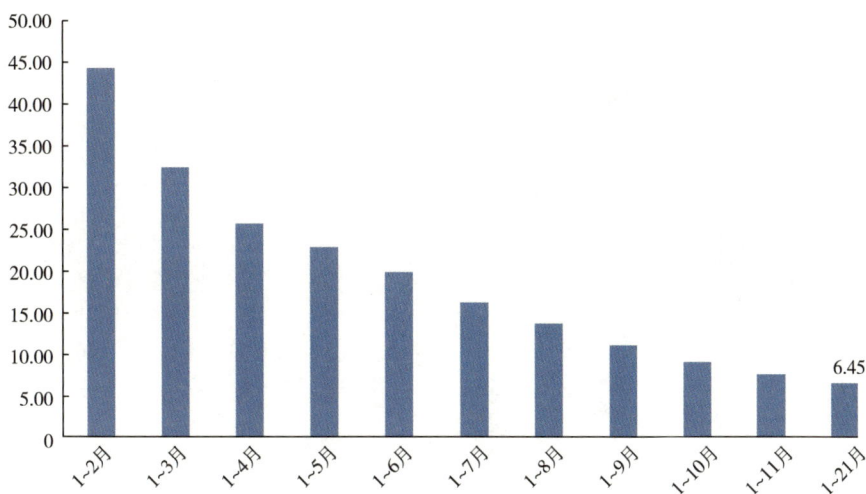

图1　2021年全国规模以上家纺企业累计营业收入增幅（％）

数据来源：国家统计局

（二）出口增势明显

2021年，我国家纺产品出口规模达到历史高位。据海关数据统计，我国全年累计出口家纺产品479.25亿美元，同比增长29.36%，较2019年增长22.69%，两年平均增长10.77%，实现飞跃式增长。其中出口数量同比增长19.29%，出口单价同比增长8.44%，见图2。但随着世界贸易秩序的恢复，低基数效应和订单回流红利的消失，我国家纺产品出口规模或将恢复正常区间。

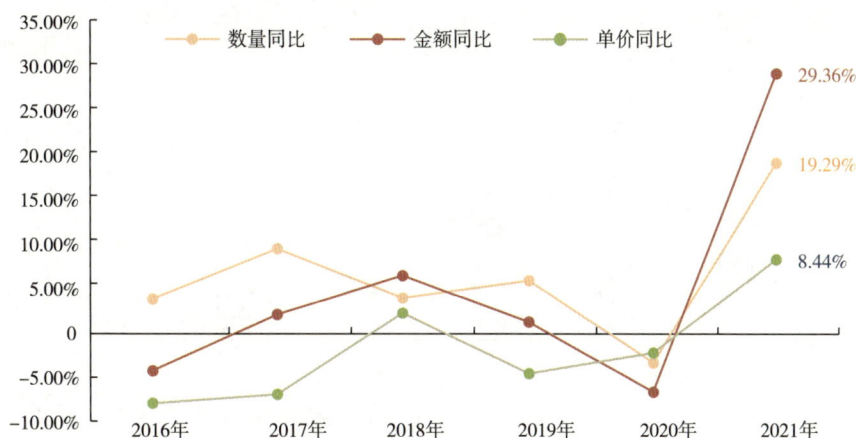

图2　2016~2021年我国家纺产品出口金额、数量、单价同比

数据来源：中国海关

大类产品均实现显著增长。2021年，床品、布艺、毛巾、地毯、毯子和餐厨用纺织品6大类家纺产品出口额均实现显著增长，除毛巾产品外，出口规模均达到历史最高值，见图3。

出口产品以化纤制品为主，其次为棉制品。2021年出口化纤类家纺产品340.09亿美元，占出口总量的71%，同比增长31.57%，高于棉类家纺产品4.03个百分点；出口棉类家纺产品57.68亿美元。

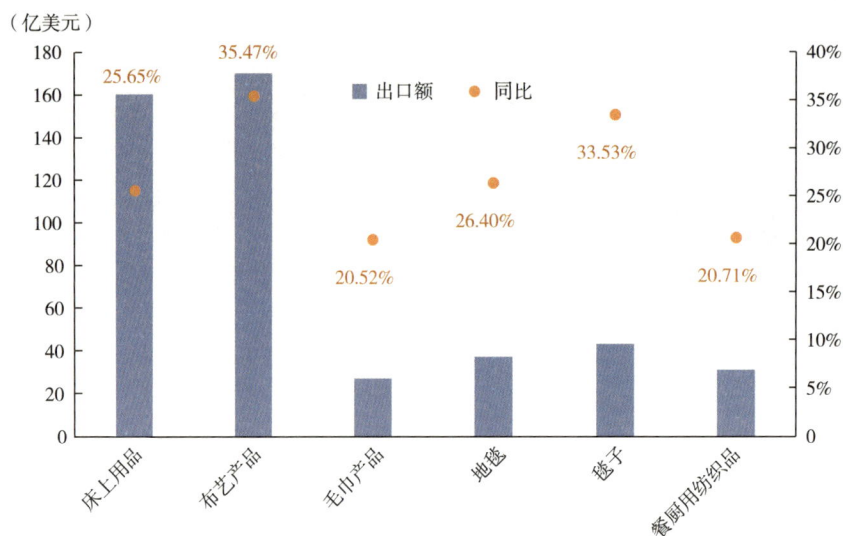

图3　2021年我国家纺大类产品出口额及同比
数据来源：中国海关

六大洲家纺出口市场均得到不同程度的增长，其中以亚洲、北美洲、欧洲为主要市场，占我国总出口的80%以上，同时出口额同比增速显著，极大地带动我国家纺产品整体出口形势。另外，拉丁美洲在2021年得到飞速恢复发展，出口额同比增长高达73.61%，见图4。

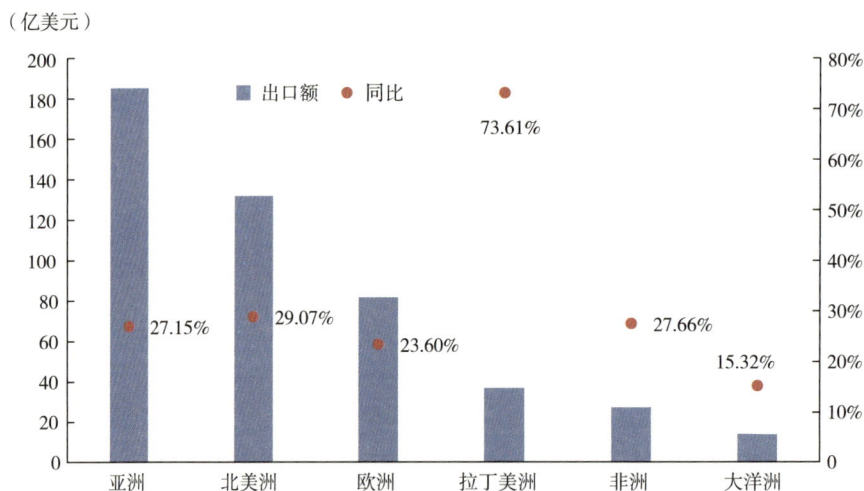

图4　2021年我国对六大家纺市场出口情况
数据来源：中国海关

（三）内销缓中趋稳

从内销情况来看，家纺三大子行业总体保持缓中趋稳的运行态势。床上用品行业全年运行质量相对较好，规模以上企业各月内销产值均保持正增长。布艺行业近年来一直处于高速增长区间，至2021年三季度出现回调，进入11月以后，由于上游化纤原料价格回落，规模以上企业内销产值降幅逐渐收窄，全年内销产值同比下降4.91%，见图5。毛巾行业今年来规模略有收缩，规模以上企业内销与上年基本保持持平且有小幅增长，可见毛巾企业在下行压力下及时调整注重转型升级方面取得一定成效。

另外，收入增长带动消费支出，增强市场活力。2021年，全国居民人均可支配收入增长，其中衣着消费支出一季度同比增长18.4%；上半年同比增长21.4%，很大程度上带动了消费市场。一季度国内线上线下消费市场销售良好，网络渠道消费大幅增长：2021年3月，天猫及淘宝平台家纺销售30.9亿元，同比增长36.4%。不断涌现的新商业模式加速激活消费市场，拉动行业生产扩张，行业市场需求处于增长区间。

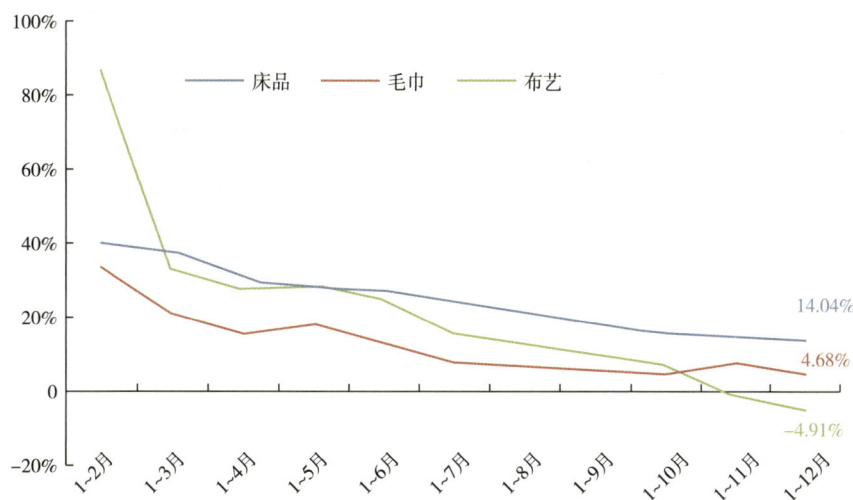

图5　2021年床品、毛巾、布艺三大子行业内销产值增长趋势
数据来源：国家统计局

整体来看，2021年国际国内环境复杂趋好，家纺行业全年产销运行总体保持平稳有序的增长态势。

（四）行业成本压力加大

2021年，家纺行业成本大幅上涨，据国家统计局数据测算，全年规模以上家纺企业营业成本增幅为6.94%，略高于营业收入增幅，行业利润受到较大影响。其原因一方面由于行业上游主要原料价格均处于历年高位，给终端家纺企业带来压力；另一方面，受国际形势复杂、汇率波动及国际海运受阻等因素影响，行业成本压力普遍增大。全年规模以上家纺企业利润增幅情况见图6。

1. 上游原料价格处于历史高位

棉花及棉纱价格处于近几年的高位，延续上年原料价格上涨趋势，其主要原因是植棉意向减少抬高棉花价格。受用工多，投入多，收益低，内地棉花补贴政策落实慢，农资和化肥价格、土地价格、水费普遍上涨等因素影响，2021年以来，国内植棉意愿有所下降。中国棉花协会对全国12个省市和新疆维吾尔自治区相关农户进行的全国植棉意向调查结果显示：全国植棉意向面积同比下降4.99%。国内棉花供给规模紧缩，导致棉花市场价格快速上涨。主要原料价格走势见图7。

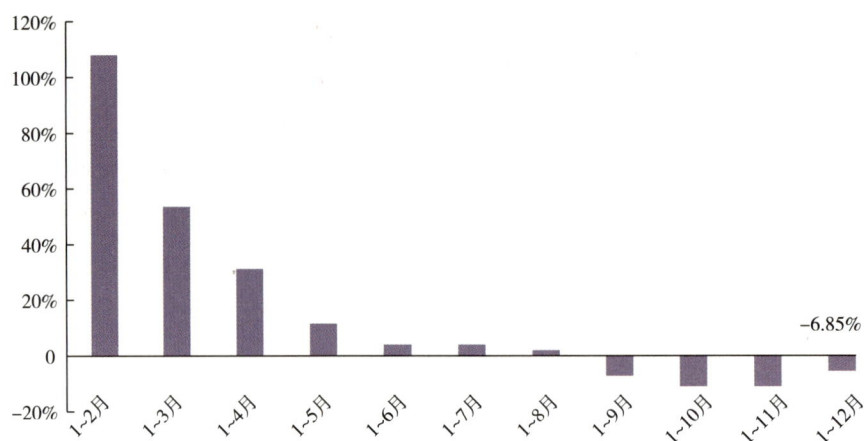

图6 2021年全国规模以上家纺企业累计利润总额增幅
数据来源：国家统计局

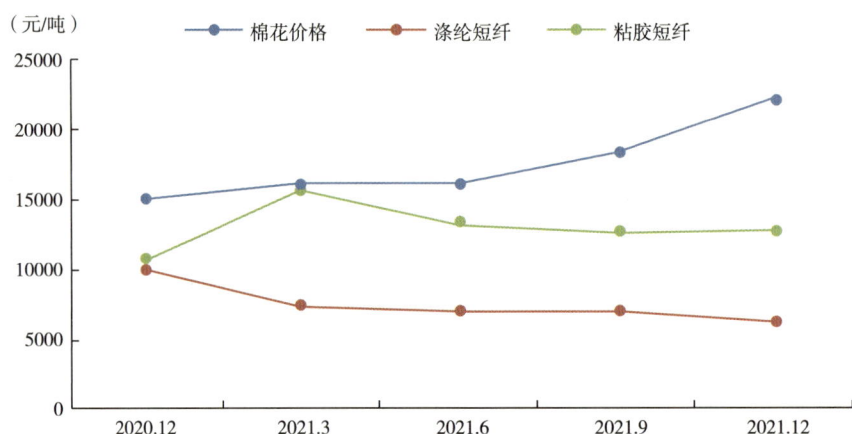

图7 2021年家纺主要原料价格走势
数据来源：中国纺联

上游原料价格持续高位抬高化纤价格，见表1。2021年以来，由于国际原油价格以及PTA、MEG等主要化纤原料价格持续上涨，致使家纺行业的主要化纤原料涤纶短纤和粘胶短纤的价格始终维持高位，增加了家纺企业的原料成本。

表1 2021年化纤主要原料价格

时间	国际WTI原油（美元/桶）	PTA（元/吨）	MEG（元/吨）
3月	62.3	4835	5210
6月	70.9	5150	4995
9月	70.7	4862	5418
12月	71.4	4632	4870

资料来源：中国纺联

2. 产业链需求传导刺激原料价格

由于处于产业链终端的家纺产品需求上涨，导致家纺企业备货积极性提高，对上游原料的需求相应增加，短期内出现原料供应紧张，一定程度上刺激了原料价格上涨。2020年四季度以来，家纺市场需求大幅提升，据"纺织服装企业经营管理者调查问卷"结果测算，2021年各季度家纺行业的新订单指数一直保持较高水平，对原材料的购进数量也处于扩张区间，分别见图8、表2。

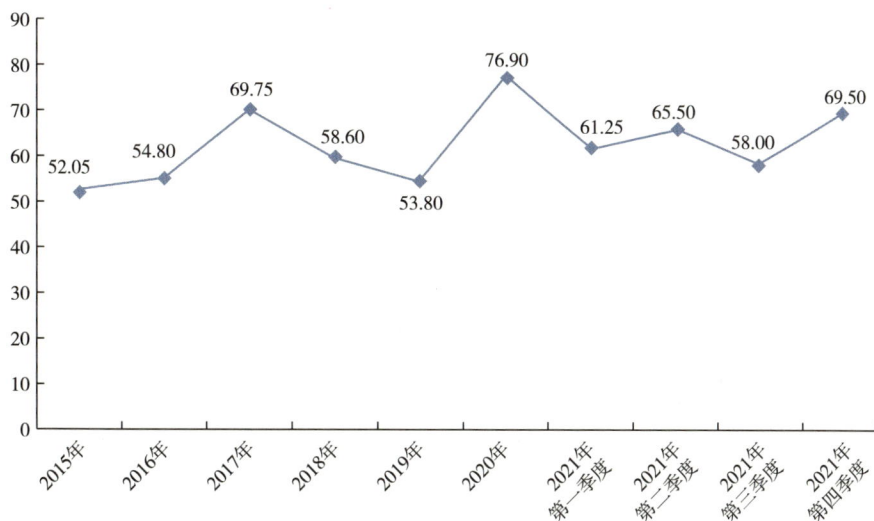

图8　近几年家纺企业新订单指数走势

数据来源：纺织服装企业经营管理调查问卷

表2　2021年各季度家纺企业原材料购进数量比上期

季度	增加（%）	持平（%）	减少（%）
一季度	37.5	45.0	17.5
二季度	46.5	44.2	9.3
三季度	44.0	40.0	16.0
四季度	40.0	48.9	11.1

资料来源：纺织服装企业经营管理调查问卷

3. 外贸风险增加企业压力

2021年，由于疫情仍在全球肆虐，国际经济复苏步伐缓慢，国际贸易不确定因素增加。同时，受海外航运事故连锁反应影响导致的货仓紧张，货柜价格陡增，给出口企业带来风险压力。加之汇率波动，中美贸易摩擦升级等因素影响，对原有的外贸格局产生了极大的变化，尤其对于中小型企业来说，除了新冠疫情影响和原材料等制造成本的压力之外，国际市场需求不足成为其关注的重点。

（五）四季度运行质量有所回升

下半年我国经济运行延续了恢复态势，但受国际环境复杂严峻、国内疫情汛情冲击，以及原材料价格持续上涨、能源动力紧张等影响，家纺行业运行压力仍然较大。三季度由于国内疫情多源多点发生，居民出行和消费减少；国际市场需求疲软，运输成本上涨；订单不足成为企业最关注的问题。加上去年同期基数升高，影响了新订单增长趋势。三季度行业景气指数有所回落，但主要原因之一与上年前低后高的基数影响有关，总体看生产仍保持平稳增长。

进入四季度以后，随着国内疫情控制较好，我国经济继续保持恢复态势，国内生产总值增长4.0%，全年GDP增长8.1%。国庆假期、"双十一"电商促销、过年商品大促等积极因素带动消费市场持续恢复，规模以上家纺企业当月利润总额降幅持续收窄，至12月增速恢复正增长；两年平均增速为7.08%，见图9。

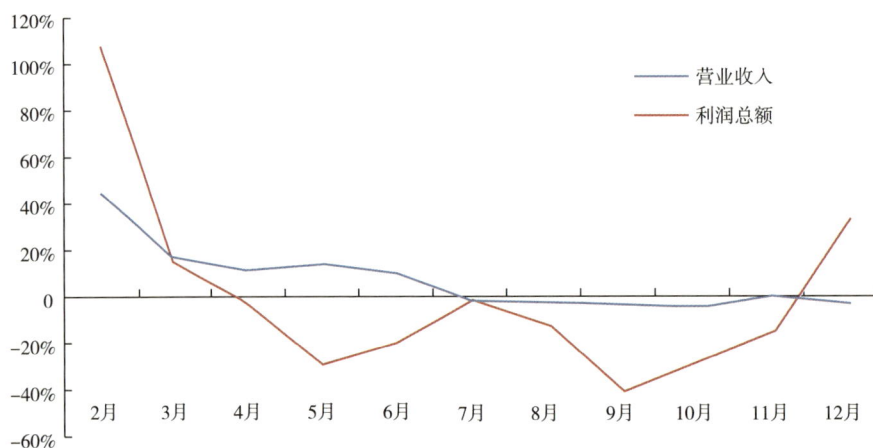

图9 2021年规模以上家纺企业主要经济指标走势
数据来源：国家统计局

二、行业全面践行高质量发展取得突出成果

（一）以科技创新打造行业内生动力

坚持科技创新驱动发展，打造产业内生动力，是行业保持旺盛生命力和市场活力的必选项。2021年，家纺行业高度重视科技发展，众多家纺企业斩获多项行业科技荣誉，是行业科技进步、产业技术升级的重要体现。华纺、梦洁、愉悦及东方地毯4家家纺企业获评工信部国家级工业设计中心；万斯、梦洁、博洋等家纺企业的39件产品获评"2021年度十大类纺织创新产品"；孚日、华纺、红柳、罗莱生活、愉悦等企业获评"纺织行业创新示范科技型企业"；魏桥、华纺、孚日及亚光4家企业获评"中国纺联优秀专利奖"；愉悦、悦达和水星3家企业获评"中国纺联科技进步奖"，其中愉悦获一等奖；博洋、魏桥嘉嘉及水星3家企业获评中国纺联"产品开发贡献奖"；水星家纺获评中国纺联"纺织行业创新平台"。

在行业科技创新的背后，离不开生产装备的加速发展。近年来，家纺行业在技术装备、智能制造方面发展也非常快。行业在芯被自动化生产线、套件自动化生产线、毛巾自动化生产线以及窗帘连续化生产线方面，都有着不同程度的探索。家纺行业在智能化、自动化生产方面，已取得较大进步。

（二）注重时尚研发提升行业软实力

2021年，在中国家纺流行趋势基础之上，中国家纺床品流行趋势、中国家纺布艺流行趋势首次发布，展现多维突破，领航时尚。三大家纺赛事"震泽丝绸杯""海宁家纺杯""张謇杯"鼎足而立，创新变革。大量优秀作品为家纺产业的时尚文化内涵注入源源不断的新鲜血液。纤维艺术的发展得到推动，非遗的现代价值逐步体现，首届"中国南通国际家纺时尚周"在业内炫动时尚风潮。中国家纺时尚话语权得到显著提升。

（三）践行行业绿色可持续发展

2021年，家纺行业全面聚焦"双碳"目标，构建"绿色低碳循环"产业体系。水星、金太阳、瑞爱福等企业秉持"零碳"概念，打造低碳环保的优质面料产品。愉悦家纺立足纺织全生态链，整合内外资源，实现了从"纺织"到"纺织+健康"产业结构转型。行业共同推动家纺产业绿色升级，将可持续发展理念做深做实。

（四）质量、标准体系建设取得新成果

2021年，行业加快标准化进程，围绕产品质量提升，发布了《中国家纺质量白皮书（2017—2020年）》以及多项行业团体标准，用"标准化+家纺"打造行业高质量发展新引擎，为实现行业高标准、高质量发展"补短板""填空白"，见表3。

表3 2021年中国家纺行业团体标准项目一览表

序号	项目名称	序号	项目名称
1	学生宿舍/公寓配套床上用品	5	户外家具用纺织品
2	养老机构用床上用品	6	运动巾
3	被子舒适度使用温度测定方法	7	压缩巾
4	再生涤纶缝纫线		

资料来源：中国家纺协会

（五）品牌化与跨界合作取得新进展

1. 继续深耕品牌化道路

2021年，随着真爱美家、玉马两家家纺企业成功上市，家纺行业已集孚日、罗莱生活、富安娜、水星家纺、梦洁股份、梦百合、众望布艺、西大门10家上市公司，更多制造品牌进入资本市场。

行业品牌建设以及研发能力的提升，为推动行业出口做出了较大贡献。据中国家纺协会对"外贸企业的问卷调查"结果显示：从行业分布来看，床上用品外贸企业研发创新能力比较突出，拥有自主品牌和ODM营销模式所占比重较高，且跨境电商模式占比相对较高。中小型外贸企业拥有自主品牌销售模式的占比最高，其中2000万元规模以下的企业中自主品牌占比高达57%。

与此同时，行业借助中国国际家纺展等优质平台进一步提高品牌影响力。通过以品牌爆款运营实战攻略为出发点开设跨境电商论坛，助推品牌打通跨境电商路径；开启家纺购物节活动，把企业特色产品推向终端，扩大企业品牌在终端消费者中的影响力。品牌化建设极大提高了行业软实力。

2. 渠道拓展与开放合作是应对之策

2021年，受新冠肺炎疫情等因素影响，国际形势依然不断变化，机遇与挑战并存。家纺行业通过中国国际家纺展平台等的渠道优势、客户优势、资源整合优势，利用线上小程序、线上推介会、直播带货等云端渠道的开放，打破了展会的空间和时间限制，在数字技术、媒介的推动下，助力家纺企业通过新渠道"走出去"。

另外，家纺行业积极开展不同领域的跨界合作。通过家具&家纺TOP品牌直洽会、软装设计师带你云逛展直播等活动，与家居企业平台跨界融合；加强与地方省市装饰协会、家具协会、专业市场等的合作，开展展会互动、实地调研、研讨交流等活动，实现跨界合作共赢。

三、2022年家纺行业预判与趋势展望

新的一年，在我国经济发展面临的需求收缩、供给冲击、预期转弱三重压力下，疫情持续，百年变局加速演进，外部环境更趋复杂严峻和不确定。家纺行业预期保持平稳运行，积极探索稳中求进，按照高质量发展的总体方向，围绕科技、时尚、绿色为主题，推进行业标准化与品牌化建设，促进行业逐步实现转型升级。

（一）行业运行稳字当头

2022年，在我国宏观环境总体向好，国内国际"双循环"协同发展的新格局下，内需市场还将拥有广阔的发展空间和丰富的创新源动力。国际环境方面，随着《区域全面经济伙伴关系协定》（RCEP）生效及高标准自由贸易区网络建设持续推进，家纺行业在进一步挖掘区域市场潜力和构建跨国资源配置体系中将拥有更多有利条件。行业总体预期将保持平稳发展，同时还应积极探索，推动稳中求进。

（二）全面推进行业高质量发展

增强科技含量。围绕新型纤维材料、功能性面料和产品、智能家纺加工技术和产品、节能减排和资源循环再利用技术等展开创新突破。重点通过科技创新推动家纺制造产业数字化、智能化转型发展，把科技创新作为应变局、开新局的发力点和突破口。

提升行业软实力。得益于家纺原创设计力量的崛起，依托于强劲的设计创新动力，家纺行业将加速营造区域时尚生态，树立家纺文化自信。

践行绿色发展责任。继续推进家纺产业绿色发展新模式，推行生态设计，开发绿色家纺产品，提高产品能效环保低碳水平。致力建设绿色工厂、绿色园区，构建从原料、生产、营销、消费到回收再利用的高端家纺产业循环体系。

标准化工作提出更高要求。一是要加强标准宣贯力度，多举措促进团体标准有效实施；二是要加强标准调研工作，提高团体标准制修订水平；同时团标要不断开拓新领域，进一步在养老、户外、交通、宠物用等领域布局，进一步加大消费引导的研究，为完善行标、国标体系打好基础，为实现人们对美好生活的新期待作出家纺人的贡献。

（三）继续优化产业布局

深入构建多层次的品牌建设立体格局。强化品牌基础能力的提升，壮大做强一批制造品牌；强化软实力建设与国际化运营，壮大做强一批终端消费品牌；强化内部协同与特色构建，壮大做强一批区域品牌；强化品牌国际化发展，力争我国自主品牌国际影响力取得重大突破。

继续优化产业布局，在"双循环"的发展格局下不断激活国内潜在市场，优化建设多元化国际市场。发展共享经济，推进共享制造、共享资源、跨界融合发展。以高质量发展作为建设现代化家纺产业的基本路径，推进产业转型升级和供给侧结构性改革，系统性构建高质量发展的新格局。

撰稿人：王冉

2021年中国纺织服装品牌发展报告

中国纺织工业联合会品牌工作办公室

"共同富裕是全体人民共同富裕，是人民群众物质生活和精神生活都富裕。"站在迈向第二个百年奋斗目标的新起点，在"科技、时尚、绿色"的纺织行业发展导向下，中国纺织服装品牌不断开拓新思路、焕发新生机、迈向新高度，对于创造人们物质领域和精神领域美好生活、推进共同富裕的支撑引领作用更加凸显。

一、品牌发展的机遇环境更加利好

2021年是"十四五"开局之年，也迎来了中国共产党新的百年征程。实现中华民族伟大复兴的中国梦，是每一个中国人共同奋斗的目标，成为新时代最伟大的梦想。在此背景下，中国文化受到更加广泛、深刻的关注，加之国内消费市场逐步恢复，营商环境持续向好，中国品牌迎来更加良性、积极的成长环境。

（一）民族复兴大计打开更广阔的品牌市场空间

2017年1月，中共中央办公厅、国务院办公厅发布《关于实施中华优秀传统文化传承发展工程的意见》提出，到2025年，中华优秀传统文化传承发展体系基本形成，具有中国特色、中国风格、中国气派的文化产品更加丰富，文化自觉和文化自信显著增强，国家文化软实力的根基更为坚实，中华文化的国际影响力明显提升。

《中华人民共和国国民经济和社会发展第十四个五年规划和2035年远景目标纲要》强调了"十四五"时期"加快构建以国内大循环为主体、国内国际双循环相互促进的新发展格局"的指导思想，提出"传承弘扬中华优秀传统文化，深入实施中华优秀传统文化传承发展工程，强化重要文化和自然遗产、非物质文化遗产系统性保护，推动中华优秀传统文化创造性转化、创新性发展"。

中华民族伟大复兴的根本是文化复兴，而品牌是文化的载体，也是行业高水平发展的凝结和体现。新发展格局对于"国内大循环"主体地位的确定，为自主品牌、自主创新打开了更大的空间，为国内市场激发了更强的活力。

（二）国内消费市场恢复韧性继续显现

消费持续成为我国经济增长的强劲动力。国家统计局数据显示，2021年，社会消费品零售总额44.1万亿元，比上年增长12.5%，两年平均增速为3.9%。其中，限额以上单位服装鞋帽、针纺织品类商品零售额1.38万亿元，占限额以上单位商品零售的9.0%，零售额比2019年、2020年分别增长2.4%、12.7%，纺织服装消费市场呈现活跃态势（图1）。

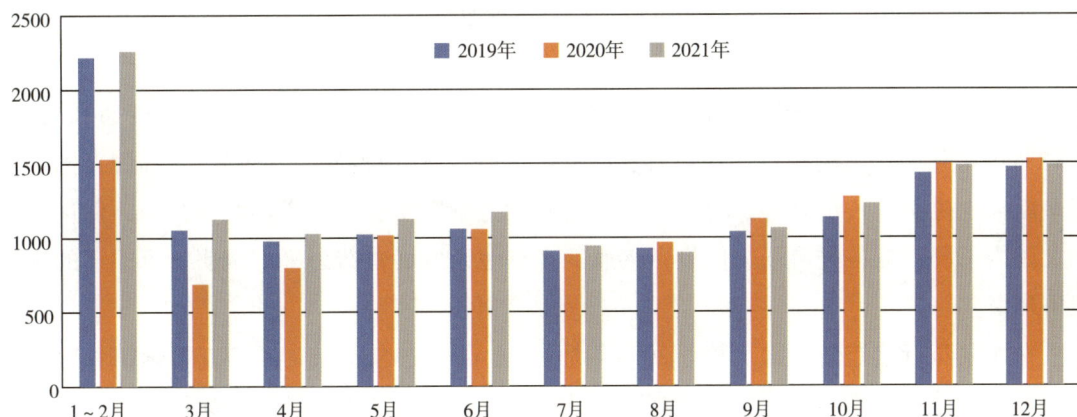

图1　近三年服装鞋帽、针纺织品类商品零售额走势
数据来源：国家统计局，中国纺织工业联合会整理

根据国家统计局数据，2021年我国服装行业规模以上企业完成服装产量235.41亿件，同比增长8.38%，增速比上年同期提高16.03个百分点，两年平均微增0.04%。运动健康领域备受关注，运动类服饰穿着场景延伸的同时，服装的运动泛化趋势明显。"十三五"期间，我国运动服装市场规模由1650亿元增长至2540亿元，年复合增长率达9.01%。"后疫情"时代人们更加关注健康生活，国务院于2021年7月发布《全民健身计划（2021—2025）》，全民健身运动概念逐渐普及，将进一步拓宽运动健康领域纺织服装产品市场空间。

（三）国货国潮受到更广泛关注

在大国复兴、民族振兴的时代背景下，中国文化日益走近世界舞台中央，人民多元化、高品位的文化需求逐步提升，美好生活需要日益广泛。在年轻人群成为消费主流、居民收入水平提升、民族文化认同感提高、人们消费理念革新等多因素的共同支撑下，国潮兴起成为标志性社会现象。

百度发布的《2021国潮骄傲搜索大数据报告》显示，近五年中国品牌和境外品牌的关注度发生巨大变化，2016年分别为45%和55%，而2021年已调整为75%和25%，中国品牌的关注度提高三成，其中服饰品牌关注度提升56%。汉服作为国潮产品的一个类别，越发受到消费者的追捧。艾媒咨询《国潮经济发展报告》显示，2021年汉服市场销售规模达101.6亿元，汉服爱好者数量规模达689.4万人，同比增幅分别达59.7%、33.5%。

年轻消费群体成为国潮消费的重要推动力量，拥有2.6亿人口规模的Z世代消费者已成为消费主力。对国家实力、优越社会制度、科技进步等的认知，加之疫情防控展现出的中国优势、中国态度、中国精神，使年轻一代的国家荣誉感与民族自豪感更加强烈，成为关注国潮、推进中华传统文化发展的主力军。

（四）营商环境持续向好

我国营商环境改革持续深化，营商环境进一步优化。2021年10月，《国务院关于开展营商环境创新试点工作的意见》（国发〔2021〕24号）印发，明确在北京、上海、重庆、杭州、广州、深圳6个城市开展营商环境创新试点，提出首批改革事项清单共101项举措。

市场竞争环境不断优化。2021年8月，市场监管总局、中宣部、中央网信办、工信部等14家单位联合发布《关于印发2021网络市场监管专项行动（网剑行动）方案的通知》，于9~12月中旬开展2021网剑行动；11月，国家市场监督管理总局反垄断局正式挂牌，国家对反垄断体制机制进一步完善，将充实反垄断监管力量，切实规范市场竞争行为，促进建设强大国内市场，为各类市场主体投资兴业、规范健康发展营造公平、透明、可预期的良好竞争环境。

直播电商行业监管更加严格。2021年5月，七部委联合发布《网络直播营销管理办法（试行）》，划定了网络直播营销领域的八条红线，五个重点管理环节，囊括了网络直播的"人、货、场"，并进一步明确了"台前幕后"各类主体的权责边界；8月，文化和旅游部发布《网络表演经纪机构管理办法》；商务部重点研制直播电商、社交电商等标准，完善电子商务公共服务标准体系；9月，《电子商务直播基地管理与服务规范》行业标准发布。随着政府部门对直播行业的监管更加严格，直播行业将迎来更加健康规范的运营。

二、中国纺织服装品牌焕发新生机

在经历了因2020年新冠肺炎疫情影响带来的下降之后，2021年纺织服装品牌运营整体有所回暖。从受到冲击到主动应对，中国纺织服装品牌迎来深度调整，品牌竞争力逐步提高，中国纺织工业联合会开展的品牌价值评价结果显示，57家"2022年中国纺织服装品牌竞争力优势企业"总价值达1.4万亿元。

（一）优势品牌运营回暖明显

从"2022年中国纺织服装品牌竞争力优势企业"情况来看，57家企业2021年营业收入同比增长10.38%，比2019年增长5.06%，其中消费品牌企业同比增长4.74%，比2019年微增0.14%，制造品牌企业同比增长13.29%，比2019年增长7.58%（图2）。

品牌竞争力优势凸显，盈利能力明显回升。2021年，57家企业净利润同比增长31.58%，较2019年增长20.21%，其中消费品牌企业同比增长17.54%，较2019年增长8.02%，制造品牌企业近几年波动更加明显，增长40.11%，较2019年增长27.55%；平均净利率为7.69%，高于2020年6.45%的水平（图3）。

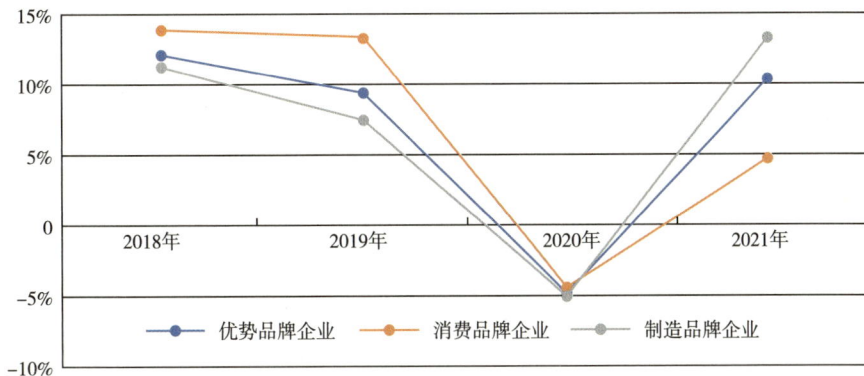

图2　2018~2021年"优势品牌企业"营业收入增长率变化情况

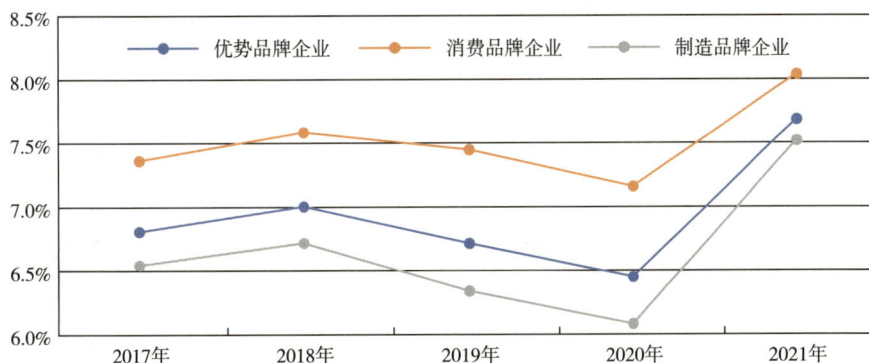

图3　2017~2021年"优势品牌企业"净利率变化情况

（二）中国文化支撑当代时尚

　　"国潮"3.0时代到来已获得广泛认知。"国潮"1.0时代，以复古风和符号化的形式表达中国元素为标志；"国潮"2.0时代，以时尚流行元素演绎中国风，强调与消费者之间的互动为标志；"国潮"3.0时代，在深入理解中国文化的基础上，将传统文化与现代审美进行深度融合，将中国文化与消费者在思想、精神、生活层面建立更加真实的联系，从而多元化地表达、应用与传输中国文化。从品牌年龄来看，中国纺织服装品牌的"国潮"化一方面表现为老字号、老品牌创新，另一方面表现为新锐品牌力量的兴起。从表现方式来看，"国潮"不再拘泥于产品外观对于典型实体元素、传统工艺技法的应用，而是逐渐趋于更加富有文化内涵、创意支撑、价值导向的多元化深度呈现，让品牌更加富有生命力、感染力，更加年轻化、生动化。

1.品牌定位国潮化

　　注重"国"与"潮"的融合，将中国传统文化与时尚消费方式相结合进行品牌定位，倡导"天人合一、自然舒适、绿色健康、时尚生活"等理念，延续传统文化精髓而又不止于传统，将民族文化注入品牌鲜活的思想与灵魂，将品牌文化植入消费理念、价值追求，从而与消费者产生心灵深处的共鸣，讲求品牌态度、个性与思想主张，提升国内消费者对于本土品牌、中国文化的认可度，在弘扬民族文化的同时，构建多元包容的现代文化体系，树立提升大国文化自信。

2. 品牌设计国潮化

在品牌产品外观造型、制作工艺、包装设计、门店设计、陈列设计等方面，更加注重对中国文化元素、民族精神、当代时尚的融合运用。例如，借助传统手工艺与当代技法融入产品设计，对点翠、花丝镶嵌、錾刻工艺、金镶银、玉雕等传统工艺进行传承创新；运用"龙、凤、如意、祥云、松竹梅、京剧脸谱"等元素，借鉴国画、剪纸等艺术手法，跨界融合少林功夫、英雄人物等中国特有的元素进行创新性变化，表达美好寓意与个性主张；不拘泥于代表中国文化的传统有形元素，而是将文化精髓与新时代人们的价值主张植入创意设计中。

北京2022年冬奥会和冬残奥会系列制服设计中，将中国传统山水画与冬奥会核心图形"赛区山形"完美融合，长城灰、霞光红、天霁蓝、瑞雪白等颜色的运用凸显中国文化特征与内涵。HUI品牌在米兰时装周上发布"Nü Shu 中国·女书"系列，以世界上发现的唯一一种由女性创造和使用的文字——女书为灵感，用女书文字本身的艺术表现力赋予时装当代感和力量感，对中国文化的表达与输出上升了新高度。设计师品牌Grace Chen秉承"静、深、富"的审美哲学，将设计建立在对中国灿烂历史文化的深入思考、对中国迈向现代化美丽图景的憧憬、与国际时尚消费思潮的紧密结合、对传统的中国文化符号和边界打破与再造创新的基础上。361°携手潮牌IISE、金顶设计师刘勇，联合打造"东方·破晓"主题大秀，以科幻小说《三体》的宏大故事为背景，将国潮演绎为以未来为导向的时尚精神，引导人们在产品中畅享未来。

3. 品牌营销国潮化

品牌营销的国潮化包括以下几种典型方式：第一，将品牌文化、区域文化、民族文化相结合，丰富品牌内涵，讲好品牌故事，赋予深厚文化底蕴，实现品牌升级焕新，用消费主体的思维方式进行更有温度的对话，建立情感连接，从而打造更加具有亲和力和影响力的品牌形象；第二，通过跨界联名，打造具有中国元素特征的强有力IP，达到借力发力的效果，表征与升级品牌形象与价值导向；第三，借助中国传统节日与礼仪文化，选择凝聚浓厚中国文化底蕴的建筑文化场所、代表时代潮流的时尚地标等进行展演，带动消费者共同参与创造，增加品牌黏度，引导消费者不仅仅是消费商品，而是表达对民族文化、国风文化的喜爱，满足消费者对于中国文化的深层次需求。

创建于1937年的三枪品牌携手故宫文化，撷取故宫博物院的馆藏文物元素，将中国特色传统古典美学与高品质面料相结合，推出"大内高手"系列产品。诞生于1853年的内联升品牌旗下的潮流副线"大内联升"与日本街头品牌BAPE合作，推出全新的"BAPE×大内联升"布鞋，以传统的千层底布鞋为基础，将BAPE标志性迷彩注入鞋身，将街头气氛与经典文化相融合。

（三）科技创新铸强中国力量

"后疫情"时代，人们的消费与生活方式发生了巨大改变，全民健康意识与环保意识明显增强，健康、舒适、环保、休闲成为消费主旋律，与纺织服装品牌加大创新变革形成互促。国家统计局、科技部、财政部联合发布《2020年全国科技经费投入统计公报》显示，

2020年我国纺织业研发经费为231.4亿元，研发经费投入强度0.99%，其中纺织服装、服饰业为0.76%，化学纤维制造业为1.66%。2021"重点品牌企业"专职研发设计人员平均为327人，同比增长4.2%，48.6%的企业研发人员超过200人；科研投入额增长19.7%，投入强度平均达2.04%，高于2020年1.96%的水平（图4）。

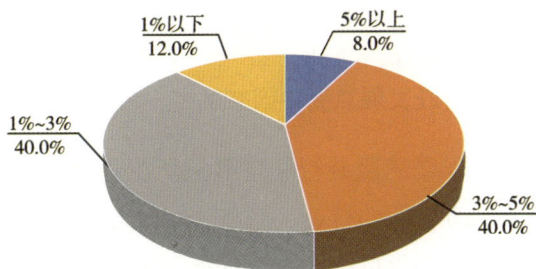

图4　2021年"重点品牌企业"研发投入强度区间分布

1. 功能性纤维面料更加广泛应用

新产品、新技术加快研发应用，健康、舒适、易护理、防护、控温等功能性纤维面料开发应用更加广泛，例如，长效抑菌、抗菌、抗病毒、除螨、玻尿酸美容、氨基酸护肤、太极石唤能健康、竹炭纤维消臭等健康类面料；储能保暖、火山岩羊毛、发热牛仔、太极石远红外发热等保暖类面料；无氟防水、防泼水、防污、防蚊、阻燃、储能发光、冰感防晒莱赛尔纤维等防护类面料；吸湿排汗、抗静电等舒适类面料；免烫、易清洁、可机洗毛纺、微胶囊芳香等易护理类面料。

2. 制造环节新技术应用水平更加成熟化广泛化

行业数字化、信息化、智能化水平逐步提高。国家工业信息安全发展研究中心、中关村信息技术和实体经济融合发展联盟数据显示，截至2021年，纺织行业数字化研发设计工具普及率达72.1%，关键工序数控化率为53.8%，生产设备数字化率为54.4%，智能制造就绪率为12.9%，比2020年分别提升1.8、4.1、2.3、2.5个百分点。"重点品牌企业"中，42.4%的制造品牌企业已实现关键工序全数控化，21.2%的企业实现供应链管理全信息化，51.5%、69.7%的企业分别实现部分数控化、部分信息化。

3. 品牌营销数字化信息化水平不断提升

中国互联网络信息中心数据显示，截至2021年底，中国网民规模为10.32亿，同比新增4296万；网络直播用户规模达7.03亿，较上年增长8652万，占网民整体的68.2%，形成了全球最为庞大、生机勃勃的数字社会。线上销售比重持续增加，2021年"重点品牌企业"消费品牌线上销售额比重平均为22.6%，同比提高1.2个百分点（图5）；天猫"双11"总交易额达5403亿元，创下新高，同比增长8.45%；京东"双11"累计下单金额超3491亿元，同比增长28.58%。数字化技术手段得到普遍运用，抖音、快手、京东、天猫、微信小程序、公众号等平台更加充分应用，网络直播、公号推文

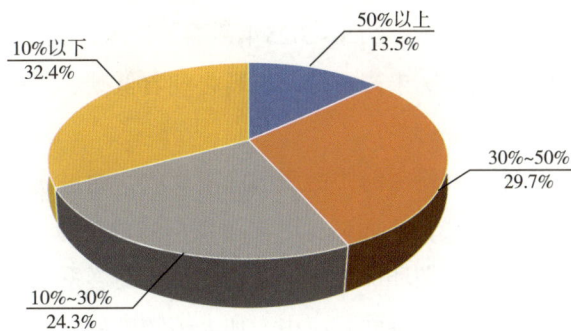

图5　2021年重点终端消费品牌企业线上销售额比重分布

等模式不断创新，多维度、广覆盖、即时、高效的推广体系逐步构建，品牌营销推广的即时性、精准性、高效性明显提升。网络直播高速增长，2020年直播电商在社会消费品零售总额

的渗透率为3.2%，在网络购物零售市场的渗透率为10.6%，预计2023年后者可达24.3%；虚拟偶像逐渐渗透，有数据显示，2021年虚拟偶像市场约60亿元规模。

（四）责任发展点亮中国态度

中国纺织服装行业是第一个在全球供应链和产业层面推动社会责任能力建设和可持续发展创新实践的行业，是全球生态文明建设的重要参与者、贡献者、推进者，一直走在中国气候创新与可持续发展的前列，率先提出减碳目标和零碳产业的宏大愿景，积极承担国际责任，彰显了世界纺织大国的担当。

1. 行业气候行动有序推进

中国纺织工业联合会于2021年6月启动"中国时尚品牌气候创新碳中和加速计划"，推动一批中国纺织服装行业竞争力500强企业、优先支持30家重点品牌企业和60家重点制造企业开展气候创新行动，并引导重点产业集群气候创新行动碳中和先行示范，助力实现国家自主减排目标，探索可持续生产与消费的模式与经验，并有力推动全球时尚产业绿色变革。57家企业成为集合3000亿营收时尚产业领跑者，引领万亿美元市场的气候行动。

越来越多的纺织产业集群、纺织企业规划气候行动，共同推动纺织行业"双碳"行动。绍兴柯桥发布气候行动宣言；亚光家纺的无盐低碱染色技术具有不用盐、节水节能、绿色环保优势；盛泰服装集团发布气候行动白皮书；伊芙丽女装进行中国首次女装全生命周期评价LCA实测；太平鸟LCA项目突破国内纺织服装行业碳足迹研究缺少溯源的困境，完成了全球第一个新疆棉的实测碳足迹数据。

2. 构建绿色制造体系成为共识

根据中国纺织工业联合会社会责任办公室的纺织品全生命周期评价LCA研究表明，纺织品在材料端的碳排放影响比例可以达到30%~50%。在全球消耗的纤维中，化学纤维占65%，而天然纤维只占35%。因而，更加符合循环经济模式的可持续材料成为大势所趋，天然环保、可再生纤维面料越来越受到青睐，天丝（Lyocell莱赛尔）、莫代尔等再生纤维的应用逐渐提升。越来越多的企业开始关注生产过程中的环境污染问题，更多地采用污染排放低的印染原材料，例如植物印染等纯天然印染方式也逐渐扩大运用，构建绿色制造体系成为共识。《纤维素纤维市场：2020~2025年预测》显示，2020~2025年纤维素纤维市场将以9%左右的复合年增长率增长。未来可持续材料将朝着低碳、零碳、负碳的方向不断迈进，推动可持续、可循环时尚。

康赛妮将深海中的废旧渔网回收，通过高科技手段加工成尼龙纤维，与优质天然原料混纺制成纱线，从而减少海洋污染；愉悦打造"可再生纤维+天然环保染色工艺+可自然降解"的全生命周期环保无污染流程，推出幻彩系列、植物染麻系列、数码印花系列新品；孚日集团注重再生纤维面料应用，加大植物染色、原液着色技术的应用，推行无染低染、生态减排的绿色设计，加快建立可持续发展技术推广体系。

（五）创意园区促进提质增效

工业和信息化部自2016年起开展纺织服装创意设计园区试点示范工作，截至2021年底，已确定五批、53家试点园区，培育首批9家示范园区。从园区形成类型来看，分为企业高校依托园、产业集群园中园、中心城市时尚园、专业市场创意园、时尚创意特色小镇、互联网平台园共六类。创意设计园区创建工作对全行业提质增效作用明显，尤其是在聚集国内外设计资源、提升行业创意设计水平、有效服务纺织服装行业发展等方面取得积极成效。53家试点园区线上线下共入驻纺织服装类设计机构126万家，线下入驻设计师6.3万名，网签设计师173万名，服务纺织服装企业146万家，孵化纺织服装品牌6637个（图6、表1）。

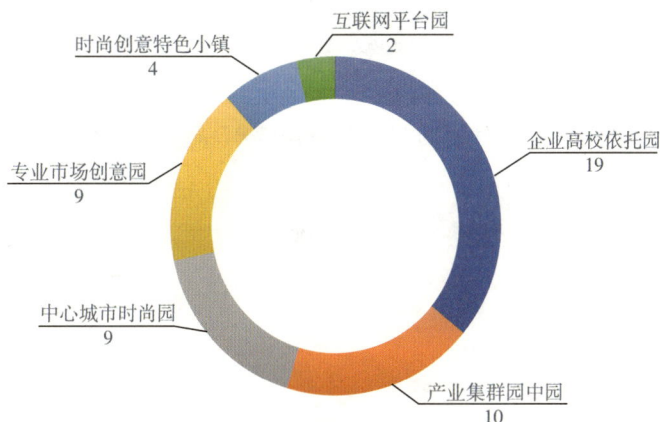

图6　53家试点园区按形成类型分类统计

表1　纺织服装创意设计试点示范园区主要指标情况（纺织服装领域）

项目	入驻设计机构 （万家，含线上）	入驻设计师 （万名）	网签设计师 （万名）	服务企业 （万家）	孵化品牌 （个）
53家试点园区	126	6.3	173.1	146.1	6637
9家示范园区		3.6	39.4	142.9	1185

三、品牌建设重点关注与发展方向

遵循2035年我国纺织行业成为"世界纺织科技的主要驱动者、全球时尚的重要引领者、可持续发展的有力推进者"的远景目标，巩固深化"国民经济与社会发展的支柱产业、解决民生与美化生活的基础产业、国际合作与融合发展的优势产业"的行业地位，切实发挥品牌建设对于创建美好生活、推动行业高质量发展、推进全社会共同富裕的强劲支撑作用。

（一）系统提升中国纺织服装品牌竞争力

立足消费品牌、制造品牌、区域品牌三大领域，注重提升消费品牌的文化承载力、时尚引领力与国际认可度，提升制造品牌的产业链协作能力、新产品新技术开发能力与快速响应能力，持续提升重点区域品牌的区域协作与联动辐射全行业的能力，进一步推动企业品牌与区域品牌协调发展。借助科学系统的评估提升工具，开展不同主体的品牌价值评价，系统性、针对性提升品牌竞争力；培育一批品牌价值百亿以上的制造品牌和消费品牌，以及品牌价值千亿元以上的区域品牌；打造科技创新能力高、时尚消费引领能力强、国际竞争优势明显的优质品牌；制定实施"国潮品牌培育计划"，培育一批中国文化特色明显的"国潮"品牌，进一步扩大跻身国际第一梯队的品牌企业规模。

（二）加大培育新型消费的品牌引领力

在消费群体上，重点关注当代青年消费生活方式、三胎政策带来的消费市场空间，同时重视人口老龄化的相应消费需求；在产品创新创意设计上，注重先进技术、流行趋势、多元文化、跨界融合等在产品设计的融合体现，加强新信息技术的应用，满足健康功能、自然舒适、时尚创意、环境友好等不断升级的新消费需求；注重中华文化在当代时尚生活的引领应用，推进《当代中华礼仪服饰白皮书》实践应用，引导支持基于中华优秀文化的礼仪服饰设计与着装应用；在品牌运营管理上，基于人们消费与生活方式，依托数字化、信息化、智能化等新技术手段，不断提升全链路运营、快速响应、内容营销、话题营销、社群营销等水平，挖掘创新消费方式。

（三）着重强化品牌的可持续发展力

强化产品全生命周期绿色管理。开展绿色产品评价，发布绿色产品目录，促进绿色生产与绿色消费良性互动。鼓励制造品牌、消费品牌、区域品牌实施绿色发展战略，加快绿色化改造提升，促进品牌主体环境信息公开，建设绿色工厂、绿色园区。构建从采购、生产、物流、销售、回收等环节的绿色供应链管理体系，培育绿色供应链示范企业。加快落实生产者责任延伸制度，建立重点产品全生命周期追溯机制。营造绿色消费的良好氛围，深入开展系列宣传活动，引导公众践行绿色生活理念，引导绿色消费，推动构建全民参与的生态环境保护新格局。

（四）注重发挥专业化平台的支撑力

纺织服装创意设计园区已成为提升创意设计能力、孵化新生品牌、培训专业人才、培育壮大品牌企业的重要平台，成为促进区域品牌建设、行业高质量发展、文化自信提升的重要力量。注重发挥纺织服装创意设计试点示范园区对于培育自主品牌、提升创意设计能力、服务行业提质增效的支撑作用，加大对创意园区共同服务平台建设水平提升与培育力度；借助中国品牌日、品牌消费节、时装周、博览会、时尚节以及优势网络平台的作用，设立纺织服装优势、特色品牌专区，不断增加中国品牌拉动消费、共建美好生活的重要作用。

撰稿人：惠露露

国际动态

RCEP生效实施对纺织业影响及展望

崔晓凌　郭久畅

2022年伊始，全球经贸规模最大的自由贸易协定《区域全面经济伙伴关系协定》（RCEP）正式实施。截止到2022年3月底，15个签署成员国中，协定生效国家数量已达12个，包括文莱、柬埔寨、老挝、新加坡、泰国、越南和马来西亚7个东盟成员国，以及中国、日本、韩国、澳大利亚和新西兰5个非东盟成员国，而印度尼西亚、菲律宾和缅甸也将在各自完成国内核准程序后陆续实施。在新冠肺炎疫情裹挟着全球贸易保护主义和单边主义升温的当下，RCEP如期生效，无疑向世界释放出坚定支持多边贸易体系的强烈信号，为加强国际合作促进贸易投资增长注入全新动力。

RCEP是中国推动实施自由贸易区提升战略的重要里程碑。回顾过去20年，中国已与包括RCEP在内的26个国家和地区签署了19个自贸协定，与自贸伙伴的贸易额占比达35%。RCEP生效为中国乃至东亚地区带来多方面利好，协定使成员之间货物、服务、投资等领域市场准入进一步放宽，推动域内经济要素自由流动，强化了成员间的生产分工合作，拉动地区消费市场扩容升级，促进区域产业链、供应链和价值链的巩固和发展。对于纺织业而言，RCEP也为行业贸易投资的可持续发展创造明显利好和制度红利。协定生效后，不仅有利于降低产品出口成本，扩大出口利益，特别是对日本的出口规模有望进一步提高。同时，RCEP降低了成员间的投资壁垒，将推动区域纺织服装产业链、供应链持续优化。

一、RCEP区域纺织服装贸易具有全球重要地位

RCEP 15个成员国涵盖了全球最主要的纺织服装生产基地（如中国、东盟、韩国和日本等）以及多个重要的纺织品服装消费市场。根据WTO统计，2020年RCEP成员国向全球出口纺织品达1866亿美元，占世界纺织品出口贸易比重的57%。同时，这些国家出口服装2088亿美元，占世界比重的46.5%。当前，全球棉纱总产量的55%以及化纤产量的80%都来自RCEP地区，再加上澳大利亚和新西兰拥有着丰富的棉花及羊毛等优质原料资源，可见，RCEP地区已经成为全球最主要的纺织纤维生产基地。随着RCEP的深入实施，成员间不断深化区域内产业链供应链合作，有望将本地区打造成全球最具竞争力的产业制造中心。

相较于规模较大的出口而言，RCEP成员国纺织品服装进口贸易蕴含着巨大增长空间。根

据WTO统计，2020年RCEP成员国自全球进口的纺织品、服装，分别占全球进口比重的20%和12.5%。RCEP成员中，既有中国这样全球重要的消费市场，同时拥有庞大人口规模和经济增长势头的东盟，加上日本、韩国、澳大利亚、新加坡这些具有优质购买力的国家，可以预见的是，RCEP将释放巨大的消费市场潜力，为纺织服装企业扩大贸易带来新的发展机遇。

二、中国与RCEP成员国纺织服装贸易往来密切

根据中国海关统计，2021年，我国与其他RCEP成员国/地区的纺织品服装进出口贸易总额达987.6亿美元，同比增长13.4%，约占行业全年对外贸易总额的27.7%。其中，我国对RCEP成员国/地区出口纺织品服装870.4亿美元，同比增长13.2%，占行业对全球出口比重的28%。同期，自这些国家/地区进口的纺织品服装总额达117.2亿美元，同比增长15.2%，占行业进口比重的42%。见表1。

表1 2021年中国与RCEP成员国/地区纺织品服装贸易统计

RCEP成员国/地区	出口额			进口额		
	金额（亿美元）	同比（%）	RCEP占比（%）	金额（亿美元）	同比（%）	RCEP占比（%）
东盟	491.2	24.9	56.4	81.6	21.0	69.6
其中：越南	176.0	18.3	20.2	53.1	27.9	45.3
马来西亚	65.0	60.4	7.5	6.7	10.4	5.7
菲律宾	63.4	10.5	7.3	1.2	18.0	1.0
印度尼西亚	57.5	54.2	6.6	7.9	8.3	6.8
泰国	42.6	35.5	4.9	6.6	19.8	5.6
柬埔寨	42.6	40.8	4.9	4.5	1.0	3.8
缅甸	23.8	−0.6	2.7	0.9	−13.3	0.7
新加坡	19.3	−14.9	2.2	0.7	33.5	0.6
老挝	0.5	28.8	0.1	0.02	−38.2	0
文莱	0.3	12.2	0	0	−97.3	0
日本	200.3	−7.2	23.0	21.7	9.0	18.5
韩国	100.7	10.5	11.6	13.6	−2.9	11.6
澳大利亚	68.2	13.3	7.8	0.2	−34.4	0.2
新西兰	10.0	14.7	1.1	0	−14.5	0
合计	870.4	13.2	100	117.2	15.2	100

数据来源：中国海关

从主要贸易对象看，东盟和日本分别是行业第二、第四大出口市场，合计占比超过我国纺织品服装年出口总额的20%（对上述两大市场出口额合计接近700亿美元）；韩国和澳大利亚由于拥有追求时尚和较为充足的购买力，也是行业终端产品出口的重要目的地。进口方面，东盟也是我国纺织品服装最大的进口来源地，每年我国从东盟进口的纺织服装产品（约

80亿美元）占行业进口比重的30%。例如，我国从越南、印度尼西亚、马来西亚和柬埔寨等国进口了大量棉纱及针织服装等产品。同时，日本也是我国非织造布、纺织机械、化纤面料等产品的主要进口来源国。此外，我国还从韩国进口了部分纱线及功能性面料、服装等产品；澳大利亚和新西兰也为我国提供了大量的优质纺织原料。由于我国海关口径公布的纺织品数据未包括棉花和羊毛等原料，因此单独来看，2021年，我国从澳大利亚进口了18万吨羊毛，进口额约19亿美元，从新西兰进口3万吨羊毛，约1.3亿美元。

中国对RCEP成员国出口的纺织服装产品以下游服装和纺织制品为主，特别是服装，主要面向日本、韩国和澳大利亚等发达市场。纺织制品（包括家用纺织品、产业用纺织品等）主要出口到日本，其次是越南和泰国。面料大多出口到越南、柬埔寨和印度尼西亚等国家用于后续生产。同时，行业自RCEP成员国进口的主要产品是纱线和服装。纱线（棉纱为主）主要进口自越南、印度尼西亚、日本和韩国。目前在我国棉纱总进口中，越南占比约45%。另外，服装主要进口自东盟，其中越南也是最大的进口来源国。

三、中日纺织业贸易规模有望继续扩大

RCEP框架下中日之间首次建立了自贸伙伴关系，实现历史性突破。日本是行业重要的出口市场之一，受疫情影响导致消费复苏乏力，2021年，我国对日本出口纺织品服装200.3亿美元，同比下降7.2%。RCEP生效后，行业原先出口至日本的大部分产品普遍面临的4%~13%关税将逐步削减，直至降为零，中日两国纺织服装贸易规模有望在现有基础上进一步增长。日本自中国进口的部分纺织服装产品情况见表2。

表2　日本自中国进口的部分纺织服装产品降税情况

税号	产品	2021年进口额（亿美元）	WTO税率（%）	2022年RCEP税率（%）	RCEP降税方式
611030099	其他化纤制针织运动衫、套头衫等	10.87	10.9	10.2	B16
630790029	其他纺织材料制品	8.37	4.7	4.7	U
630790023	口罩	7.93	4.7	—	—
940490090	其他用纺织材料填充的寝具等	6.72	3.8	3.8	U
621210000	胸罩	3.67	8.4	0	0
620462200	其他棉制非针织女裤	3.61	9.1	8.5	B16
620463200	其他合成纤维制非针织女裤	3.61	9.1	8.5	B16
620640210	化纤制非针织女衬衫	3.60	9.1	8.5	B16
610463000	合成纤维制针织女裤	3.51	10.9	10.2	B16
610910010	其他针织棉制T恤、汗衫、背心等	3.48	10.9	10.2	B16
611596000	其他合成纤维制压力袜	3.36	6.6	6.2	B16
620343200	其他合成纤维制男裤	2.94	9.1	8.5	B16

注　1. 该表所列税号为日本海关编码，数据来源ITC。
　　2. "0"表示该税号产品自协定生效后，进口关税立即降为零；"B16"表示该税号产品自协定生效后，分16次每年等比例削减，至第16年降为零；"U"表示该税号产品保持基准税率不变，被排除在任何关税减免承诺之外。

此外，行业自日本进口的主要大类产品原先面临5%~8%关税，也将在11年、16年或21年内逐步降为零。适当的降税期能够为本土产业发展预留一定缓冲空间，避免国内相关企业过快地受到竞争冲击。以纺机产品为例，目前，日本是我国进口纺织机械最主要的来源国。2021年，我国自日本进口纺机11.6亿美元，同比增长6.4%，约占自全球进口比重的30%以上。RCEP实施前，我国自日本进口的喷气织机（HS84463050）、平型纬编机（HS84472020）等产品税率为8%，协定生效第一年，这些产品进口关税降至7.3%~7.5%，并将在第11年或16年后降为零，见表3。从利好方面看，进口关税的减少有利于行业降低相关产品进口成本，促进加快产业升级和提高生产效率。但同时，国内产品市场将面临更加激烈的竞争，对相关领域的培育发展将造成一定冲击，企业需更快调整适应开放带来的挑战。

表3　中国自日本进口的部分纺织服装及纺机产品降税情况

税号	产品	2021年进口额（亿美元）	WTO税率（%）	2022年RCEP税率（%）	RCEP降税方式
84440090	其他化学纺织纤维挤压、拉伸、变形或切割机器	3.50	8	9.4	B16
84463050	喷气织机	1.67	8	7.5	B16
84452032	喷气纺纱机	1.61	8△5	9.5	B21
54076100	按重量计聚酯非变形长丝含量≥85%的机织物	1.05	8	9.5	B21
84454010	自动络筒机	0.89	8	9.5	B21
59119000	其他用作专门技术用途的纺织产品及制品	0.86	8	7.3	B11
56031290	25g<每平方米重量≤70g其他化纤长丝制非织造织物	0.75	8	9.1	B11
54074200	尼龙或其他聚酰胺长丝含量≥85%的染色机织物	0.68	8	9.5	B21
60063200	其他合成纤维制染色针织或钩编织物	0.57	8	9.5	B21
84472020	平型纬编机	0.56	8	7.3	B11

注　1. "B11"表示该税号产品自协定生效后，分11次每年等比例削减，至第11年降为零；"B16"表示该税号产品分16次每年等比例削减，至第16年降为零；"B21"表示该税号产品分21次每年等比例削减，至第21年降为零。
　　2. 最惠国暂定税率在最惠国税率栏之前置△表示。

RCEP之于行业对日本市场的重要意义，在于RCEP有利于我国产业逐步公平参与国际竞争。回顾近十几年，日本与东盟、越南、泰国、印度尼西亚、印度等都签署了经济伙伴协定（EPA），上述国家/地区的纺织服装产品对日本出口可享受优惠关税待遇。从一组数据对比来看，2010年，中国在日本服装进口市场中的占比为82%，但到2021年已下降至56%。经过十年的发展，其他东南亚国家在享受日本给予的优惠贸易安排的同时，对我国产品的替代效应已逐步显现。其中表现突出的是越南，在日本进口服装市场占比从2010年的4.5%，提高到了2021年的14%。同时，柬埔寨、马来西亚、印度尼西亚和缅甸等都逐渐在日本服装市场占有一席之地。RCEP的生效实施，逐步将中国拉回到与其他东南亚国家同一公平竞争的水平线上，有利于外贸企业降低对日本的出口成本，进而提升产品在日本市场上的国际竞争力。

四、RCEP将进一步推动中国—东盟产业分工合作，带动双向贸易增长

英国脱欧后，东盟已超越欧盟成为我国纺织服装行业仅次于美国的第二大出口市场。2021年，我国向东盟出口纺织品服装491亿美元，同比增长25%，占对RCEP成员国出口额的56%。同时，从东盟进口纺织品服装81.6亿美元，同比增长21%，约占从RCEP成员国进口总额的70%。

中国—东盟自贸区自2010年建成，2015年完成升级谈判，双方大部分纺织服装产品的进出口关税已降为零，少部分敏感类税目保持0~5%的税率水平。目前，中国自东盟进口的部分精梳纱线、未漂白的棉织物、部分化纤长丝和短纤产品，仍保持原5%的进口税率不变。但对部分合成纤维长丝纱线、长丝丝束、聚酯短纤等产品，经过一定降税期（10年）后，RCEP协定税率将降至3.8%，优于中国—东盟自贸协定5%的进口税率。

此外，中国生产的纺织服装产品出口到不同东盟国家，可享受各国海关不同程度的优惠税率。例如，我国出口到越南的部分化纤长丝和短纤产品（HS54023300、54024700、55032000等）关税可在2%~3%的普通税率基础上根据RCEP减让安排降为零；出口马来西亚的与粘胶纤维短纤混纺的其他机织物（HS55151100），根据中国—东盟自贸协定税率为5%，在RCEP降税规则下，产品税率将在生效第10年降为零。同时，我国对印尼出口的聚酯纺制弹力丝（HS54023300）根据中国—东盟协定税率为5%，RCEP生效后将在15年内降为零。此外，出口菲律宾的部分裤装、毛巾、床上织物等产品，也将在协定生效后第11至15年降为零。

虽然从整体降税安排看，RCEP关税减让清单没有显著优于此前已全面实施的中国—东盟自贸协定，但RCEP的实施有助于推动中国与东盟的生产分工合作，进而带动双向贸易规模的扩大。近年来可以看到，以越南为代表的东盟国家纺织业快速发展，对我纺织产业链前道产品需求不断增加。目前我国化学纤维、纺织纱线、纺织织物出口第一大市场均被东盟占据，其中越南占比最大。2021年，我国向东盟出口化纤19.3亿美元，出口纺织纱线26亿美元，分别同比增长41%和32%，约占我国化纤、纺织纱线出口总额的19%。同期，出口面料223亿美元，同比增长28%，其中对越南出口105亿美元，同比增长26%。

与此同时，随着我国服装企业跨国供应链生产布局能力的提高，以及大量国际服装品牌供应链向东南亚地区转移，我国从东盟进口的服装规模也在持续扩大。2010年以来，中国自东盟进口服装年均增长率达27%。据中国海关统计，2021年，我国自东盟进口服装36.3亿美元，同比增长15.8%，其中，自越南、印度尼西亚和泰国的服装进口同比增长均在20%左右。随着RCEP的实施，可以预见"中国+东盟"的纺织服装产业生产分工合作体系将更加完善，双方在上游纺织品和服装成品方面的进出口贸易规模还将继续扩大。

五、我国部分服装产品对韩出口在RCEP规则下关税最优

韩国是我国纺织业在东亚地区重要的贸易伙伴，也是我国纺织品服装重要的出口市场之一。2021年，我国对韩国出口纺织品服装100.7亿美元，约占当年全行业出口总额的3.2%。同期，我国自韩国进口纺织品服装13.6亿美元，占行业年进口总额的4.9%。对韩国而言，中国

也是其最大的纺织品服装进口来源国，约占韩国纺织品服装年进口总额的1/3以上。

中韩双边自贸协定于2015年12月20日生效，各项减让规则已实施7年，大多纺织服装类产品已享受关税减免优惠。此次RCEP的签署对两国现有的纺织品服装贸易关税总体影响不大，但仍有部分出口产品在RCEP规则下关税最优。从表4列出的RCEP框架下不同税率水平的服装产品清单可以看到，RCEP实施后，我国化纤制针织运动衫、男女式化纤制羽绒服、女式牛仔裤、男式棉衬衫等产品税率都将在基础税率上减半，降至6.5%，协定生效有利于扩大这些服装产品对韩国的出口。

表4　RCEP框架下部分中国纺织服装产品对韩出口税率比较

税号	产品类别	2021年中国对韩国出口（亿美元）	中韩自贸协定税率（%）	亚太贸易协定税率（%）	RCEP税率（%）
61103010	合成纤维制针织运动衫、套头衫等	1.50	13	—	6.5
62019310	合成纤维制男式其他羽绒服	0.72	13	—	6.5
62029310	合成纤维制女式其他羽绒服	1.37	11.7	6.5	6.5
62046210	粗斜纹棉布制女式裤子，包括蓝色牛仔裤	0.95	11.7	7.8	6.5
62046290	其他棉制女式长裤、背带工装裤、短裤等	0.85	11.7	7.8	6.5
62052000	棉制男衬衫	0.14	13	—	6.5

六、RCEP对深化区域内产业链、供应链合作产生积极影响

我国《"十四五"规划和2035年远景目标纲要》提出，要推动共建"一带一路"高质量发展，构筑互利共赢的产业链、供应链合作体系，深化国际产能合作，扩大双向贸易和投资。十三届全国人大五次会议上，李克强总理在政府工作报告中指出，要深化多双边经贸合作，支持企业用好RCEP优惠关税、原产地累积等规则，扩大贸易和投资合作。作为"一带一路"国际产能合作的先行示范产业和国际竞争优势明显的产业，中国纺织业充分具备与各RCEP成员国深化区域内产业链供应链合作的坚实基础。

回顾近几年，我国纺织业对外投资稳步推进，RCEP成员国（如东盟的新加坡、越南、柬埔寨、印度尼西亚、缅甸等）已成为企业境外投资的重要目的地。据商务部数据，2015~2021年，行业对RCEP成员国直接投资额（35.3亿美元）占同期对全球投资比重的36.7%。其中，仅对越南的投资额就达18亿美元，已成为我国棉纺、服装等企业赴东南亚绿地投资的首选目的国。据不完全统计，目前中国企业如天虹集团、百隆东方、华孚时尚、鲁泰纺织等在越南投资的纺纱产能合计已超过300万锭。同时，申洲国际、江苏东渡、鲁泰集团、宁波狮丹努、即发集团、迪尚集团、江苏AB、鹿王等众多服装企业也在柬埔寨投资生产运营。江苏红豆集团与柬埔寨国际投资开发集团合资建立的西哈努克港经济特区，已成为"一带一路"沿线境外园区的优秀样板，产业集聚效应日趋明显。此外，在印度尼西亚、马来西亚、缅甸、文莱和老挝等国也有中国纺织企业的投资项目。例如，恒逸集团在文莱投资建设的综合炼化项

目，作为首批列入"一带一路"的重点建设项目，受到两国政府高层的高度关注。该项目是文莱迄今最大的实业投资，也是中国民营企业海外最大的投资建设项目。

RCEP成员国之间在纺织服装领域具有较强的互补性，尤其是中国与东盟，产业链、供应链合作紧密。从各自发展特点上看，中国纺织全产业链完整，在行业研发、高附加值、快反短交期、复杂产品订单等方面具备优势。同时，我国的纤维原料、纺纱织布、服装家纺工艺制造和装备水平大都处在国际先进水平。而东盟在劳动力资源禀赋、税收优惠、原材料成本等方面形成主要竞争优势，这种优势大概率会随着区域开放水平提高和成本降低而继续增强。此外，RCEP投资便利化、自由化等措施，还将推动行业在区域内的投资互动，促进建立更加联动的产能合作体系，更好形成以中国为核心的全球纺织服装产业制造基地和消费中心。

RCEP的生效降低了区域内企业开展跨国贸易和投资的门槛，促进各国之间的生产、投资、贸易和产业合作关系更加密切和融合，为RCEP区域内和全球跨境投资和经济增长注入新的动能。从纺织业整体投资趋势看，企业应积极把握RCEP机遇，统筹和优化国内外产能布局，整合利用全球优质资源，巩固产业在国际供应链中的核心地位。当前，我国已初步建成纺织产业强国，全行业有信心也有能力抓住RCEP带来的历史性机遇，在新发展格局下，进一步畅通国内国际双循环，朝着高质量发展的目标迈进。

中国国际贸易促进委员会纺织行业分会

中国纺织工业联合会国际贸易办公室

2021年中国家纺产品出口额创新高

中国家用纺织品行业协会产业部

前言： 2021年行业出口规模飞速增长，创造了历史新高，交出了一份令人振奋的成绩单。振奋之余也要理性看待这样的成绩，这其中包含了低基数效应和订单回流红利，也包含了原材料成本上升、海运不畅等因素导致价格上涨的成分，虽然出口规模空前，但是反观这一年来，行业外贸企业仍然承受着巨大的营利压力。未来随着国际贸易环境的恢复，我国家纺产品出口规模或振荡回落，恢复正常区间。行业既承受着时代的影响，又见证着时代的发展，无论如何，2021年是值得铭记的一年。

据海关数据显示，2021年，我国累计出口家纺产品479.26亿美元，同比增长29.38%，较2019年增长22.69%，两年平均增长10.77%，实现飞跃式增长。其中出口数量同比增长19.29%，出口单价同比增长8.44%，见图1。虽然数量的增长在带动出口规模增长中占主导地位，但出口单价的高增长也不容忽视，一定程度上反映了生产成本及销售成本上涨带来的规模放大。

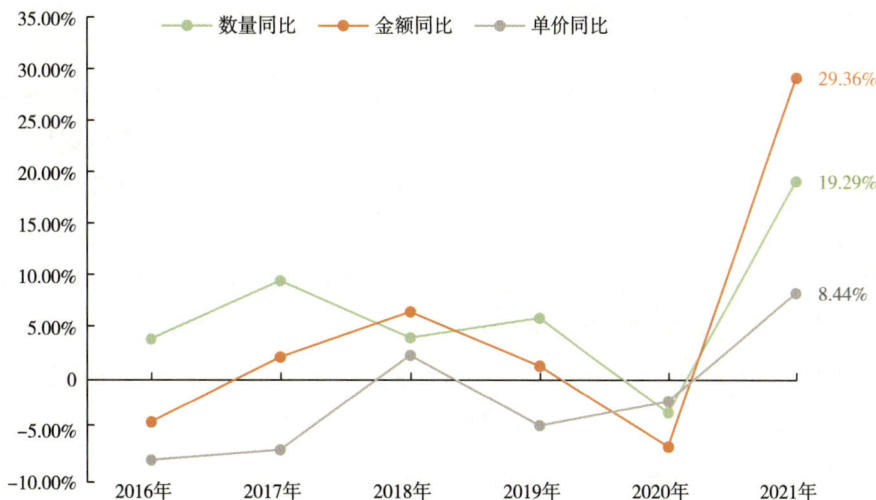

图1　2016~2021年我国家纺产品出口金额、数量、单价同比增速

一、出口增速冲高回稳

2021年，我国家纺产品出口额以同比增长29.38%的显著增长收官，但是随着世界贸易秩序的恢复，低基数效应和订单回流红利的消失，我国家纺产品出口规模或将恢复正常区间。回顾2021年行业出口贸易情况，也展现出增速不断收窄的趋势，年末累计出口额同比增速较最高值的1~5月收窄27.98个百分点。见图2。

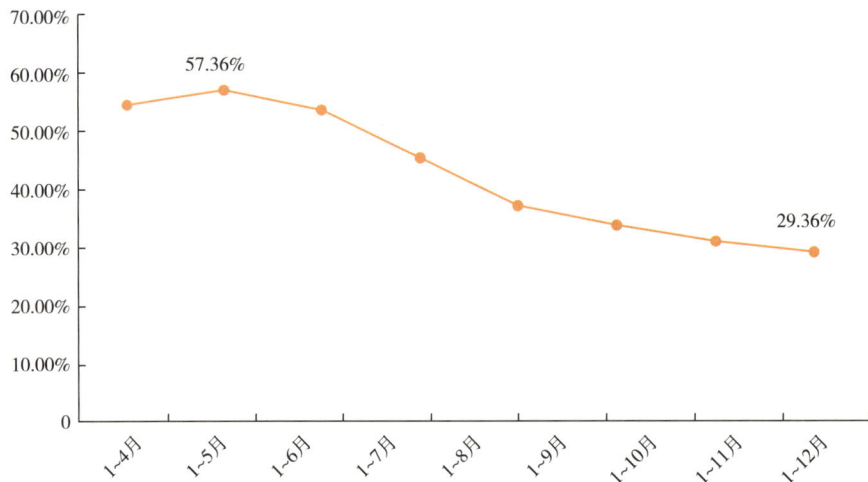

图2　2021年逐月累计出口额同比增速走势

二、大类产品均实现显著增长

床上用品、布艺、毛巾、地毯、毯子和餐厨用纺织品六大类家纺产品出口额均实现显著增长，除毛巾产品外，各类产品出口规模均达到历史最高值。

（一）面辅料出口额增速高于制成品

2021年，我国出口家纺制成品360.64亿美元（包括床上用品、窗帘、毛巾、地毯、毯子、餐厨用纺织品等），同比增长26.78%，较2019年增长21.13%，两年平均增长10.06%；出口家纺用面辅料118.62亿美元，同比增长37.96%，较2019年增长27.69%，两年平均增长13%，各项增速指标均高于家纺制成品。

在制成品中，床上用品、窗帘、地毯和餐厨用纺织品在2020年较高基础上又实现了可观的增长。2021年，我国出口床上用品160.41亿美元，同比增长25.65%；出口窗帘产品34.26亿美元，同比增长28.12%；出口地毯37.47亿美元，同比增长26.4%；出口餐厨用纺织品31.31亿美元，同比增长20.71%。另外，毯子产品在2021年得到显著增长，出口43.4亿美元，同比增长33.54%，增速高于全品类平均水平4.15个百分点。

面辅料产品主要集中在布艺产品这一类中。2021年，我国出口布艺产品170.22亿美元，同比增长35.47%，其中出口布艺面辅料106.8亿美元，同比增长37.67%。见图3。

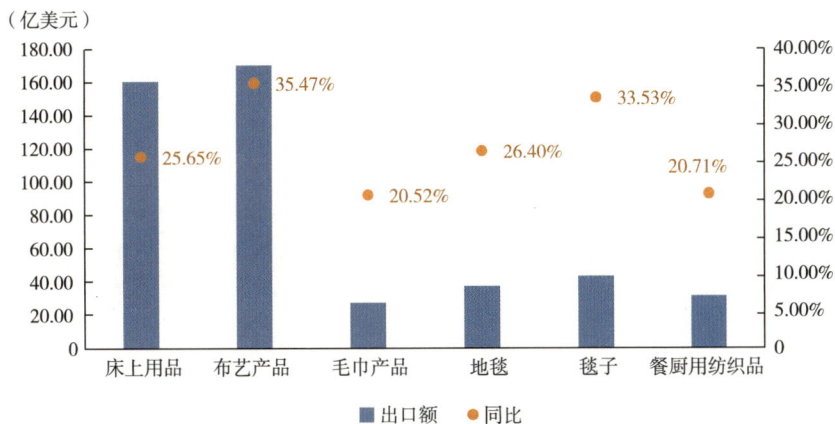

图3 2021年我国家纺大类产品出口额及同比增速

（二）化纤类产品出口占比进一步扩大

我国出口的家纺产品以化纤类和棉类为主。2021年我国出口化纤类家纺产品340.09亿美元，同比增长31.57%，较2019年增长25.27%，两年平均增长11.93%。出口棉类家纺产品57.68亿美元，同比增长27.54%，较2019年增长13.74%，两年平均增长6.65%。化纤类家纺产品在出口规模上有压倒性地位，占总量的70%以上，同时出口增速也具有优势，各项增速指标均高于棉类产品。见图4。

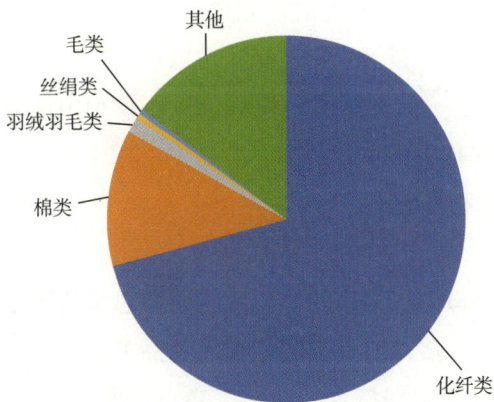

图4 2021年我国家纺产品出口材质占比

棉类产品中的毛巾，近几年表现出明显的增长乏力。2021年，我国出口毛巾产品27.39亿美元，同比增长20.52%，较2019年增长3.9%，增速远低于其他产品，自2019年大幅下降后一直未能恢复。其中美欧日市场增长动力不足，2021年对美欧日市场出口毛巾产品9.82亿美元，同比增长14.25%，且较2019年下降5.14%。

三、各大市场呈不同幅度增长

2021年，六大洲家纺产品出口市场均得到不同程度的增长，其中亚洲、北美洲、欧洲是我国家纺产品出口的主要市场，分别向其出口186.24亿美元、132.51亿美元和82.1亿美元，合计占我国总出口总量的80%以上，同时出口额同比增速显著，分别实现27.15%、29.07%、23.6%的增长，奠定了我国家纺产品出口形势。另外，拉丁美洲在2021年得到飞速恢复发展，出口额同比增长高达73.61%。见图5。

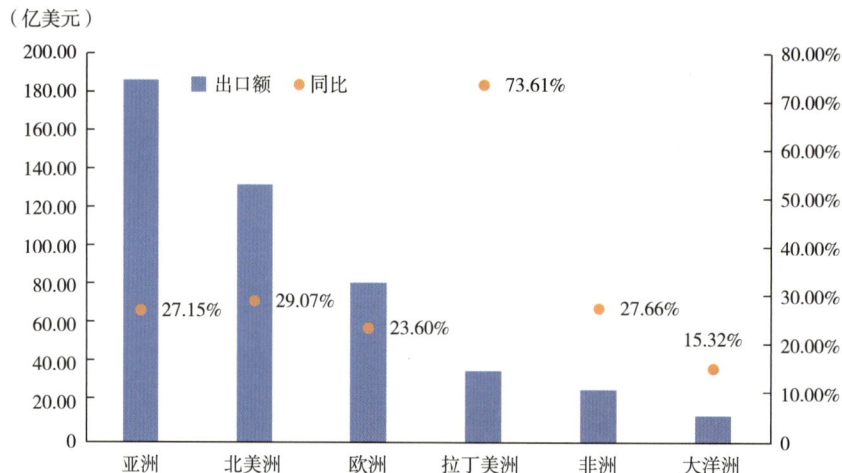

图5　2021年我国家纺产品对六大洲出口情况

（一）美欧日传统市场需求旺盛

随着美欧等发达国家对新冠肺炎疫情常态化管理以及宽松货币政策的实施，居民消费能力得到恢复，其中对家纺、服装等终端纺织品需求量显著增长，2021年，我国对美欧日传统市场出口家纺产品223.03亿美元，同比增长24.34%，较2019年增长22.51%，两年平均增长10.68%，美欧日市场一直在我国家纺产品国际贸易中发挥着重要作用。其中，美国市场、欧盟市场形势良好，日本市场稍显乏力。

1. 美国市场

美国是我国家纺产品出口第一大市场，占我国出口总量的四分之一。2021年，在美国国内新冠肺炎疫苗接种率提升、居民收入稳定增长、商品类消费支出比重增加等因素的共同作用下，美国市场对纺织终端消费保持较活跃的态势，我国对其出口家纺产品123.45亿美元，同比增长29.34%，两年平均增长14.88%，同比增速与我国出口全球平均水平持平，两年平均增速高于全球均值4.11个百分点。

需要注意的是，我国虽然仍是美国进口家纺产品的第一来源国，但比重有所缩减。据联合国数据显示，2021年，美国从我国进口家纺制成品（包括床上用品、窗帘、毛巾、毯子、餐厨用纺织品）占全球进口总量的45.73%，较2020年缩减2.35个百分点，较2019年缩减3.75个百分点，而除我国外，前四来源国印度、巴基斯坦、墨西哥和土耳其的份额均有上升，四国累计占比42.71%，较2020年扩大2.94个百分点，较2019年扩大3.46个百分点。

2. 欧盟市场

欧盟市场随着疫情解封后重新开放，私人消费恢复加快，家纺等终端纺织品需求增加。2021年，我国对欧盟市场出口家纺产品67.97亿美元（注：数据仍然包括英国），同比增长

23.32%，两年平均增长7.91%，其中居前五的国家英国、德国、荷兰、法国和波兰约占欧盟市场规模的65%，增势稳定，出口额同比增长22.54%，两年平均增长10.42%。值得关注的是，毛巾产品在欧盟市场的出口尚未恢复疫情前水平，较2019年出口额下降5.97%。

3. 日本市场

2021年以来，日本疫情反复、制造业景气下挫、服务业低迷、芯片供应短缺等因素持续拉长经济复苏时间，受全球通胀压力抬升影响，物价上涨进一步削弱居民实际购买能力，内需消费难以扭转疲弱态势。2021年，我国对日本市场出口家纺产品31.61亿美元，同比增长9.91%，两年平均增长2.4%，相对而言，日本市场增势略显不足，其中占我国家纺产品在日本出口总量10%的毛巾产品仍然处于下滑状态，出口额同比下降1.11%。

据联合国统计数据显示，2021年，日本从全球进口家纺制成品（包括床上用品、窗帘、毛巾、毯子、餐厨用纺织品）同比增长9.5%，从我国进口额同比增长9.63%，我国是日本最大的家纺进口国，占其全球进口总量的四分之三以上，且自2019年以来稳定地维持着这样的体量，除我国外的前四进口来源国越南、印度、孟加拉国和印度尼西亚合计占19.66%，体量也相对稳定，2021年进口额同比分别变化9.61%、41.96%、-6.7%和13.09%。

（二）其他市场充满潜力

2021年，我国对除美欧日以外的其他市场出口家纺产品256.22亿美元，同比增长34.1%，较2019年增长22.86%，两年平均增长10.84%，实现跨越式增长，增速反超美欧日市场9.76个百分点。见图6。

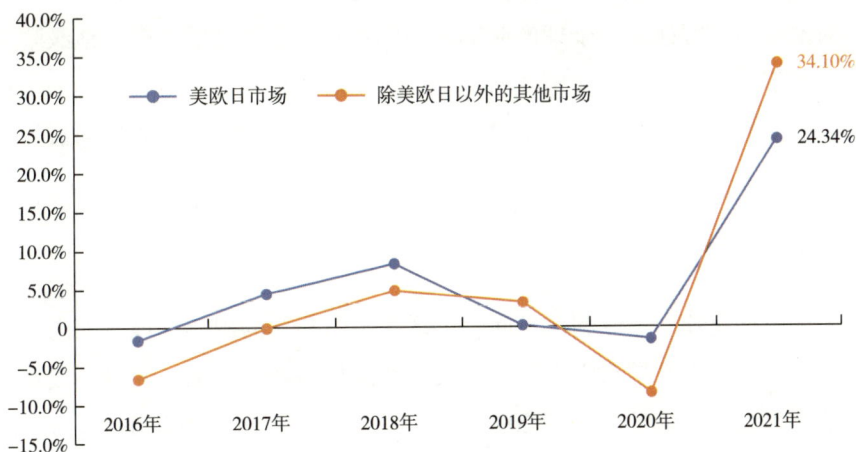

图6　2016~2021年我国对美欧日及其他市场出口家纺产品情况

其中东盟市场成绩突出，2021年，我国向东盟市场出口家纺产品72.87亿美元，同比增长29.06%，两年平均增长12.21%，同比增速与我国出口全球平均水平相当，而两年平均增速高于平均水平1.44个百分点。东盟市场体量现已超越欧盟，成为我国家纺产品出口第二大市场。其中又属越南体量最大，占东盟市场的37%，2021年，我国对越南出口家纺产品26.84亿美元，同比增长16.15%。另外对马来西亚、柬埔寨、印度尼西亚、菲律宾的出口额实现了50%以上的增速，四国占东盟总量的41%，有力拉动东盟地区整体局势。

现阶段，东盟成为我国毛巾和布艺产品出口第一大市场，随着疫情的控制，东盟国家制造业开始恢复，对我国纺织产业链前道产品需求不断增加，2021年，我国对其出口布艺产品35.32亿美元，同比增长30.85%，其中布艺面辅料占85%，同比增长25.11%，起到有力的带动作用。

（三）美欧日市场以家纺制成品的出口为主，其他市场面辅料居多

在美欧日传统市场，我国以家纺制成品出口为主，而在其他市场，布艺面辅料出口规模明显突出。2021年，我国62.29%的床上用品出口到美欧日市场，窗帘、地毯、毯子、餐厨用纺织品也具有明显优势。而毛巾产品和布艺面辅料的出口在其他市场居多，我国64.16%的毛巾产品和84.41%的布艺面辅料出口到其他市场。

四、我国家纺行业面临的形势

（一）行业正经历着百年未有之变局

从政治到经济发展，世界正经历着百年未有之变局，在疫情的叠加下，世界进入了新的动荡变革时期。世界经济虽然正在艰难复苏，但经济增长缺乏持久动力，前景存在不确定性，债务风险、信用风险不断积累，美欧货币政策调整，对全球具有溢出效应，或将带给国际金融市场不小的冲击。逆全球化思潮打破贸易稳定性，单边主义、保护主义、霸权主义进一步抬头，国家间的经贸往来、全球产业链的合作受到一定程度的阻碍。地缘政治格局复杂多变，中美关系不确定性仍在，大国政治博弈会持续对国际经济产生负面冲击。另外，随着国际疫情防控措施的变化，全球供应链将开始恢复常态，出口订单向我国回流的红利会逐步减弱。

（二）行业利润空间压缩

诸多因素挤压行业外贸企业利润，面临"增收不增利"的现实困境。国内疫情呈多点反复发作，给企业招工、生产带来突发困难。大宗商品价格持续上涨，原材料成本大涨，棉花价格大幅上涨至近10年来新高，化纤2021年平均涨幅20%以上。海运不畅，时有缺柜现象，带来仓储成本增加、交货期延长等一系列压力。人民币升值趋势挤压行业利润，再加之疫情导致下游消费缩减、部分地区限电限产，行业外贸存在不小的压力。另外，我国出口家纺产品总体附加值较低，虽出口规模大，但缺少自主品牌，附加值相对较高的棉产品更是受到竞争压力和冲击。

（三）RCEP协议生效

国务院常务会议部署多项稳外贸政策，商务部等部门提出一揽子应对举措，国家发展改革委提出四方面措施，以及RCEP正式生效实施等一系列政策，为2022年外贸保驾护航。美元

对人民币汇率走势见图7。2022年1月1日，RCEP正式生效，是行业发展的重大机遇，纺织行业是RCEP协定中我国双向开放水平第二的产业，出口方面各国对中国纺织品的自由化承诺超过94%。RCEP区域涵盖我国重要家纺产品出口市场——东盟、日本、澳大利亚、韩国、新西兰，协定的生效为行业外贸带来利好。2021年，我国对RCEP地区出口家纺产品128.06亿美元，同比增长21.74%，两年平均增长9.86%，见表1。以体量来看，当前RCEP地区超越美国市场，值得进一步挖掘拓展。

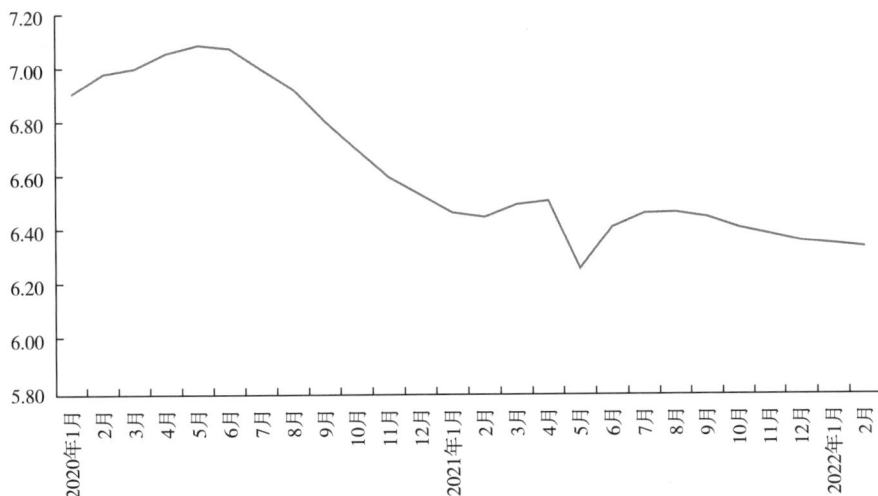

图7　2020年1月~2022年2月美元对人民币汇率月中间价走势

表1　2021年我国对RCEP市场出口情况

RCEP 成员国/地区	出口额 （亿美元）	同比 （%）	RCEP 成员国/地区	出口额 （亿美元）	同比 （%）
东盟	72.87	29.06	韩国	9.91	22.38
日本	31.61	9.88	新西兰	1.80	33.19
澳大利亚	11.87	12.71			

（四）我国纺织产业链完备

我国纺织工业形成了全球体量最大、最完备的产业体系，产业链各环节制造能力与水平稳居世界前列，是世界纺织产业平稳运行的重要主体。我国纤维加工量占全球总量的一半以上，纺织品服装出口额占世界总额的35%以上，家纺产品出口规模更是占全球总量的40%以上。具备一定的应对困难的能力及较强的国际合作和融合发展优势。

（五）技术创新驱动行业发展

我国加快建设创新型国家，带动科技创新软、硬件环境显著优化。我国移动互联技术及基础设施条件位居世界前列，经济规模庞大、主体众多，使各种高新技术具备广泛而多元的应用市场，不仅提供了强大的需求动力，产需良性互动更进一步放大了创新成效。数字经济发展为市场供给端提供了更多洞悉消费者偏好的途径，促进产品形态、内容和供给模式更加丰富多元。国内创新体制更趋完善，将促进跨产业、跨界融合更加高频、高效，为家纺行业创新突破提供重要基础。

结束语： 顺势而为，稳中求进。家纺行业需积极把握稳外贸政策和RCEP实施的机遇，巩固传统优势市场，开拓新兴市场，打造多元化的出口市场格局。正确处理国内发展和国际转移的关系，强化对国际形势的分析研判，提升对环境风险的识别与预警能力，规范化发展跨境电子商务，培育新的外贸增长点。加强研发创新，加快发展自主品牌，提高国际形象与影响力，拓展在国际市场的占有率和盈利空间。

撰稿人：刘丹

国内市场

2021年中国床上用品市场运行情况及2022年发展趋势

中华全国商业信息中心

一、2021年我国整体消费品市场运行情况

2021年，我国消费品市场总体呈现恢复增长态势，社会消费品零售总额同比增长12.5%，两年平均增长3.9%。在科学有效的疫情防控措施下，人们外出购物的积极性有所提升，线下实体店客流逐步恢复，居民对网上零售的依赖度逐渐下降，实物商品网上零售占比有所回落，实体店消费品零售额实现较快增长。抗风险能力较强的限额以上单位消费实现较快增长，重点大型零售企业实现正增长。

（一）消费品市场总体呈现恢复增长态势

2021年，社会消费品零售总额44.1万亿元，同比名义增长12.5%，两年平均增长3.9%。扣除价格因素，社会消费品零售总额实际增长10.7%。分季度看，一季度在同期基数相对较低的情况下，社会消费品零售总额同比名义增长33.9%；二季度低基数效应减弱，增速放缓至13.9%；三季度，部分地区新冠肺炎疫情散发，极端气候事件增多，使增速降至个位数；四季度，在国庆假期、"双十一"电商促销等因素带动下，市场平稳增长3.5%。从两年平均增速来看，一至四季度两年平均增速分别为4.2%、4.6%、3%和4%，消费品市场保持平稳恢复的增长态势（图1、图2）。

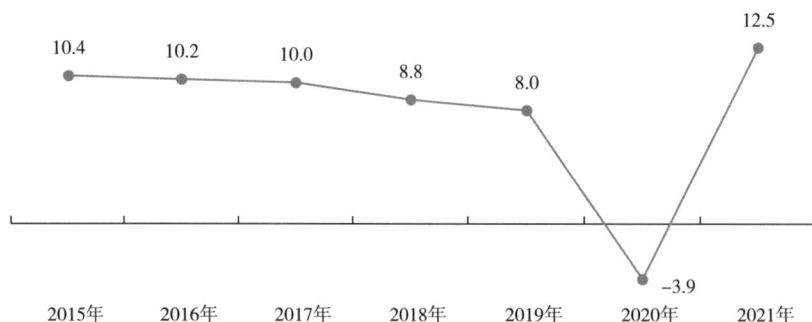

图1 2015~2021年社会消费品零售总额增速（%）
数据来源：国家统计局

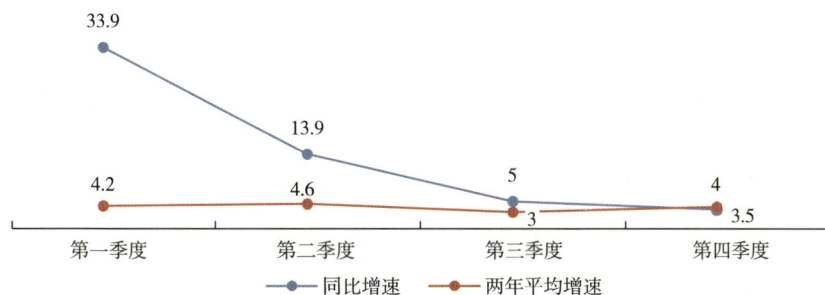

图2 2021年各季度社会消费品零售总额增速（%）
数据来源：国家统计局

（二）实物商品网上零售额占比回落

随着防控措施更加科学有效，线下客流逐步恢复，消费者对线上渠道的依赖程度有所降低，加之高基数效应，2021年实物商品网上零售额增速放缓，占社会消费品零售总额的比重有所下降。2021年，我国实物商品网上零售额10.8万亿元，增长12.0%，增速较上年放缓2.8个百分点，占社会消费品零售总额的比重为24.5%，占比较上年下降0.4个百分点。分主要消费类别来看，网上吃类和用类商品分别增长17.8%和12.5%，增速分别较上年放缓12.8、3.7个百分点。在居民出行增多的作用下，穿类消费增长8.3%，增速较上年加快2.5个百分点。从各月实物商品网上零售额增速来看，整体呈现增速放缓趋势，12月增速已降至1.4%，说明网上实物商品的消费增量空间正在缩小（图3、图4）。

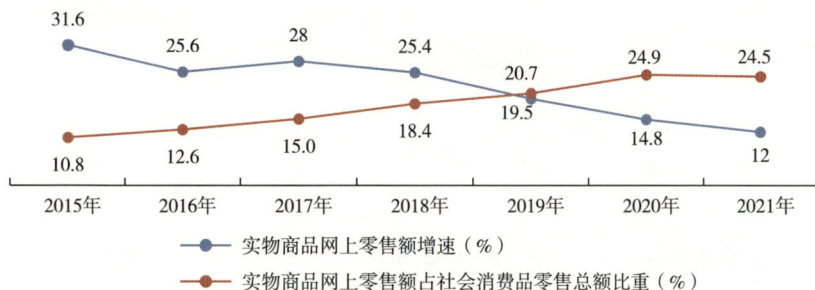

图3 2015~2021年我国实物商品网上零售增速及占比情况
数据来源：国家统计局

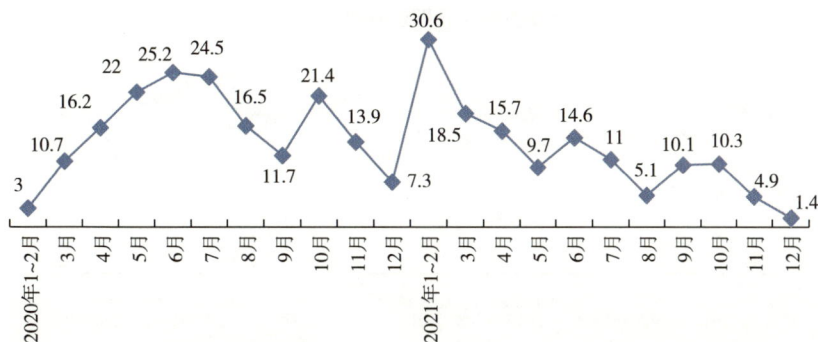

图4 2020~2021年我国实物商品网上零售各月同比增速情况（%）
数据来源：国家统计局

（三）线下实体店消费品零售额实现较快增长

2021年，在客流恢复和低基数效应的推动下，线下实体店消费品零售额同比大幅增长12.7%。其中，前3月增速较高，4~7月在同期低基数效应减弱的情况下，增速逐渐放缓。8~12月，尽管有疫情、汛情等负面因素的影响，但总体来看增速比较平稳（图5、图6）。

图5　2015~2021年我国线下实体店消费品零售额增长情况（%）
数据来源：国家统计局

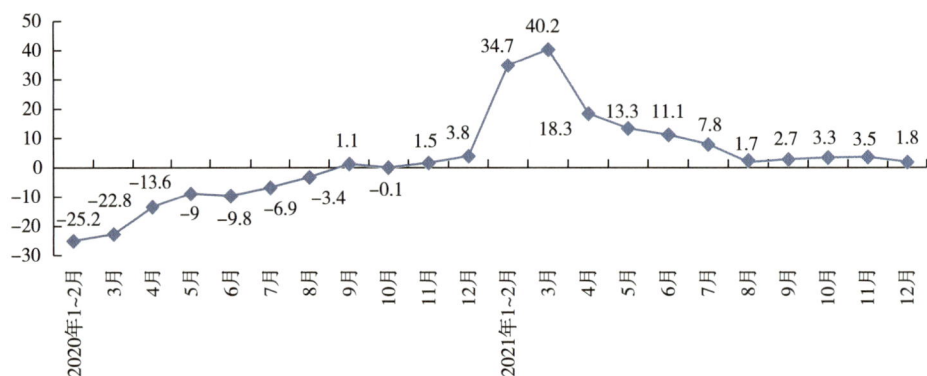

图6　2020~2021年线下实体店消费品零售额各月同比增速（%）
数据来源：国家统计局

（四）餐饮收入与商品零售均实现两位数增长

在基本生活消费保持平稳增长，升级类消费快速恢复的推动下，商品零售实现39.4万亿元，同比增长11.8%。在外出就餐人数增多，网红品牌层出不穷，以及低基数效应的作用下，餐饮收入实现4.7万亿元，同比增长18.6%（图7、图8）。

图7　2015~2021年我国商品零售增长情况（%）
数据来源：国家统计局

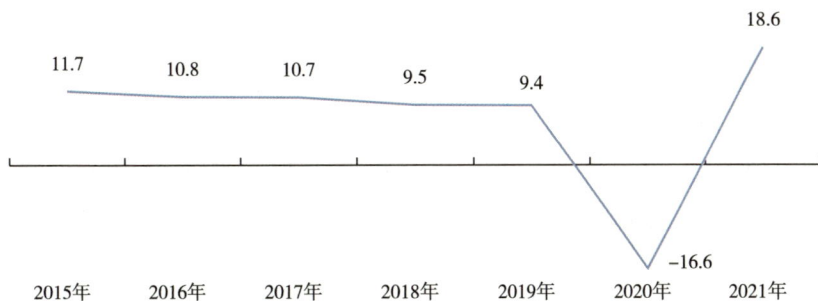

图8　2015~2021年我国餐饮收入增长情况（%）

数据来源：国家统计局

（五）限额以上单位销售实现较快增长

凭借规模、管理、技术、商誉等多方面优势，限额以上零售企业抵御外部环境冲击的能力要明显强于限额以下零售企业，使得近两年来，限额以上单位社会消费品零售额增速略高于限额以下单位。据测算，2021年限额以上单位商品零售额同比增长12.8%，增速快于限额以下单位商品零售额增速1.6个百分点。限额以上单位餐饮收入同比增长23.5%，增速快于限额以下单位餐饮收入6.2个百分点（图9、图10）。

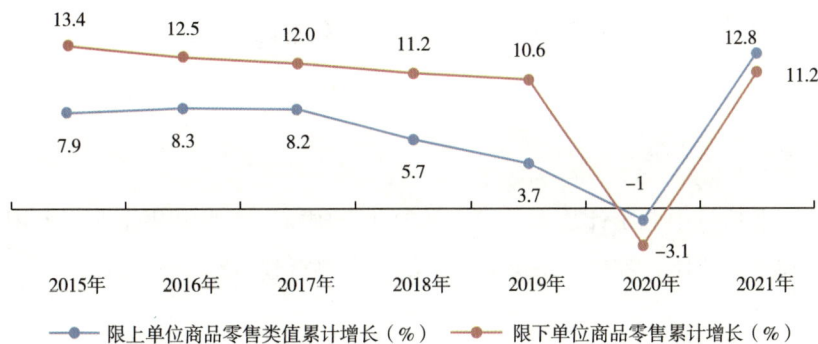

图9　2015~2021年我国限额以上和限额以下单位商品零售增速（%）

数据来源：国家统计局

图10　2015~2021年我国限额以上和限额以下单位餐饮收入增速（%）

数据来源：国家统计局

（六）全国重点大型零售企业实现正增长

根据中华全国商业信息中心的统计数据，2021年全国重点大型零售企业零售额同比增长9.4%。其中，金银珠宝类零售额同比大幅增长39.8%，家用电器类、服装类、日用品类、化妆品类均实现较快增长。各品类商品零售额之所以实现快速增长，与上年低增速基数有关，据估算，大型零售企业的大部分商品销售尚未恢复到疫情前水平。此外，粮油、食品类零售额同比下降12.1%（图11）。

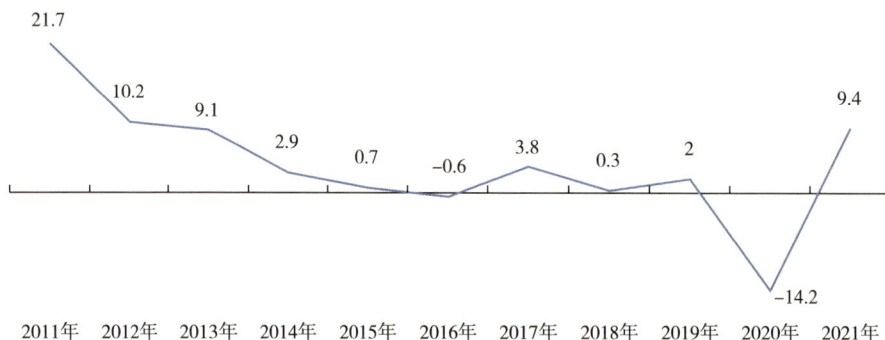

图11　2011~2021年全国重点大型零售企业零售额增速（%）
数据来源：中华全国商业信息中心

二、2021年全国重点大型零售企业床上用品市场运行情况

（一）零售额增速有所上扬

中华全国商业信息中心统计数据显示，2021年全国重点大型零售企业床上用品零售额同比增长5.7%，与上年相比，零售额增速大幅下滑的态势得到逆转（图12）。

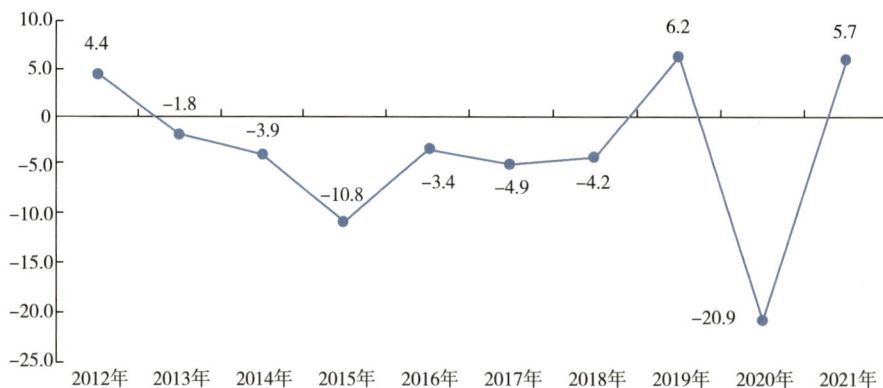

图12　2012~2021年全国重点大型零售企业床上用品零售额增长情况（%）
数据来源：中华全国商业信息中心

分月来看，床上用品零售额增速经历了年初大幅上升以后迅速回落，6月、7月销售出现小幅回升，接近年末又因疫情扩散销售再次显示出疲态（图13）。

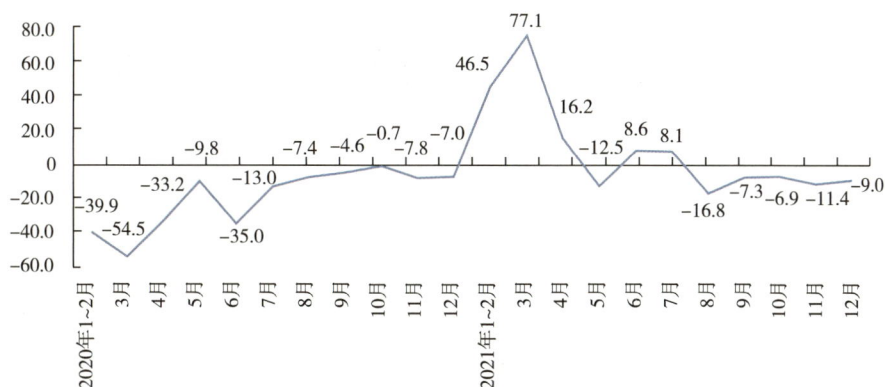

图13　2021年全国重点大型零售企业床上用品类零售额月度增速（%）
数据来源：中华全国商业信息中心

（二）平均单价较上年明显上升

2021年，国家对部分地区的限产、限电政策措施对床上用品行业上游的染厂、织布厂这些高耗能的企业的产能造成了影响，导致染费和坯布都有不同程度的上涨，上游价格的上涨也传导到了零售终端，2021年，全国重点大型零售企业床上用品平均单价明显上升，其中床上用品套件平均单价为648元，同比上涨44元；各种被平均单价为725元，同比上涨108元（图14）。

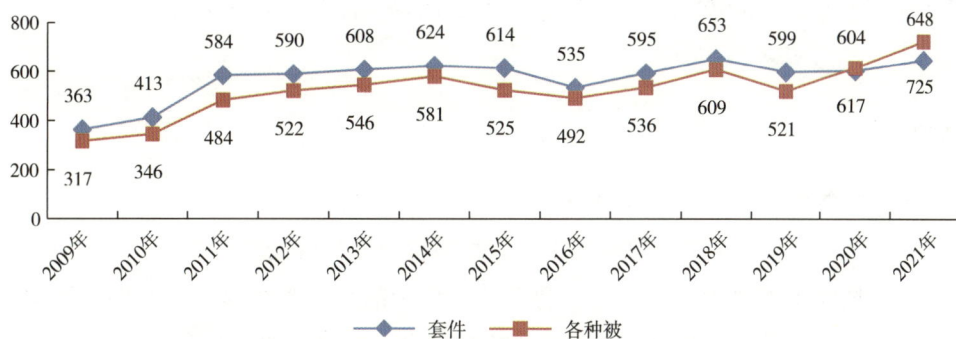

图14　2009~2021年全国重点大型零售企业床上用品套件和各种被平均单价（元）
数据来源：中华全国商业信息中心

（三）二线城市零售额增速相对较高

2021年，全国重点大型零售企业二线城市零售额同比增长6.6%，增速相比上年大幅提高26.3个百分点；一线城市同比增长3.4%，增速相比上年大幅提高25.5个百分点；三线城市同比增长5.2%，增速相比上年大幅提高30.2个百分点（图15）。

从地区市场来看，东北部地区的床上用品零售额同比增长9.8%，相对领先，增速分别高于东部、西部、中部地区5.0、5.3和5.3个百分点。与上年相比，东北部地区零售额增速上升的幅度也最大（图16）。

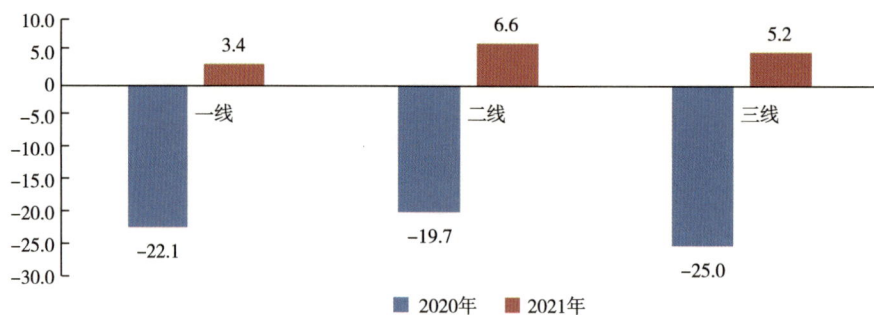

图15　2020年、2021年全国重点大型零售企业床上用品分线城市零售额增速（%）
数据来源：中华全国商业信息中心

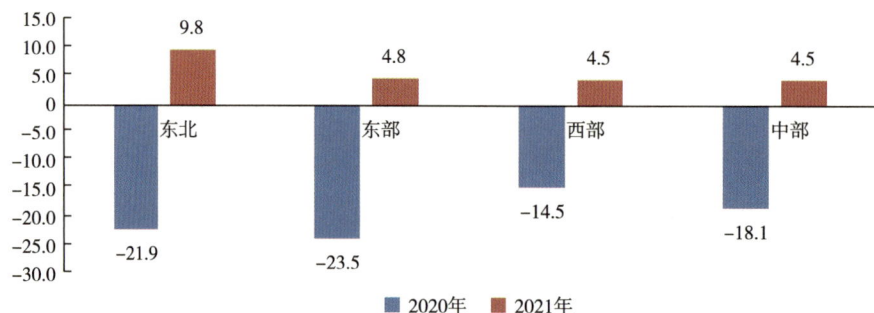

图16　2020年、2021年全国重点大型零售企业床上用品分地区零售增速（%）
数据来源：中华全国商业信息中心

三、2021年全国重点大型零售企业床上用品市场品牌情况分析

（一）套件

1. 前十品牌集中度下降1.5个百分点

根据中华全国商业信息中心对全国重点大型零售企业品牌的监测数据，2021年，我国床上用品套件市场集中度呈现小幅下降趋势，排名前十的品牌市场综合占有率之和为41.2%，相比上年下降1.5个百分点；排名前二十品牌市场综合占有率之和为52.5%，相比上年下降0.8个百分点（图17）。

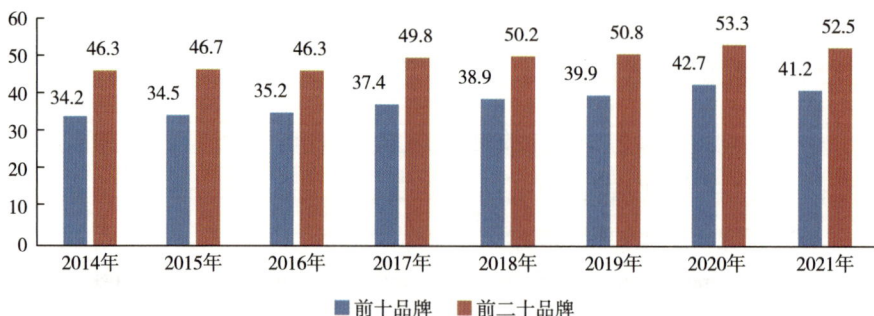

图17　2014~2021年床上用品套件市场综合占有率情况（%）
数据来源：中华全国商业信息中心

2. 行业品牌格局成熟稳定

从2021年前十品牌排名情况来看，经过多年的市场竞争，我国床上用品套件市场已经建立了比较成熟的品牌格局，各品牌市场份额也比较稳定，相比上年，前十品牌排名与上年不变，其中罗莱、梦洁、富安娜、水星家纺继续以10.1%、7.5%、5.2%和4.9%的市场综合占有率继续排名前四位，构成床上用品市场的第一梯队（图18）。

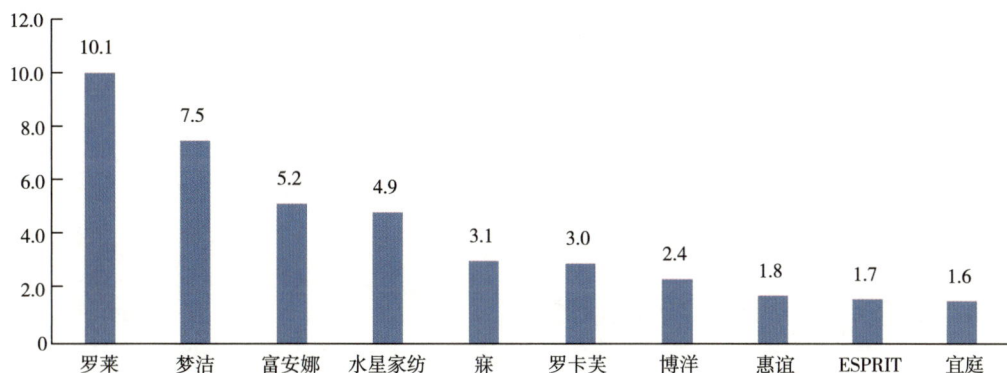

图18　2021年全国床上用品套件市场前十位品牌占有率情况（%）
数据来源：中华全国商业信息中心

（二）各种被

1. 前十品牌集中度提升1.2个百分点

2021年，全国重点大型零售企业床上用品各种被前十品牌市场综合占有率之和为39.7%，相比上年提升了1.2个百分点，前二十品牌市场综合占有率之和为51.2%，相比上年提升了1.3个百分点（图19）。

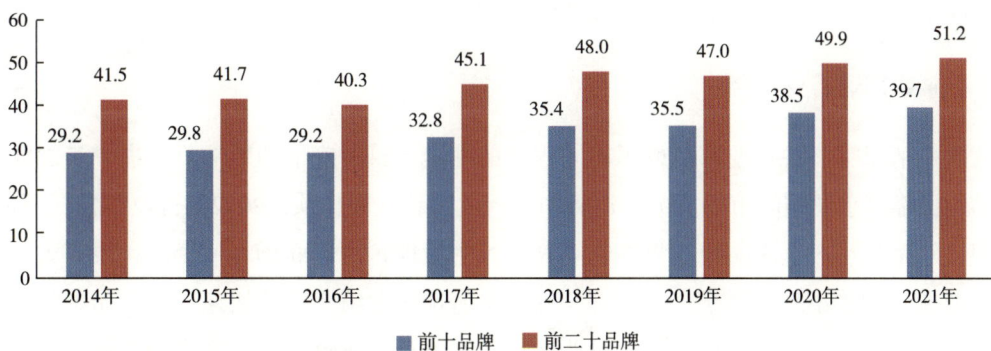

图19　2014~2021年全国重点大型零售企业床上用品各种被市场综合占有率情况（%）
数据来源：中华全国商业信息中心

2. 领先品牌间市场综合占有率差距缩小

2021年，全国重点大型零售企业床上用品各种被市场领先品牌间差距有所缩小，第一名与第十名品牌、第一名与第二十名品牌之间的市场综合占有率的差值相比上年分别下降0.9和1.3个百分点（图20）。

图20　2017~2021年床上用品各种被市场优势品牌间市场综合占有率差值
数据来源：中华全国商业信息中心

四、2022年床上用品消费市场发展趋势

2022年，在经济运行保持在合理区间、有效投资持续扩大、进出口保稳提质的环境下，我国消费将呈现正常、稳定的增长。根据政府工作报告，我国将坚定实施扩大内需战略，畅通国民经济循环，打通生产、分配、流通、消费各环节，增强内需对经济增长的拉动力。在强化就业优先政策、完善收入分配制度的推动下，居民收入水平将持续提高，居民消费能力将持续提升。此外，国家还提出发展消费新业态新模式、加强县域商业体系建设等促消费措施，这些措施将不断满足群众需求，增强消费意愿。我国消费品市场将在立足新发展阶段、贯彻新发展理念、构建新发展格局中实现高质量发展，社会消费品零售总额将回归6%左右的稳增长态势，网上实物零售增速将放缓至10%以内，实体零售在科学有效的疫情防控措施支持下，将呈现更加明显的持续恢复态势。

在这个大背景下，我国床上用品消费市场未来的发展趋势主要有：

（一）疫情或加速行业整合

这次疫情对零售各行业都造成了不同程度的冲击，目前疫情的影响仍在进一步加深，床上用品也面临需求萎缩的市场情况，这将加速行业重新洗牌，预计2022年行业整合规模加大。其表现：一是中小床上用品企业将面临经营困难的境地，由于商场客流锐减、很多大型百货零售企业通过淘汰小品牌、聚合大品牌，提升单店销售业绩，市场快速向优势品牌集中；二是零售渠道整合，为拓展零售渠道，行业加快与其他行业融合，床上用品与布业、家具、网络销售平台融合，共建整体家居零售渠道；三是管理精细化，企业不断整合上下游资源，实行成本控制、减缓产能扩张速度等；四是调整产品结构，升级产品品质，满足个性化、差异化的消费需求。

（二）床上用品逐渐向快消品转变

床上用品近几年在发生着快速的变化，从一个超长的耐销品向半耐销半快销的方式演变，未来将逐渐向快消品靠近，因为国人已经逐渐从注重外表，如购买奢侈品以显示自己的经济实力和社会地位，向注重内在的幸福感转型，这也是国人自信心提升的一种表现，是物质生活发展到一定水平的必然趋势，除了外在的体面，在选购床上用品时更加关注面料的舒适度、环保性、卫生健康等，这使床上用品的消费频次和消费品质都有了很大的提升。

（三）产品健康化、功能化、绿色化

当前健康消费成为时尚，各行业都将健康作为重要的考虑因素。床上用品的健康体现在床上用品的面料更加追求天然性，纯棉、丝绵、真丝等受到消费者喜爱，染色的颜料也讲究纯天然，床上用品的用料、设计、生产工艺讲究与环保、健康消费相结合。

此外，消费者对产品功能性的重视程度日益提高，对床上用品的要求已不再局限于保暖、舒适等原有的基本特性。根据不同的用途，部分床上用品还具有一定的保健、防护等特殊功能，如透气、排汗、抗菌、防螨、吸湿、防油、防水等，竹纤维等新型面料也被更多的应用到套件等产品中。

床上用品生产企业在注重产品健康和功能的同时，也非常注重践行绿色发展理念，如引入绿色生产工艺，注重绿色环保纤维的使用等。

（四）网络销售规模将继续扩大

这次严重的疫情危机，在很多方面对零售业的发展变化起到了催化的作用，其中零售市场份额逐步向网络转移是其重要方面，从目前形势和未来发展看，这一趋势仍将延续，其原因主要是实体店客流稀少的压力促使网上开店企业越来越多，此外疫情以来网购人数也在增加，使得网络市场规模不断增长。但是目前网上床上用品销售仍主要集中在中低端市场，网络市场的扩大主要带动的是中低端市场规模的扩大。

（五）实体商店更加注重向品质、品牌及附加服务转变

面对网络店铺的竞争，实体店要想争取市场份额，就要和网络形成差异化的竞争，提供高品质的产品、服务和购物体验，尤其是要满足新世代消费主力人群的消费需求。当前我国年轻人对床上用品的消费逐渐从数量向质量转化，人们更愿意买的少而精，对产品的品质要求显著提高，选购时更加关注产品品牌。此外，他们还更加看重售后服务及附加价值，如是否提供对被子的养护服务，是否能提供特殊定制以体现消费者独特身份价值，产品的附加服务越来越受到消费者喜爱。

2021年纺织服装专业市场及家纺市场运行分析

中国纺织工业联合会流通分会

2021年以来，国际政治经济环境不确定因素仍在不断叠加，疫情影响尚未完全消除；另外，现代信息技术高速发展，新型电商平台快速普及，个性化消费方式逐渐成为消费主流，给纺织服装专业市场带来了新的挑战。纺织服装专业市场在巨大的发展压力下，不断创新升级流通方式，从分销体制向共建渠道进化，从工厂店模式向组货选货模式转化，从单打独斗向供应链协同竞争演化，保持了总成交额的基本稳定，实现了小幅逆势上涨，并加速了行业内部结构的优化升级。

2021年，我国万平方米以上纺织服装专业市场914家，市场总成交额达到2.33万亿元，同比上升1.98%；其中，中国纺联流通分会重点监测的46家市场商圈总成交额为14628.41亿元，同比上升8.41%，行业重点市场商圈展现出更为强劲的发展态势，纺织服装专业市场两极分化程度继续加深。

一、总体情况

据流通分会统计，2021年，我国万平方米以上纺织服装专业市场914家，市场数量同比下降1.19%；市场经营面积达到7573.69万平方米，同比下降0.59%；市场商铺数量140.50万个，同比下降1.19%；市场商户数量114.20万户，同比下降1.12%；市场总成交额达到2.33万亿元，同比上升1.98%。

（一）总量规模方面

2015~2020年，我国万平方米以上纺织服装专业市场数量、市场经营面积、市场商铺数量、市场商户数量连续增长，增幅逐年收窄，2021年开始出现下滑。自2015年以来，商业地产投资转向理性，专业市场行业进入集约化发展阶段，市场数量增幅逐渐缩小。2020年以来，受新冠肺炎疫情影响，市场加速优胜劣汰，两极分化速度加快，新增市场数量减少，关停市场数量增加，专业市场行业结构不断优化。市场数量的首次下滑，是专业市场集约化发展的重要体现。

（二）成交额增速方面

2015~2021年，专业市场总成交额年同比增速依次为2.11%、2.81%、5.12%、3.85%、−1.08%、−2.22%、1.98%，自2019年起出现连续两年下降，2021年，专业市场成交额重新实现增长（图1）。

图1　2015~2021年纺织服装专业市场数量与成交额

数据来源：中国纺联流通分会

（三）新市场方面

2021年，新开业万平方米以上纺织服装类专业市场9家，新开业专业市场总投资额为30.9亿元，总经营面积为32.6万平方米。

（四）运行效率方面

2021年，纺织服装专业市场商铺效率为165.51万元/铺，同比上升3.21%；商户效率为203.63万元/户，同比上升3.13%；市场效率为30705.15元/平方米，同比上升2.58%（图2）。

图2　2015~2021年纺织服装专业市场运行效率

（五）景气方面

2021年，纺织服装专业市场管理者景气与商户景气走势基本一致。随着春节假期结束和春装上市，2~3月纺织服装专业市场迎来上半年销售旺季；4~8月，景气指数小幅波动，整体运行平稳；9~10月，纺织服装专业市场迎来全年的销售黄金期，线上线下融合发展、内贸外贸融合发展、批发零售融合发展，实现了销售额的逆势增长，景气指数稳健回升；第四季度，受暖冬影响，冬装销售情况不佳，景气指数下滑。从全年看，2021年专业市场管理者景气指数全年平均值为51.04，商户景气指数全年平均值为50.78，两项平均数均高于50荣枯线，相较2020年有所回升，管理者景气略高于商户景气（图3）。

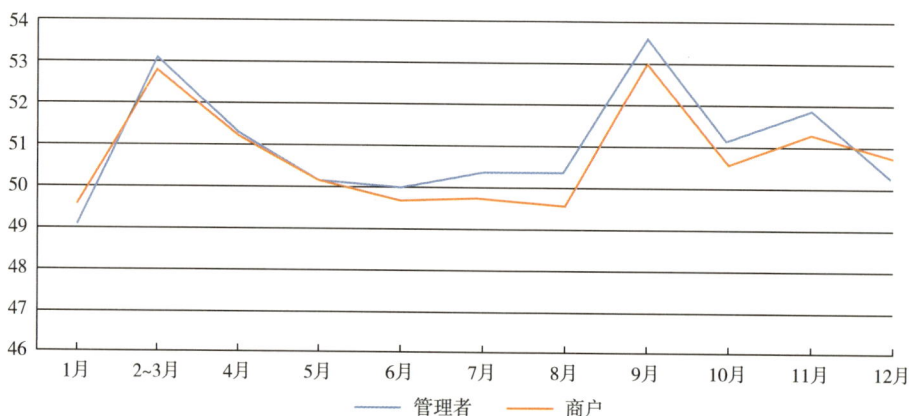

图3　2021年全年景气指数一览
数据来源：中国纺联流通分会

二、结构分析

（一）从区域看

914家专业市场中，东部地区563家，成交额19471.16亿元，占总成交额的83.72%，同比上升3.41%。东部地区是我国纺织服装专业市场行业的龙头地区和中流砥柱，东部地区的逆势增长是全国纺织服装专业市场总成交额实现回升的主要原因；中部地区193家市场成交额2552.44亿元，占总成交额的10.98%，同比上升2.06%，2020年，中部地区受疫情影响严重，成交额出现20%以上的下滑，2021年，中部地区专业市场成交额稳健回升，但尚未恢复至疫情前水平；西部地区158家市场成交额1231.54亿元，占总成交额的5.30%，同比下降4.86%，与2020年相比，降幅有所收窄（图4、表1）。

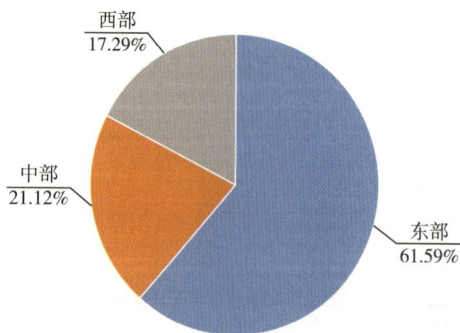

图4　东中西部地区市场数量占比
数据来源：中国纺联流通分会

表1　东中西部地区市场成交额占比、增速表

地区	东部	中部	西部
成交额（亿元）	19471.16	2552.44	1231.54
占比（％）	83.72	10.98	5.30
增速（％）	3.41	2.06	−4.86

数据来源：中国纺联流通分会

（二）从品类看

服装和原、面（辅）料是我国纺织服装专业市场的主营商品，主营服装和原、面（辅）料的专业市场共649家，占市场总量的71.01％，成交额占总成交额的70.36％。其中，主营服装产品的专业市场485家，在各品类中成交额最高，达9408.68亿元，占总成交额的40.46％，同比上升0.28％；主营原、面（辅）料的专业市场164家，成交额位列第二，达6954.09亿元，占比29.90％，同比上升3.75％；主营家纺、小商品、综合类的专业市场也实现了成交额的正增长，其中，主营小商品的专业市场成交额增速最高，同比上升10.24％；家纺类专业市场运行稳中有进，同比上升4.08％；综合类专业市场同比上升6.10％；其他类专业市场同比下降5.33％（图5、表2）。

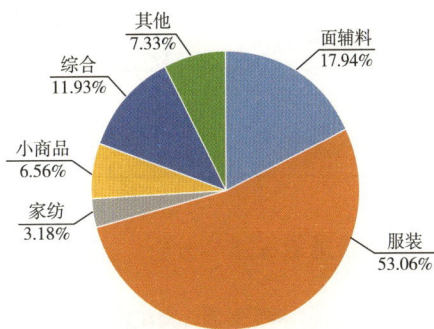

图5　各品类市场数量占比
数据来源：中国纺联流通分会

表2　各品类市场成交额占比、增速表

品类	成交额（亿元）	占比（％）	增速（％）
面辅料	6954.09	29.90	3.75
服装	9408.68	40.46	0.28
家纺	1756.21	7.55	4.08
小商品	2548.27	10.96	10.24
综合	1702.53	7.32	6.10
其他	885.35	3.81	−5.33

数据来源：中国纺联流通分会

三、重点监测市场分析

2021年1~12月，流通分会重点监测的46家纺织服装专业市场（含市场群）总成交额达到14628.41亿元，同比上升8.41％。其中，33家市场成交额同比上升，平均增幅为9.55％；12家市场成交额同比下降，平均降幅为12.52％；1家市场成交额与2020年持平。

（一）运行效率分析

从市场运行效率看，46家重点监测市场平均运行效率为65703.46元/平方米，同比上升7.56%；平均商铺效率为502.11万元/铺，同比上升7.91%。

（二）市场区域结构分析

从区域结构看，1~12月，46家重点监测市场中，东部地区专业市场成交额为12888.24亿元，同比上升8.52%，占专业市场总成交额的88.01%；中部地区专业市场成交额为1212.63亿元，同比上升13.00%，占专业市场总成交额的7.95%；西部地区专业市场成交额为527.55亿元，同比下降3.07%，占专业场总成交额的4.04%（表3）。

表3　46家重点监测市场东中西部地区成交额占比、增速表

地区	东部	中部	西部
成交额（亿元）	12888.24	1212.63	527.55
占比（％）	88.01	7.95	4.04
增速（％）	8.52	13.00	−3.07

（三）流通层级结构分析

从流通层级来看，46家重点监测市场单位中包括27家产地型专业市场、19家销地型专业市场。2021年1~12月，27家产地型市场成交额达到13183.84亿元，占总成交额的89.36%，同比上升9.34%；19家销地型市场成交额为1444.58亿元，占总成交额的10.64%，同比上升0.61%。

四、家纺市场分析

据流通分会统计，2021年万平方米以上专营家纺产品的专业市场（含市场群，一个市场群计为1家）共计27家，占全国纺织服装专业市场总数的2.95%，同比增长下降3.57%；市场经营总面积367.65万平方米，同比下降1.41%，商铺总数4.16万个，同比下降0.89%，经营商户总数3.91万户，同比下降1.05%；2021年成交额1756.21亿元，占全国纺织服装专业市场总成交额的7.55%，成交额同比增长4.08%，在各品类专业市场中，增速位列第三；家纺市场运行效率为47765.86元/平方米，同比增长5.44%，家纺市场的运行效率略高于全国纺织服装专业市场平均运行效率的30705.15元/平方米，低于重点监测市场的65703.46元/平方米。

2021年，主营家纺产品的专业市场运行基本平稳，与2020年相比受疫情影响相对缓解，实现了4.08%的成交额增长，从品类看，成交额增速高于主营纺织面辅料、服装的专业市场，低于小商品市场和综合类市场。值得一提的是，家纺专业市场已连续六年实现成交额的增长，在国内外政治经济形式复杂多变、疫情影响不断反复的情况下，纺织服装专业市场近年来发展环境遇冷，而家纺市场仍然顶住压力，实现了连续上涨，展现了其抵御风险和灵活应变的能力。

从规模看，2021年，家纺专业市场的数量、经营面积、商铺数量略有下降，以更少的市场创造了更大的成交额，这是纺织服装专业市场集约化发展的必由之路，也是马太效应的初步显现。从市场运行效率来看，主营家纺产品的专业市场的运行效率高于全国纺织服装专业市场的平均运行效率，可见家纺市场日常运营良好，稳中有进。

新冠肺炎疫情以来，家纺类产品实现逆势上涨主要得益于"宅经济"的普及以及线上交易的火爆。2021年，家纺专业市场继续深耕线上线下融合发展，探索与线上平台合作的新模式、新玩法，将线上交易打造成为市场新的增长点。以家纺龙头市场叠石桥家纺城为例，家纺城内70%的商铺借助电子商务开展交易，2021年，叠石桥家纺线上销售总额突破550亿元。以叠石桥为代表的制造产业带，由于电商基建完善、产业链发达且能生产物美价廉的产品，成为电商平台和服务商开发下沉市场的主战场，也是确立终极市场地位的决胜之地。

五、2021年纺织服装专业市场数据分析

（一）行业面临多重压力

2021年，我国纺织服装专业市场面临国际政治经济形势复杂多变、全球疫情加重、国内疫情反复散点式爆发、内需市场遇冷、消费者重构、经营模式颠覆等多重压力，经历了自专业市场业态诞生至今，变量最多、压力最大的一年。在多重压力之下，专业市场在2021年主要呈现三个特点。

1. 部分集散销地型市场出现断崖式滑坡

在全国纺织服装专业市场共同面临巨变的大环境下，产地型市场呈现出更强的抗风险能力和创新能力，部分集散销地型市场则在多重压力之下难以维系，出现了断崖式滑坡。数据显示，2021年，重点监测的产地型市场成交额与2020年同比增长9.34%，而销地型市场成交额与2020年同比仅增长0.61%。产地型专业市场依托背靠生产集群的集聚性优势，加强商圈与集群间的协同，通过渠道管理提升供应链柔性管理能力，并且出现了越来越多的以设计、订单、生产制造、金融服务等不同模式驱动的各类供应链平台，获得了更大的发展空间。集散销地型市场自疫情以来，始终恢复乏力，至今仍未恢复至疫情前的水平，疫情后的消费环境和市场需求变化，进一步凸显和扩大了集散销地型市场的劣势。与产地型市场相比，集散销地型市场没有强大灵活的供应链支撑，又面临中间环节被极致压缩的流通行业现状，加之受到疫情影响，在抵御风险、适应变化方面反应速度相对迟缓。

2. 市场运营受外力影响仍较大

2021年，新冠肺炎疫情散点式复发，对全国各地纺织服装专业市场的影响仍然存在。虽然自2020年以来，龙头市场已经逐渐习惯了在日常防控的基础上正常运营，并探索出"后疫情"时代的线上线下融合、场内场外融合的创新运营模式，但是从全国914家万平方米以上专业市场的整体情况看，疫情影响经营的情况仍然存在，也是市场从业人员谈及影响生产和销售的最大阻力。

另外，纺织服装专业市场受天气影响仍然明显。2021年，全国大部分地区迎来暖冬，极大地冲击了纺织服装专业市场的冬装销售，我国纺织服装专业市场全年最大的销售旺季在第三季度和第四季度，而秋冬装尤其是冬装销售的下滑，给产业链上下游的所有面料市场、服装市场都带来了很大的冲击，大多数市场的四季度销售额远远低于预期。

3. 服装专业市场面临供应链掌控危机

近年来，我国纺织服装行业中涌现大批轻资产运营型企业和商户，以设计、营销为重点，将生产环节外包，通过在外寻求供应链合作组织生产的方式进行销售。由于专业市场中多数商户处于中小规模，资金实力有限，因此，这种无生产形式的经营在专业市场中快速普及，比例日渐提升。然而，经过数年累计，供应链危机开始显现，具体表现在：第一，服装生产企业比例减少，工厂总量规模的增幅无法与各类新型商户的增幅相匹配；第二，商户寻找稳定、高效、适配的合作工厂难度大，供应链掌控能力不足；第三，现存的可供市场商户组织生产的供应链企业整体水平偏低，在品质和效率方面无法满足中高端商户的生产需求。于是，供应链的缺失已经开始影响商户的日常经营，倒逼商户重新开设自营工厂。

（二）纺织服装专业市场持续两极分化

近年来，我国纺织服装专业市场发展呈现两极分化趋势，2021年，市场发展面临前所未有的挑战，全国专业市场首次出现市场数量、经营面积、商铺数、商户数的下滑，而在规模缩小的同时，内部结构也在发生巨变，两极分化的速度进一步加快。

1. 龙头市场和其他市场呈两极化发展

我国纺织服装专业市场经历了较长的转型升级过程，其中，龙头骨干型专业市场已经实现了市场角色的转变、经营模式的转变、管理理念的转变，取得了高质量发展。2021年，这些市场在困境中更具内生动力和竞争优势，在面临严峻压力和复杂环境时，展现出不屈的发展韧性，激发出更大的创新热情。

2. 原、面（辅）料市场和服装市场呈两极化发展

2021年，国内外特殊的经济社会环境给我国纺织服装专业市场打开了机遇与挑战并存的新局面。原、面（辅）料市场作为产业链上游市场，仍然处于纺织服装产业的基本逻辑之中，不必直面终端消费市场，因而展现出了更成熟的发展路径和更强大的国际竞争力，受外界环境变化的影响相对较小；在海外新冠肺炎疫情影响生产的情况下，原、面（辅）料市场敏锐地抓住国际订单回流的机遇，积极争夺国际市场空间；市场商户重视创新，大力提升产品功能性、技术含量、时尚设计等方面的整体水平，在外部环境遇冷的情况下实现了逆势上扬，增速稳中有进，为纺织服装行业提供了坚实的上游支撑。而服装作为终端消费品，生产销售的门槛相对偏低，受到外界压力的影响更大，竞争也更为激烈；服装类专业市场直面终端消费市场的检验，应对新消费趋势、新消费需求、新经营模式、新商业环境的变化更敏感，更灵活多变，不断随着环境的变化创新经营模式，迎合消费需求，其操作难度更大，服装专业市场仍然在复杂多变的环境中不断适应，寻求突破。

3. 市场商户呈两极分化发展

2021年是各行业的大浪淘沙之年，复杂多变的市场环境危中有机，淘汰了一批商户，也

成就了一批商户，大中小企业之间两极分化尤为严重，马太效应在当今环境下更加凸显。2021年前三季度，纺织行业171家上市公司营业收入同比增长30.5%，利润总额实现同比63.5%的较快增长，超过2019年、2020年全年的利润规模，户均利润达到7.5亿元，利润率达11%。与之形成鲜明对比的是，中国纺联调研跟踪的58个重点纺织产业集群内4.4万户规模以下企业，户均年营业收入不足400万元，2021年1~10月收入同比减少2.1%，利润总额同比减少26.1%，利润率仅为3.5%。

（三）纺织服装专业市场的三个转变

1. 电子商务中角色的转变

我国纺织服装专业市场电子商务发展经历了几个不同阶段后，进入了全新的线上线下融合发展阶段。专业市场在电子商务模式中的角色发生了根本性的转变，不同类型的商户根据自身特色和优势，以不同的身份融入了电子商务行业，从不同的环节得到了自身价值的实现。当前，纺织服装专业市场与电商平台通过产业带等方式开展B2B业务，通过国际站、独立站、海外电商平台的合作开展跨境电商业务，通过专场直播、特色馆等方式开展B2C业务；纺织服装专业市场商户通过自营B2B、自营B2C、自营线上直播零售、给线上平台提供贴牌生产、给线上商家供货、成为直播网红的长期合作供应商等多种模式全面切入线上交易，成为电子商务流通中不可或缺的要素。

2. 外贸出口模式的转变

2021年，新冠肺炎疫情出现变异，再次影响全球经济和社会发展，其中东南亚地区受疫情影响，开工率和生产效率无法恢复至疫情前水平，我国的生产订单大量回流，通过直接出口和间接出口的方式，提升了我国纺织服装类专业市场的成交额。2021年，全国市场采购贸易方式试点总数达到31家，辽宁西柳服装城、浙江绍兴柯桥中国轻纺城、山东青岛即墨国际商贸城等专业市场均在新设市场采购贸易方式试点名单之中。商务部积极指导各试点市场推进市场采购与跨境电商等新业态融合发展，发挥叠加效应，降低疫情影响，以柯桥中国轻纺城为代表的纺织服装龙头市场积极探索新业态新模式，深化市场采购贸易方式和跨境电商综试区等国字号试点，厚植于独有的产业优势，聚焦"产业集群+跨境电商""专业市场+跨境电商"两大特色，通过"四平台、六体系、八机制"建设，加快形成跨境电商全产业链"闭环生态圈"。

3. 流通环节定位的转变

近年来，我国消费端的深刻变化对纺织服装企业的供应链布局协同、管理应用能力和水平提出了更高的要求，市场竞争由企业间竞争向供应链竞争、平台化竞争转型。立足国内大循环、促进国内国际双循环的发展背景下，我国纺织服装专业市场也在加快转型升级，确立新定位，挖掘新优势，优化新渠道，谋求新发展，打造平台型市场。纺织服装专业市场充分发挥专业市场在产业链中的规模集聚效应和灵活应变能力，通过渠道赋能，推动传统模式变革；通过商户赋能，深挖供应链价值；全面推动产业链各环节的有效对接，全方位协调产业链各环节的资源配置。最终，纺织服装专业市场将打造成提升产业链效率的产业中枢、精准匹配产业资源的信息平台、助力中小企业成长的孵化基地，推动纺织服装产业的高质量发展和可持续发展。

六、行业预判

从全球局势看，预计全球因疫情影响而导致经济增长率下降的情况仍将继续，局部战争引发全球经济环境剧烈动荡，前景仍不明朗，中国作为世界经济的重要参与者和贡献者，也将持续受到影响。但是，中国经济长期向好的基本面不会改变，国内外政治经济局势的复杂性是一把双刃剑，带来挑战的同时也提供了发展的新机遇。

从行业形势看，2022年将是进一步大浪淘沙、优胜劣汰之年，更是凝心聚力、共建产业流通新生态的最佳机遇期。从全国万平方米以上专业市场整体情况看，集约化发展成果将更为显著，更少的市场将创造更大的价值。未来，市场数量仍将继续缩小，发展基础薄弱、创新力度不足的"僵尸"市场将被行业竞争淘汰；行业优质资源将以更快的速度向优势地区、龙头市场集聚，两极分化将进一步加大，不断推动行业结构的深刻调整；虽然市场数量将会逐渐减少，但是市场成交额或将进一步提升，激烈竞争下也将激发存量市场的创新活力，龙头市场将创造更大的价值。

未来，我国纺织服装专业市场必须坚持全面促进供应链协同化、上下游一体化和线上线下融合化，将自身发展积极融入产业生态圈层建设中，实现城市更新、产业革新、市场焕新、商户创新的同频共振，最终推动形成特色鲜明、优势互补、区域联动、协同共建的产业流通新生态。

撰稿人：胡晶

上市公司

2021年家用纺织品行业上市公司发展报告

余湘频

一、 在全球主要证券市场上市的家纺企业增加至15家

截至2021年12月31日，在全球主要证券市场上市的家用纺织品企业增加3家（真爱美家、浙江自然、玉马遮阳），至15家，其中在上海证券交易所5家、深圳证券交易所6家、香港联交所2家、新加坡证券交易所1家、澳大利亚证券交易所1家。15家上市公司的来源地区和细分行业分布见表1、表2。

表1 家用纺织品行业上市公司上市地及实际总部分布

序号	上市地及代码	公司简称	实际总部地区
1	HK00146	太平地毯	香港
2	HK02223	卡撒天娇	
3	SZ002083	孚日股份	山东
4	SZ300993	玉马遮阳	
5	SGX：COZ	宏诚家纺	
6	ASX：SHU	绅花纺织	浙江
7	SH605003	众望布艺	
8	SH605155	西大门	
9	SZ003041	真爱美家	
10	SH605080	浙江自然	
11	SZ002293	罗莱家纺	江苏
12	SH603313	梦百合	
13	SZ002327	富安娜	广东
14	SZ002397	梦洁家纺	湖南
15	SH603365	水星家纺	上海

表2　家用纺织品行业上市公司行业细分

序号	上市地及代码	公司简称	细分行业
1	SZ002293	罗莱家纺	床上用品
2	SZ002327	富安娜	
3	SZ002397	梦洁家纺	
4	SH603313	梦百合	
5	SH603365	水星家纺	
6	HK02223	卡撒天娇	
7	SGX：COZ	宏诚家纺	
8	ASX：SHU	绅花纺织	
9	SZ003041	真爱美家	毛毯
10	SH605080	浙江自然	户外床品
11	SZ002083	孚日股份	毛巾
12	HK00146	太平地毯	地毯
13	SH605003	众望布艺	沙发套
14	SH605155	西大门	窗帘布
15	SZ300993	玉马遮阳	

二、主要家纺上市公司经营指标对比分析

从已取得年报数据的13家主要家纺上市公司的经营数据分析，2021年13家企业中，大部分都不仅恢复到了新冠肺炎疫情前的最高水平，而且很多企业还保持了较高增速。

1. 主营业务收入

在13家有数据的公司中，除太平地毯由于财务报告期调整，2019年、2020年数据为18个月，不可比较外，其他12家企业2021年主营业务收入都实现了增长（表3）。

表3　家纺上市公司历年营业收入

人民币核算（单位：亿元）								
代码	公司简称	2015年	2016年	2017年	2018年	2019年	2020年	2021年
SZ002083	孚日股份	42.05	43.75	48.20	51.71	49.87	44.32	51.57
SZ002293	罗莱生活	29.16	31.50	46.62	48.10	48.60	49.11	57.60
SZ002327	富安娜	20.93	23.12	26.16	29.18	27.89	28.74	31.79
SZ002397	梦洁股份	15.17	14.47	19.34	23.08	26.04	22.20	24.63
SH603313	梦百合	13.77	17.20	23.40	30.50	38.32	65.30	81.39
SH603365	水星家纺	18.51	19.77	24.62	27.20	30.02	30.30	37.99

人民币核算（单位：亿元）							
代码	公司简称	2015年	2016年	2017年	2018年	2019年	2020年	2021年
SH605003	众望布艺		3.66	3.89	4.25	4.88	4.95	5.87
SH605155	西大门		3.09	3.48	3.91	4.09	3.54	4.65
SZ003041	真爱美家			9.17	10.24	10.02	8.91	9.33
SH605080	浙江自然		3.39	4.25	5.09	5.45	5.81	8.42
SZ300993	玉马遮阳			2.56	3.22	3.84	3.85	5.20
合计		139.59	156.57	195.71	217.92	229.70	248.46	295.50
港元核算（单位：亿港元）								
代码	公司简称	2015年	2016年	2017年	2018年	2019年	2020年	2021年
HK00146	太平地毯	13.13	13.20	4.47	5.41		7.38	4.81
HK02223	卡撒天骄	3.71	3.57	3.47	3.38	3.79	3.09	3.20
合计		16.84	16.77	7.94	8.79	3.79	10.47	8.02

2. 主营业务毛利率

主营业务毛利率代表企业在单位产品中新创造的价值比率，可以从一个侧面反映企业产品创新被社会认可的程度。品牌企业的毛利率更多取决于产品的市场定位，而对于生产加工型企业来讲，更多地体现的是产品的市场竞争力（表4）。

表4　家纺上市公司历年毛利率

人民币核算（%）							
代码	公司简称	2015年	2016年	2017年	2018年	2019年	2020年	2021年
SZ002083	孚日股份	22.28	23.43	21.80	19.90	19.64	18.79	18.79
SZ002293	罗莱家纺	48.96	48.46	43.50	45.50	43.90	43.18	43.18
SZ002327	富安娜	51.05	50.24	49.60	49.80	52.00	53.90	53.90
SZ002397	梦洁家纺	47.79	49.41	44.20	42.80	41.10	39.90	39.90
SH603313	梦百合	34.86	33.60	29.50	32.10	39.70	33.90	33.90
SH603365	水星家纺		36.94	36.36	35.10	37.60	35.30	35.30
SH605003	众望布艺		41.85	42.42	38.67	42.51	41.94	41.94
SH605155	西大门		38.99	41.18	37.40	39.36	40.39	40.39
SZ003041	真爱美家			17.21	17.41	21.15	26.87	22.19
SH605080	浙江自然		36.10	36.09	35.06	39.83	40.68	38.76

人民币核算（%）							
代码	公司简称	2015年	2016年	2017年	2018年	2019年	2020年	2021年
SZ300993	玉马遮阳			42.36	43.90	46.29	46.58	43.57

港元核算（%）							
代码	公司简称	2015年	2016年	2017年	2018年	2019年	2020年	2021年
HK00146	太平地毯	46.61	44.86	47.60	54.30		53.90	53.90
HK02223	卡撒天娇	61.79	62.78	64.60	63.20	60.40	62.10	62.10

3. 净利润

在13家有数据的公司中，2021年总体净利润有所下降，特别是梦洁股份和梦百合出现了较大幅度的亏损，说明企业经营压力依然很大（表5）。

表5 家纺上市公司历年净利润

人民币核算（单位：亿元）							
代码	公司简称	2015年	2016年	2017年	2018年	2019年	2020年	2021年
SZ002083	孚日股份	3.13	3.81	4.10	4.35	3.67	1.92	2.68
SZ002293	罗莱家纺	4.23	3.40	4.50	5.45	5.59	5.93	7.19
SZ002327	富安娜	4.01	4.39	4.93	5.43	5.07	5.16	5.46
SZ002397	梦洁股份	1.56	0.99	0.81	0.93	0.95	0.47	−1.58
SH603313	梦百合	1.65	2.00	1.50	2.00	3.92	4.20	−2.70
SH603365	水星家纺	1.35	1.98	2.57	2.90	3.16	2.70	3.86
SH605003	众望布艺		0.83	0.66	0.90	1.24	1.40	1.47
SH605155	西大门		0.50	0.61	0.76	0.88	0.78	0.90
SZ003041	真爱美家			0.28	0.63	1.02	1.22	1.08
SH605080	浙江自然		0.65	0.89	0.82	1.31	1.60	2.20
SZ300993	玉马遮阳			0.51	0.81	1.09	1.08	1.40
合计		15.93	17.89	19.68	22.72	24.48	22.56	17.27
港元核算（单位：亿港元）							
代码	公司简称	2015年	2016年	2017年	2018年	2019年	2020年	2021年
HK00146	太平地毯	0.20	−0.38	1.90	−0.43		−0.39	0.17
HK02223	卡撒天娇	−0.16	0.08	0.27	0.06	0.18	0.16	0.12
合计		0.04	−0.30	2.17	−0.37	0.18	−0.23	0.29

4. 存货周转天数

存货周转天数，表示企业用于正常生产经营的原材料、在产品、库存商品（产成品）等周转一次所需的天数，不同的企业由于各自的经营销售模式、采购模式、生产流程长短等因素决定了其存货周转一次所需的基本周期。总体来说，存货周转天数越少，说明企业运转越良性健康，特别是对于依靠自主销售渠道销售产品的品牌企业来说，存货的周转效率直接反映企业运转是否健康有效。

在13家有数据的公司中，2021年存货周转天数下降或持平的有10家，上升的有3家（表6）。

表6 家纺上市公司历年存货周转天数

人民币核算（单位：天）								
代码	公司简称	2015年	2016年	2017年	2018年	2019年	2020年	2021年
SZ002083	孚日股份	227	208	186	154	121	121	111
SZ002293	罗莱生活	156	146	114	162	170	153	140
SZ002327	富安娜	187	183	185	190	222	216	186
SZ002397	梦洁股份	209	260	219	204	177	204	183
SH603313	梦百合	70	64	60	60	86	88	102
SH603365	水星家纺		174	157	156	155	144	127
SH605003	众望布艺		77	86	93	95	108	109
SH605155	西大门		103	111	116	134	164	142
SZ003041	真爱美家			76	65	65	76	75
SH605080	浙江自然		345	192	105	145	158	140
SZ300993	玉马遮阳			140	135	142	145	145
港元核算（单位：天）								
代码	公司简称	2015年	2016年	2017年	2018年	2019年	2020年	2021年
HK00146	太平地毯	114	109	145	124		74	93
HK02223	卡撒天骄	210	212	186	286	219	237	253

5. 应收账款周转天数

应收账款周转天数是指企业应收账款周转一次的天数，和存货周转天数一样，同样是反映企业运转是否良性和有效率的重要指标，特别是对那些需要依靠经销商渠道销售自己产品的品牌企业来说显得尤其重要。在13家有数据的公司中，2021年应收账款周转天数下降或持平的有9家，其他4家有所提升（表7）。

表7　家纺上市公司历年应收账款周转天数

人民币核算（单位：天）							
代码	公司简称	2015年	2016年	2017年	2018年	2019年	2020年	2021年
SZ002083	孚日股份	35	34	33	39	44	45	38
SZ002293	罗莱生活	26	32	30	36	37	38	31
SZ002327	富安娜	23	39	44	43	38	27	24
SZ002397	梦洁股份	76	100	77	66	61	66	50
SH603313	梦百合	40	41	46	56	64	49	47
SH603365	水星家纺		20	23	18	17	13	15
SH605003	众望布艺					53	53	52
SH605155	西大门					26	29	23
SZ003041	真爱美家			34	35	38	37	40
SH605080	浙江自然		48	39	42	49	53	48
SZ300993	玉马遮阳			52	43	32	34	29
港元核算（单位：天）							
代码	公司简称	2015年	2016年	2017年	2018年	2019年	2020年	2021年
HK00146	太平地毯	62	63	99	76		35	45
HK02223	卡撒天骄	64	72	82	94	75	74	75

6. 盈利质量

盈利质量是指单位净利润的现金含量，等于经营现金流净额/净利润。由于现行会计制度的原因，企业报表上实现的利润和企业收到的现金并不一致，导致许多企业利润表的业绩很好，但企业的真实情况却并不尽人意，为了矫正这一制度缺陷带来的错觉，必须把利润表中的净利润与现金流量表中的经营现金流净额两个指标比较起来分析，如果经营现金流净额/净利润的比值长期小于1，则认为该企业的盈利质量不高。

在13家有数据的公司中，2021年盈利质量指标大于1的只有8家，小于1的有5家，行业整体盈利质量较2020年出现了较大幅度下降，说明企业现金流普遍紧张（表8）。

表8　家纺上市公司历年盈利质量

人民币核算（单位：元）							
代码	公司简称	2015年	2016年	2017年	2018年	2019年	2020年	2021年
SZ002083	孚日股份	2.84	3.06	2.08	1.19	1.62	4.64	2.09
SZ002293	罗莱家纺	0.80	1.49	0.88	0.20	1.36	1.44	1.01
SZ002327	富安娜	0.73	0.96	0.74	0.64	1.70	1.29	1.42
SZ002397	梦洁股份	0.43	1.17	1.26	2.09	5.85	7.67	−0.07

人民币核算（单位：元）							
代码	公司简称	2015年	2016年	2017年	2018年	2019年	2020年	2021年
SH603313	梦百合	1.01	0.75	0.38	0.89	0.33	1.40	−0.25
SH603365	水星家纺		1.34	1.19	0.84	0.75	1.38	1.20
SH605003	众望布艺		0.72	1.05	0.79	1.11	1.03	0.92
SH605155	西大门		1.28	1.02	1.07	1.39	1.61	0.86
SZ003041	真爱美家			2.03	1.30	1.35	1.47	1.17
SH605080	浙江自然		1.38	3.21	0.77	0.65	1.29	0.65
SZ300993	玉马遮阳			1.58	1.07	1.17	1.37	1.08

港元核算（单位：元）							
代码	公司简称	2015年	2016年	2017年	2018年	2019年	2020年	2021年
HK00146	太平地毡	1.87	1.12	0.68	−0.11		1.90	5.91
HK02223	卡撒天骄	0.65	3.69	1.83	1.36	2.37	3.53	3.32

7. 运营效率

运营效率指标等于主营业务毛利额/（销售费+管理费），它表达的含义是一个单位的固定费用支出能给企业带来几个单位的新价值，考察的是企业管理团队运营企业的效率，包括对市场开拓和管理提升的精准性。如果这一比值小于1，则表明企业管理团队的运营效率不高，企业处于入不敷出的状态，企业必须采取措施检讨费用的合理性和效率性，同时提高产品的毛利率。

在13家有数据的公司中，2021年运营效率全部大于1（表9）。

表9　家纺上市公司历年运营效率

人民币核算（单位：元）							
代码	公司简称	2015年	2016年	2017年	2018年	2019年	2020年	2021年
SZ002083	孚日股份	2.68	2.96	3.01	3.08	2.48	2.69	2.73
SZ002293	罗莱家纺	1.50	1.40	1.43	1.51	1.58	1.69	1.70
SZ002327	富安娜	1.82	1.88	1.83	1.80	1.75	1.75	1.87
SZ002397	梦洁股份	1.44	1.25	1.22	1.30	1.38	1.25	1.15
SH603313	梦百合	1.70	1.70	1.44	1.74	1.79	1.65	1.17
SH603365	水星家纺		1.56	1.55	1.70	1.59	1.50	1.59
SH605003	众望布艺		3.21	2.89	3.17	3.22	5.57	5.26
SH605155	西大门		3.90	3.86	3.81	4.04	4.13	2.80

人民币核算（单位：元）								
代码	公司简称	2015年	2016年	2017年	2018年	2019年	2020年	2021年
SZ003041	真爱美家			2.53	3.22	3.62	4.08	4.90
SH605080	浙江自然		3.68	2.22	4.14	4.59	5.51	5.97
SZ300993	玉马遮阳			3.45	4.70	5.01	5.00	4.92
港元核算（单位：港元）								
代码	公司简称	2015年	2016年	2017年	2018年	2019年	2020年	2021年
HK00146	太平地毯	1.07	0.98	0.56	0.85		0.88	1.07
HK02223	卡撒天骄	0.96	1.11	1.17	1.06	1.12	1.05	1.08

三、主要家纺上市公司经营及资本运作

1. 孚日股份（SZ002083）

2021年，公司共实现营业收入51.57亿元，同比增长16.36%；实现归属于上市公司股东的净利润2.73亿元，同比增长22.25%。

（1）国际市场开发方面。面对海运费急剧上涨、仓位异常紧缺、原材料价格高位运行等诸多不利因素影响，公司始终保持定力，以不变应万变，家纺产品出口首次突破5亿美元大关，创造了历史新高，其中，美国市场毛巾出口跃上一个新台阶，日本市场占有率大幅提升，欧洲市场出口快速恢复，充分体现孚日在全球产业链、供应链和价值链中的地位不断抬升，国际市场的领先优势不断增强。

（2）国内品牌建设方面。公司坚持三管齐下，稳扎稳打，"洁玉"品牌线下业务按照"保存量、攻增量，无缝隙、无空白"要求，持续推进新渠道拓展、新客户开发，全国销售网络基本实现全覆盖。"孚日"品牌线下业务加强直营渠道升级改造，调整优化营销团队，强化营销策划，完善服务体系，品牌运营基础持续巩固。电商业务积极进行多元布局，创新合作模式，产品盈利能力不断改善。2021年，孚日入选2021中国纺织服装品牌竞争力优势企业，品牌价值57.08亿元。

（3）内部管理方面。在外部市场承受巨大压力的情况下，公司精准施策，在成本控制、质量管理等环节全方位推进，在设备维护、能源利用、信息化改造等方面组合式发力，使各项基础管理有了显著提升。其中，家纺产品入库产量、综合一等品率达到历史最高水平；一批新技术、新产品、新专利推向国内外市场，在全国十大类纺织创新产品评比中，公司双面异花型巾被和再生纤维便携巾被分别获得时尚创意产品和生态环保产品奖，"嵌柔式线描画毛巾及其织造工艺"获中国纺织工业联合会优秀专利奖银奖。

（4）技术改造方面。公司不断加大投入补链强链，围绕设备自动化、节能减排、效率提升、产品结构调整、安全环保升级，先后完成了自动助剂输送、自动缝纫设备、整装吊挂系统、蒸汽减温减压、溢流机高温高压改造、能源监测等一批技术改造项目，优化了工艺流程，提高了运行效率。其中，热电公司实施的烟气余热回收和城南电厂高背压余热供暖扩容

节能改造项目投入运行，效益明显；水务公司再生水二期项目投产运行；高源化工公司新的扩建项目投入运行，保持满负荷生产状态。

孚日股份经营及资本运作情况见表10~表13。

表10 孚日股份分行业、分产品、分地区营业收入构成及其变动情况

项目	2021 年		2020 年		同比增减（%）
	金额（亿元）	占营业收入比重（%）	金额（亿元）	占营业收入比重（%）	
营业收入合计	51.57	100	44.32	100	16.36
分行业					
家纺行业	40.74	79.00	36.83	83.11	10.61
其他行业	10.83	21.00	7.49	16.89	44.63
分产品					
毛巾系列	34.86	67.59	30.48	68.78	14.36
床品系列	5.89	11.41	6.35	14.33	−7.34
热电	5.48	10.62	4.50	10.16	21.64
自来水	0.25	0.49	0.19	0.44	30.13
教育	0.17	0.33	0.17	0.39	−1.70
防护用品	0.34	0.66	0.58	1.30	−40.96
材料销售	2.81	5.45	2.00	4.51	40.69
化工产品	1.66	3.22	0		
其他类产品	0.08	0.15	0		
租赁	0.04	0.10	0.04	0.10	−7.10
分地区					
外销	32.26	62.55	27.63	62.33	16.77
内销	19.31	37.45	16.70	37.67	15.69
合计	51.57		44.32		

表11 孚日股份分产品营业成本构成及其变动情况

行业分类	项目	2021 年		2020 年		同比增减（%）
		金额（亿元）	占营业成本比重（%）	金额（亿元）	占营业成本比重（%）	
家纺行业	原材料	17.44	52.62	15.35	51.54	13.67
	辅助材料	2.96	8.92	2.53	8.50	16.87
	水电气	2.71	8.18	2.21	7.41	22.86
	职工薪酬	5.54	16.72	4.94	16.59	12.20
	折旧	1.25	3.78	1.54	5.16	−18.42
	其他	3.24	9.77	3.21	10.80	0.71
	合计	33.15	100	29.78	100	11.32

行业分类	项目	2021 年		2020 年		同比增减（%）
		金额（亿元）	占营业成本比重（%）	金额（亿元）	占营业成本比重（%）	
其中：毛巾系列	原材料	14.16	51.04	11.95	50.01	18.51
	辅助材料	2.60	9.38	2.12	8.87	22.85
	水电气	2.20	7.93	1.69	7.05	30.54
	职工薪酬	4.82	17.38	4.17	17.44	15.72
	折旧	1.02	3.66	1.25	5.22	−18.62
	其他	2.94	10.61	2.73	11.42	7.90
	合计	27.74	100	23.90	100	16.10
其中：床品系列	原材料	3.28	60.75	3.40	57.76	−3.34
	辅助材料	0.35	6.55	0.41	6.99	−13.93
	水电气	0.51	9.48	0.52	8.88	−1.92
	职工薪酬	0.72	13.36	0.77	13.16	−6.71
	折旧	0.24	4.42	0.29	4.93	−17.58
	其他	0.29	5.44	0.49	8.28	−39.59
	合计	5.40	100	5.88	100	−8.10

表12　孚日股份产品产量、销量、库存情况及其变化

行业分类	项目	2021年（吨）	2020年（吨）	同比增减（%）
毛巾系列	销售量	64211	54488	17.84
	生产量	64957	54562	19.05
	库存量	9967	8564	16.38
床品系列	销售量	12054	12540	−3.88
	生产量	11629	11570	0.51
	库存量	1520	1381	10.07

表13　孚日股份研发投入情况

项目	2021年	2020年	变动比例（%）
研发人员数量（人）	330	315	4.76
研发人员数量占比（%）	2.40	2.36	0.04
研发投入金额（万元）	26351.80	11523.41	128.68
研发投入占营业收入比例（%）	5.11	2.60	2.51

2. 罗莱生活（SZ002293）

2021年，罗莱生活实现营业收入57.6亿元，较去年同比增加17.3%，归属于上市公司股东的净利润7.13亿元，较去年同比增加21.92%，归属于上市公司股东的扣除非经常性损益的净利润6.79亿元，较去年同比增加22.13%。

线下渠道：公司采取直营和加盟相结合的经营模式，在巩固扩大一线、二线市场渠道优势的同时，积极向三线、四线及以下市场渗透和辐射。截至2021年12月31日，公司各品牌在国内市场拥有近2500家终端门店。同时在华东等地区占有绝对领先优势。

线上渠道：在保持与天猫、京东、唯品会等大型电商平台紧密合作的基础上，公司积极布局抖音、快手等短视频平台，结合自播、网红达人直播、社群营销、品牌小程序等新兴销售渠道和营销方式，获得了线上销售的显著增长。2021年"双11"期间，罗莱生活荣登全网GMV第一，在天猫、唯品会获得"双11"家纺类目第一，抖音全年家纺类目第一。

此外，公司与各个领域内的顶级IP合作，如故宫文化、上海博物馆、Pantone、tokidoki、汪汪队、小黄鸭、哆啦A梦、大英博物馆等知名IP，为品牌引流，吸引年轻顾客群，为产品提高竞争力。

罗莱生活经营及资本运作情况见表14~表19。

表14 罗莱生活分行业、分产品、分地区营业收入构成及其变动情况

项目	2021年		2020年		同比增减（%）
	金额（亿元）	占营业收入比重（%）	金额（亿元）	占营业收入比重（%）	
营业收入合计	57.60	100	49.11	100	17.30
分行业					
批发零售业	57.60	100	49.11	100	17.30
分产品					
标准套件类	18.98	32.95	16.16	32.90	17.49
被芯类	18.27	31.71	15.56	31.68	17.41
枕芯类	2.84	4.93	2.70	5.50	5.12
夏令产品	1.76	3.06	1.43	2.92	22.87
其他	4.62	8.02	4.06	8.28	13.69
家具	11.13	19.33	9.19	18.72	21.07
分地区					
华东地区	23.64	41.05	20.16	41.06	17.27
华中地区	6.29	10.92	5.49	11.18	14.56
东北地区	2.66	4.62	2.50	5.10	6.24
华北地区	5.52	9.59	4.62	9.42	19.48
西南地区	4.36	7.57	3.61	7.36	20.67

项目	2021年		2020年		同比增减（％）
	金额（亿元）	占营业收入比重（％）	金额（亿元）	占营业收入比重（％）	
华南地区	2.93	5.09	2.37	4.83	23.64
西北地区	0.93	1.61	0.99	2.01	−5.99
美国	11.02	19.13	9.06	18.44	21.64
国外及港澳台（除美国）	0.24	0.42	0.30	0.60	−17.78
分销售模式					
线上渠道	16.12	27.98	14.19	28.89	13.59
线下渠道	41.48	72.02	34.92	71.11	18.80

表15 2021年罗莱营业收入、营业成本、毛利率按销售渠道分类分析

销售渠道	营业收入（亿元）	营业成本（亿元）	毛利率（％）	营业收入比上年同期增减（亿元）	营业成本比上年同期增减（亿元）	毛利率比上年同期增减（％）
线上销售	16.12	8.31	48.45	1.93	0.71	2.02
直营销售	3.71	1.24	66.43	0.36	0.04	2.53
加盟销售	20.29	11.10	45.31	3.76	1.74	1.94
其他渠道	6.47	4.11	36.40	0.48	0.27	0.63
美国	11.02	6.92	37.19	1.96	1.03	2.19
合计	57.60	31.68	45.00	8.49	3.78	1.82

表16 罗莱生活分产品营业成本构成及其变动情况

行业分类		2021年		2020年		同比增减（％）
		营业成本（亿元）	占营业成本比重（％）	营业成本（亿元）	占营业成本比重（％）	
家纺行业		31.68	100	27.90	100	13.55
其中	标准套件类	9.74	30.73	8.35	29.91	16.66
	被芯类	9.34	29.48	8.64	30.95	8.16
	枕芯类	1.41	4.45	1.44	5.15	−2.01
	夏令产品	0.96	3.04	0.85	3.06	12.68
	其他	3.24	10.23	2.66	9.53	22.00
	家具	6.99	22.07	5.97	21.40	17.12

表17　2021年罗莱生活门店分析

门店类型	门店数量（个）	门店面积（m²）	报告期内新开门店的数量	报告期末关闭门店的数量	关闭原因	涉及品牌
直营	261	34912	44	40	合同到期、商场整改等	罗莱、罗莱儿童、内野、廊湾、恐龙
加盟	2220	375838	408	167	业绩不达标、经营不善、合同到期、商场撤柜等	罗莱、罗莱儿童、内野、廊湾、恐龙

表18　罗莱生活家纺产品产量、销量、库存情况及其变化

行业分类	项目	2021年（件）	2020年（件）	同比增减（%）
床品	销售量	20824105	19174541	8.60
	生产量	14157019	13887179	1.94
	库存量	8809220	7635293	15.38

表19　罗莱生活研发投入情况

项目	2021年	2020年	变动比例（%）
研发人员数量（人）	301	276	9.06
研发人员数量占比（%）	8.05	8.00	0.05
研发投入金额（万元）	12489.69	10149.85	23.05
研发投入占营业收入比例（%）	2.17	2.07	0.10

3. 富安娜（SZ002327）

2021年，公司实现营业收入31.79亿元，较去年同期增长10.62%，两年平均增长6.84%；公司归属于上市公司股东扣除非经常性损益的净利润为5.16亿元，较去年同期增长7.01%，两年平均增长8.67%；公司归属于上市公司股东的净利润为5.46亿元，较去年同期增长5.69%。其中，2021年公司各渠道业务分布为：加盟营业收入占比约25.61%，直营营业收入占比约24.13%，电商营业收入占比约41.63%，其他营业（包括团购和家居）占比约8.63%。

截至2021年末，公司线下门店（专柜）共1525家，加盟店1055家，同比去年增加2.52%，直营门店470家，同比去年增加7.55%。公司经过多年在一二线城市、三四线优质城市终端布局，不断优胜劣汰，终端渠道的掌控力不断提升，逐步增强。公司线下零售会员人数达到130万，公司在会员营销、社区引流、新零售系统上已经形成一个完整的业务循环。2021年，公司开发了客服支持管理系统，针对不同的业务模块采用数据营销模式，引进订单管理、智能外呼、智能机器人和质检培训等相关系统，直接为导购员服务，提升销售业绩，为公司新零售战略进一步赋能。完成ERP优化改造库存一体化项目，统一全国仓库，达到货品自动寻源，提升门店商品调度效率与线上基本一致；完成RPA（机器人）平台管控价格，针对公司个性化SKU的商品滚动特点，提升销售完成率；针对积分商城、会员管理、企微应用完成SCRM系统开发，逐步健全私域流量系统，提升精准营销的效率。

2021年，电商渠道的销售收入占公司营业收入的41.63%，收入同比增长16.64%，毛利率为46.19%，根据2021年公司会计政策调整事项，2021年将"销售费用–运费"调到营业成本，同期还原后，同口径毛利率为43.88%，同比增长2.31%，净利润率为17.88%，同比增长1.35%。

公司拥有深圳龙华总部基地、四川南充家纺生产基地、广东惠州生产基地，拥有扬州宝应、常熟、南充、惠东四大物流基地。

截至2021年末，公司拥有包括发明专利、实用新型专利、外观专利、软件著作权、版权共1310项，其中，2021年新增版权、外观专利、实用新型专利、软件著作权共87项。富安娜经营及资本运作情况见表20~表27。

表20 富安娜营业收入构成及其变化情况

项目	2021年		2020年		同比增减（%）
	金额（亿元）	占营业收入比重（%）	金额（亿元）	占营业收入比重（%）	
营业收入合计	31.79	100	28.74	100	10.62
分行业					
纺织	30.80	96.87	27.87	96.98	10.50
家具	1.00	3.13	0.87	3.02	14.56
分产品					
套件类	12.55	39.47	11.40	39.66	10.08
被芯类	12.33	38.77	11.15	38.81	10.52
枕芯类	2.39	7.51	2.22	7.71	7.76
家具类	1.00	3.13	0.87	3.02	14.56
其他类	3.54	11.12	3.10	10.80	13.92
分地区					
华南地区	8.65	27.21	9.60	33.39	-9.87
华东地区	7.37	23.17	6.37	22.16	15.69
华中地区	4.18	13.15	3.27	11.39	27.73
西南地区	6.43	20.22	4.81	16.73	33.74
华北地区	2.44	7.69	2.20	7.66	10.96
西北地区	1.32	4.15	1.14	3.97	15.70
东北地区	1.40	4.41	1.35	4.70	3.71
分销售模式					
直营	7.67	24.13	6.95	24.19	10.35
加盟	8.14	25.61	7.75	26.97	5.05
电商	13.23	41.63	11.35	39.48	16.64
团购	1.76	5.55	1.94	6.76	-9.23
其他	0.98	3.09	0.75	2.60	31.20

表21　2020年富安娜各类销售渠道销售分析

销售渠道	营业收入（亿元）	营业成本（亿元）	毛利率（%）	营业收入比上年同期增减（亿元）	营业成本比上年同期增减（亿元）	毛利率比上年同期增减（%）
线上销售	11.35	5.77	49.12	1.27	0.28	3.64
直营销售	6.95	2.34	66.41	−0.54	−0.39	2.73
加盟销售	7.75	3.79	51.06	0.24	0.06	0.80
分销销售	0	0	0	0	0	0

表22　2021年富安娜分产品和地区的毛利率及其变化

项目	营业收入（亿元）	营业成本（亿元）	毛利率（%）	营业收入比上年同期增减（%）	营业成本比上年同期增减（%）	毛利率比上年同期增减（%）
分行业						
纺织	30.80	14.77	52.04	10.50	8.08	1.07
分产品						
套件类	12.55	5.46	56.50	10.08	0.30	1.44
被芯类	12.33	5.87	52.39	10.52	4.04	−0.01
分地区						
华南地区	8.65	3.23	62.62	−9.87	−26.91	6.01
华东地区	7.37	3.15	57.25	15.69	−0.18	3.89
华中地区	4.18	1.92	54.13	27.73	22.30	−0.77
西南地区	6.43	3.29	48.79	33.74	24.14	0.72

表23　2021年富安娜分渠道的毛利率及其变化

销售渠道	营业收入（亿元）	营业成本（亿元）	毛利率（%）	营业收入比上年同期增减（百分点）	营业成本比上年同期增减（百分点）	毛利率比上年同期增减（%）
线上销售	13.23	7.12	46.19	1.89	0.75	2.31
直营销售	7.67	2.66	65.28	0.72	0.33	−1.13
加盟销售	8.14	4.07	50.03	0.39	0.11	1.14

表24　富安娜营业成本构成及其变化

行业分类	项目	2021年		2020年		同比增减（%）
		金额（亿元）	占营业成本比重（%）	金额（亿元）	占营业成本比重（%）	
床品/套件/家具行业	材料	11.92	78.36	10.94	77.70	9.03
	人工	1.44	9.44	1.34	9.55	6.83
	委外加工费	0.07	0.47	0.11	0.75	−32.23
	制造费用	0.93	6.14	0.86	6.12	8.43
	运输成本	0.85	5.59	0.83	5.87	2.92

表25　2021年富安娜门店变化及其原因分析

门店的类型	门店的数量（个）	门店的面积（m²）	报告期内新开门店（个）	报告期末关闭门店（个）	关闭原因	涉及品牌
直营	470	72376	96	63	合同到期、商场整改等原因	富安娜、馨而乐、维莎、酷奇智
加盟	1055	214691	136	110	疫情期间经营不善、合同到期、商场撤柜等原因	富安娜、馨而乐、维莎、酷奇智

表26　富安娜主要产品产、销、存情况

行业分类	项目	2021年	2020年	同比增减（%）
床品/套件/家具	销售量	143655.83	132481.9	8.43
	生产量	148492.71	135902.6	9.26
	库存量	51393.02	46556.14	10.39

注　销售量、生产量、库存量的单位为万套、万件、万个、万条、万元。

表27　富安娜研发投入情况

项目	2021年	2020年	变动比例（%）
研发人员数量（人）	292	268	8.96
研发人员数量占比（%）	6.33	6.21	0.12
研发投入金额（万元）	7599.83	7017.60	8.30
研发投入占营业收入比例（%）	2.39	2.44	−0.05

4. 梦洁股份（SZ002397）

2021年，公司实现营业收入24.63亿元，同比增长10.93%，归属上市公司股东的净利润−1.56亿元（扣非后−1.598亿元），同比下降447.10%（扣非后下降589.11%），亏损的主要原因是经营成本增加，毛利率下降，同时财务费用、销售费用大幅增加。

报告期内公司董事长减持公司股份1657万股，占期初所持股份1.4677亿股的11.29%；公司董秘减持公司股份1071.67万股，占期初所持股份4286.7万股的25%。梦洁股份经营及资本运作情况见表28~表34。

表28　梦洁股份营业收入构成及其变化情况

项目	2021年		2020年		同比增减（%）
	金额（亿元）	占营业收入比重（%）	金额（亿元）	占营业收入比重（%）	
营业收入合计	24.63	100	22.20	100	10.93
分行业					
纺织业	24.63	100	22.20	100	10.93

项目	2021年		2020年		同比增减（%）
	金额（亿元）	占营业收入比重（%）	金额（亿元）	占营业收入比重（%）	
分产品					
套件	9.71	39.44	8.22	37.02	18.17
被芯	8.25	33.48	6.97	31.39	18.32
枕芯	1.66	6.76	1.36	6.14	22.02
其他	5.00	20.32	5.65	25.45	−11.42
分地区					
华东地区	2.85	11.59	2.91	13.12	−2.01
华南地区	1.27	5.15	1.03	4.65	22.92
西南地区	1.23	5.01	1.14	5.14	8.08
华中地区	16.90	68.62	14.95	67.36	13.00
西北地区	0.42	1.72	0.36	1.64	16.21
华北地区	1.25	5.07	1.07	4.81	16.95
东北地区	0.56	2.26	0.65	2.93	−14.73
出口	0.14	0.58	0.08	0.35	86.86
分销售模式					
线上销售	5.84	23.71	4.31	19.43	35.39
直营销售	8.14	33.05	8.67	39.03	−6.06
加盟销售	10.65	43.24	9.22	41.54	15.45

表29　2021年梦洁股份分行业和市场区域的毛利率及其变化情况

项目	营业收入（亿元）	营业成本（亿元）	毛利率（%）	营业收入比上年同期增减（%）	营业成本比上年同期增减（%）	毛利率比上年同期增减（%）
分行业						
纺织业	24.63	15.33	37.75	10.93	14.96	−2.19
分产品						
套件	9.71	5.01	48.43	18.17	10.33	3.66
被芯	8.25	4.91	40.45	18.32	20.21	−0.93
枕芯	1.66	1.03	38.20	22.02	27.48	−2.65
其他	5.00	4.38	12.43	−11.42	12.28	−18.48

续表

项目	营业收入（亿元）	营业成本（亿元）	毛利率（%）	营业收入比上年同期增减（%）	营业成本比上年同期增减（%）	毛利率比上年同期增减（%）
分地区						
华东地区	2.85	1.84	35.66	−2.01	−0.92	−0.71
华南地区	1.27	0.76	39.79	22.92	22.67	0.12
西南地区	1.23	0.72	41.34	8.08	7.66	0.23
华中地区	16.90	10.61	37.19	13.00	18.97	−3.15
西北地区	0.42	0.24	42.54	16.21	13.65	1.29
华北地区	1.25	0.71	43.11	16.95	15.41	0.76
东北地区	0.56	0.32	42.19	−14.73	−15.56	0.57
出口	0.14	0.12	18.60	86.86	113.16	−10.05

表30　2021年梦洁家纺分渠道销售情况分析

销售渠道	营业收入（亿元）	营业成本（亿元）	毛利率（%）	营业收入比上年同期增减（亿元）	营业成本比上年同期增减（亿元）	毛利率比上年同期增减（%）
线上销售	5.84	4.00	31.41	1.53	1.03	0.46
直营销售	8.14	4.43	45.56	−0.53	0.00	−3.32
加盟销售	10.65	6.89	35.25	1.42	0.97	−0.48

线上销售是与天猫、京东、唯品会等电商平台以及微信小程序等社交平台合作销售公司产品，公司需支付一定的平台费用等；直营销售为公司直接投资、直接销售和直接管理；加盟销售是通过授权区域加盟商按照公司标准来开设门店，授权经营公司的产品。

表31　2021年梦洁股份四项费用及其变化情况

项目	2021年	2020年	同比增减（%）	重大变动说明
销售费用（亿元）	7.24	6.33	14.40	
管理费用（亿元）	0.86	0.79	8.70	
财务费用（亿元）	0.27	0.18	46.16	银行贷款增加所致
研发费用（亿元）	0.87	0.77	12.92	

表32　2021年梦洁股份门店变化及其原因分析

门店的类型	门店的数量（个）	门店的面积（m²）	报告期内新开门店（个）	报告期末关闭门店（个）	关闭原因	涉及品牌
直营	402	58944	90	180	经营不符合预期，商场调整、公司主动调整战略等	梦洁、寐、梦洁宝贝、梦洁家居

门店的类型	门店的数量（个）	门店的面积（m²）	报告期内新开门店（个）	报告期末关闭门店（个）	关闭原因	涉及品牌
加盟	1207	279926	154	520	疫情期间经营困难，合同终止、公司主动调整战略等	梦洁、寐、梦洁宝贝、梦洁家居

表33　梦洁股份主要产品产、销、存及其变化情况

行业分类	项目	2021年	2020年	同比增减（%）	重大变化说明
家纺	销售量	1356.19	2614.82	−48.13	公司2021年调整销售结构，大幅缩减家居类产品生产与销售
	生产量	1278.58	2673.82	−52.18	
	库存量	3274.75	3352.36	−2.32	

注　销售量、生产量、库存量的单位为万套、万件、万个、万条、万元。

表34　梦洁股份研发投入及其变化情况

项目	2021年	2020年	变动比例（%）
研发人员数量（人）	348	335	3.88
研发人员数量占比（%）	11.35	10.63	0.72
研发投入金额（万元）	8663.20	7672.31	12.92
研发投入占营业收入比例（%）	3.52	3.46	0.06

5. 水星家纺（SH603365）

公司坚持以经销、网络销售和直营为主，团购、国际贸易等为辅的多通路立体销售模式。网络销售以天猫、京东、唯品会三大平台为主（约占线上渠道销售总额的90%）。在线下渠道布局上，公司在广大三四线城市构筑"网格布局"，在一二线城市构筑"重点布局"。公司通过经销模式，利用各级经销商的市场资源、人力资源、资金资源，并经过公司严格的规范化管理建立起广阔的销售网络，同时，公司已在多个省会城市、经济发达城市开设了直营门店，提高了公司直营销售占比，增强了公司对销售终端的控制力。

2021年，公司实现营业收入37.99亿元，较上年同期增长25.19%，归属于上市公司股东的净利润3.86亿元，较上年同期增长40.55%；归属于上市公司股东的扣除非经常性损益的净利润3.62亿元，较上年同期增长56.60%；2021年经营活动产生的现金流量净额4.64亿元，较上年同期增长22.66%；2021年末归属上市公司股东的净资产26.37亿元，较上年末同期增长11.87%。水星家纺经营及资本运作情况见表35~表38。

表35　2021年水星家纺营业收入、营业成本、毛利率情况

项目	营业收入（亿元）	营业成本（亿元）	毛利率（%）	营业收入比上年增减（%）	营业成本比上年增减（%）	毛利率比上年增减（%）
分行业						
家纺行业	37.92	23.50	38.01	25.32	20.09	2.70

项目	营业收入（亿元）	营业成本（亿元）	毛利率（%）	营业收入比上年增减（%）	营业成本比上年增减（%）	毛利率比上年增减（%）
分产品						
套件	14.62	8.91	39.05	15.27	9.32	3.32
被子	17.32	10.69	38.28	25.89	19.55	3.28
枕芯	2.75	1.69	38.71	38.6	35.37	1.46
其他	3.22	2.22	31.29	76.28	79.8	1.35
分地区						
东北地区	0.83	0.53	36.81	25.95	10.91	8.57
华北地区	2.79	1.70	39.06	30.12	14.42	8.36
华东地区	7.07	3.91	44.74	13.26	5.58	4.02
华南地区	0.75	0.44	41.48	8.11	−3.61	7.12
华中地区	2.51	1.61	35.65	31.96	18.52	7.30
西北地区	0.88	0.55	37.54	21.31	9.82	6.54
西南地区	3.28	2.10	36.02	24.74	13.94	6.07
国外地区	0.15	0.13	16.92	3.7	33.41	− 18.5
销售模式						
电商	19.65	12.54	36.18	30.05	29.89	0.08
加盟	14.84	9.33	37.09	19.69	8.86	6.26
直营	2.79	1.18	57.72	31.74	33.08	− 0.43
其他	0.64	0.45	29.63	1.18	−1.48	1.90

表36 2021年水星家纺分行业、分产品的成本构成

项目	成本构成项目	2021年金额（亿元）	占总成本比例（%）	2020年金额（亿元）	占总成本比例（%）	2021年较2020年变动比例（%）
分行业						
家纺行业	主营业务成本	23.50	100	19.57	100	20.09
分产品						
套件	主营业务成本	8.91	37.92	8.15	41.66	9.32
被子	主营业务成本	10.69	45.48	8.94	45.68	19.55
枕芯	主营业务成本	1.69	7.17	1.25	6.37	35.37
其他	主营业务成本	2.22	9.43	1.23	6.29	79.8

表37 2021年水星家纺产、销、存情况

主要产品	生产量（万套/万条/万个）	销售量（万套/万条/万个）	库存量（万套/万条/万个）	生产量比上年增减（%）	销售量比上年增减（%）	库存量比上年增减（%）
套件被子枕芯等	2255.58	2212.49	578.22	11.07	9.1	8.05

表38 水星家纺研发投入情况分析

项目	2021年	2020年
研发投入合计（万元）	6521.23	6394.07
研发投入总额占营业收入比例（%）	1.72	2.11
公司研发人员的数量（人）	208	197
研发人员数量占公司总人数的比例（%）	6.41	5.98

6. 梦百合（SH603313）

2021年，公司实现营业收入81.39亿元，较去年同期增长24.64%，归属于上市公司股东的净利润-2.76亿元，较去年同期减少172.78%，主要原因是三项费用大幅上涨，尤其是销售费用（上涨49%）和管理费用（上涨44%）。公司通过自建及并购等方式，已拥有中国、塞尔维亚、美国、泰国、西班牙等多个生产基地，全球化产能布局已初具规模；线下门店数量大幅增加，仅"梦百合"品牌线下门店就净增加470家，总数达1090家；拥有授权专利136项，其中境内发明专利14项。

2021年下半年，公司启动非公开发行股票项目，拟募集资金总额不超过12.86亿元，用于家居产品配套生产基地项目、美国亚利桑那州生产基地扩建项目、智能化信息化升级改造项目以及补充流动资金。梦百合经营及资本运作情况见表39~表45。

表39 2021年梦百合营业收入、营业成本、毛利率情况

项目	营业收入（亿元）	营业成本（亿元）	毛利率（%）	营业收入比上年增减（%）	营业成本比上年增减（%）	毛利率比上年增减（%）
分行业						
家居用品	79.12	56.29	28.85	24.52	34.59	−5.32
分产品						
床垫	37.48	27.92	25.51	21.66	34.56	−7.14
枕头	6.33	4.90	22.61	12.13	20.68	−5.49
沙发	13.02	8.30	36.3	33.56	31.49	1.01
电动床	7.61	5.25	31.04	15.46	21.94	−3.66
卧具	7.97	4.38	45.03	51.99	53.69	−0.61
其他	6.71	5.55	17.23	21.86	56.13	−18.17
分地区						
境内	11.85	8.21	30.75	46.46	49.06	−1.21
境外	67.27	48.09	28.52	21.31	32.39	−5.98

表40　2021年梦百合营业成本构成

项目	成本构成项目	2021年金额（亿元）	2021年占总成本比例（%）	2020年金额（亿元）	2020年占总成本比例（%）	2021年金额较2020年变动比例（%）
分行业						
家居行业	外购产品	17.60	31.27	8.28	19.79	112.64
	直接材料	20.21	35.9	23.11	55.24	−12.54
	直接人工	4.79	8.51	3.43	8.19	39.83
	制造费用	7.69	13.66	2.95	7.04	161.07
	运杂费及其他	6.00	10.66	4.07	9.73	47.44
	合计	56.29	100	41.83	100	34.59
分产品						
记忆绵床垫	外购产品	6.80	24.34	1.05	5.04	549.45
	直接材料	10.24	36.66	13.75	66.27	−25.57
	直接人工	2.76	9.89	2.03	9.78	36.14
	制造费用	4.79	17.16	1.67	8.03	187.38
	运杂费及其他	3.34	11.95	2.26	10.87	47.9
	合计	27.92	100	20.75	100	34.56
记忆绵枕头	外购产品	0.67	13.68	0.06	1.53	982.48
	直接材料	2.37	48.49	2.55	62.74	−6.73
	直接人工	0.29	5.85	0.52	12.7	−44.37
	制造费用	0.74	15.15	0.32	7.8	134.5
	运杂费及其他	0.82	16.83	0.62	15.24	33.27
	合计	4.90	100	4.06	100	20.68
沙发	外购产品	3.65	44.01	3.24	51.33	12.73
	直接材料	2.89	34.89	1.96	31.1	47.51
	直接人工	0.59	7.17	0.35	5.55	69.64
	制造费用	0.69	8.32	0.45	7.2	51.98
	运杂费及其他	0.47	5.62	0.30	4.82	53.36
	合计	8.30	100	6.31	100	31.49
电动床	外购产品	0.44	8.43	0.26	6.05	69.88
	直接材料	3.31	63.07	2.92	67.85	13.34
	直接人工	0.26	4.93	0.24	5.48	9.58
	制造费用	0.49	9.43	0.34	7.85	46.51
	运杂费及其他	0.74	14.15	0.55	12.77	35.11
	合计	5.25	100	4.30	100	21.94

项目	成本构成项目	2021年金额（亿元）	2021年占总成本比例（%）	2020年金额（亿元）	2020年占总成本比例（%）	2021年金额较2020年变动比例（%）
卧具	外购产品	3.24	74.02	2.32	81.53	39.53
	直接材料	0.74	16.91	0.33	11.6	124.1
	直接人工	0.13	3.08	0.06	2.15	120.37
	制造费用	0.04	0.97	0.02	0.57	161.3
	运杂费及其他	0.22	5.02	0.12	4.16	85.67
	合计	4.38	100	2.85	100	53.69
其他	外购产品	2.80	50.46	1.35	37.89	107.92
	直接材料	0.65	11.78	1.60	44.87	−59.01
	直接人工	0.75	13.6	0.23	6.6	221.5
	制造费用	0.93	16.73	0.15	4.32	504.14
	运杂费及其他	0.41	7.43	0.22	6.31	83.83
	合计	5.55	100	3.56	100	56.13

表41 2021年梦百合产、销、存情况

主要产品	生产量*（万件）	销售量（万件）	库存量（万件）	生产量比上年增减（%）	销售量比上年增减（%）	库存量比上年增减（%）
床垫	695.34	698.12	88.65	4.99	11.16	7.43
枕头	1129.05	1225.62	143.46	6.46	15.99	−13.07
沙发	80.79	109.33	11.79	18.06	35.85	−26.16
电动床	40.24	50.08	4.29	0.96	20.26	−59
卧具	24.19	83.84	12.69	107.72	42.58	−1.67

表42 2021年梦百合自有品牌和其他品牌收入、成本、毛利率情况

品牌	营业收入（亿元）	营业成本（亿元）	毛利率（%）	营业收入比上年增减（%）	营业成本比上年增减（%）	毛利率比上年增减（%）
自有品牌	15.62	10.98	29.67	8.27	14.86	−4.04
其他品牌	63.50	45.31	28.65	29.29	40.43	−5.66
合计	79.12	56.29	28.85	24.52	34.59	−5.32

表43 2021年梦百合各类门店的收入、成本、毛利率情况

销售渠道	营业收入（亿元）	营业成本（亿元）	毛利率（%）	营业收入比上年增减（%）	营业成本比上年增减（%）	毛利率比上年增减（%）
门店合计	28.10	15.35	45.35	42.37	42.03	0.13

销售渠道	营业收入（亿元）	营业成本（亿元）	毛利率（%）	营业收入比上年增减（%）	营业成本比上年增减（%）	毛利率比上年增减（%）
直营店	23.92	12.83	46.36	39.8	40.4	−0.23
其中：境内销售	0.77	0.26	65.88	37.97	14.32	7.06
其中：境外销售	23.15	12.57	45.71	39.86	41.07	−0.46
经销店	4.17	2.52	39.56	59.09	50.95	3.26
其中：境内销售	4.17	2.52	39.56	59.09	50.95	3.26
其中：境外销售	0	0	0	0	0	0
线上销售	4.21	2.26	46.31	−5.92	−20.07	9.51
其中：境内销售	1.57	0.69	55.98	38.69	10.75	11.11
其中：境外销售	2.63	1.57	40.53	−21.09	−28.84	6.47
大宗业务	46.82	38.68	17.38	19.02	37.21	−10.95
合计	79.12	56.29	28.85	24.52	34.59	−5.32

表44　2021年梦百合全球店铺情况

品牌	门店类型	2020年末数量（家）	2021年度新开（家）	2021年度关闭（家）	2021年末数量（家）
MLILY梦百合	经销店	556	548	176	928
	直销店	64	185	87	162
	小计	620	733	263	1090
朗乐福	经销店	211	63	31	243
MOR	直营店	38	0	0	38
西班牙MATRESSES	直营店	79	14	0	93
	合计	948	810	294	1464

表45　梦百合研发投入情况

项目	2021年	2020年
研发投入合计（万元）	12424.87	11015.59
研发投入总额占营业收入比例（%）	1.53	1.69
公司研发人员的数量	398	358
研发人员数量占公司总人数的比例（%）	11.59	11.26

7. 众望布艺（SH605003）

公司主要产品为装饰面料和沙发套，主要应用于沙发、座椅、抱枕等领域，客户主要为国际知名家具制造企业，主要销往美国，美元贬值对公司收入的增长具有直接影响。2021年美元兑人民币持续贬值，由期初的6.5408下跌至期末的6.3757，下降1651个bp，直接影响了公司的收入和利润，同时原材料和到美国的运费上涨，也导致公司营业成本上涨。

2021年，公司实现营业收入5.87亿元，同比增长18.49%；归属于上市公司股东净利润1.472亿元，同比增长4.77%；归属于上市公司股东的净资产10.86亿元，同比增长10.51%。众望布艺经营及资本运作情况见表46~表49。

表46 2021年众望布艺主营业务分行业、分产品、分地区情况

分行业	营业收入（亿元）	营业成本（亿元）	毛利率（%）	营业收入比上年增减（%）	营业成本比上年增减（%）	毛利率比上年增减（%）
分行业						
家具制造	5.83	3.68	36.84	18.67	29.47	−5.27
分产品						
装饰面料	5.20	3.16	39.29	18.1	27.39	−4.43
沙发套	0.59	0.49	17.15	23.4	45.59	−12.63
其他	0.04	0.03	6.01	27.46	20.07	5.79
分地区						
中国	0.96	0.53	44.63	−1.16	8.83	−5.09
美国	1.93	1.24	36.09	18.79	50.24	−13.38
越南	2.55	1.64	35.64	20.88	16	2.71
其他国家与地区	0.39	0.27	29.14	89.3	130.24	12.60
分销售模式						
自主销售	5.83	3.68	36.84	18.67	29.47	−5.27

表47 2021年众望布艺成本分析

项目	成本构成项目	本期金额（亿元）	本期占总成本比例（%）	上年同期金额（亿元）	上年同期占总成本比例（%）	本期金额较上年同期变动比例（%）
分行业						
家具制造	直接材料	2.288	62.14	1.670	58.7	37.05
	直接人工	0.304	8.26	0.264	9.28	15.14
	制造费用	0.755	20.52	0.654	22.99	15.52
	运费	0.335	9.09	0.257	9.02	30.42
	合计	3.682	100	2.844	100	29.47

项目	成本构成项目	本期金额（亿元）	本期占总成本比例（%）	上年同期金额（亿元）	上年同期占总成本比例（%）	本期金额较上年同期变动比例（%）
分产品						
装饰面料	直接材料	1.876	59.4	1.396	56.28	34.44
	直接人工	0.212	6.72	0.190	7.65	11.82
	制造费用	0.742	23.5	0.643	25.92	15.52
	运费	0.328	10.38	0.252	10.15	30.38
	合计	3.159	100	2.480	100	27.39
沙发套	直接材料	0.387	79.19	0.253	75.34	53.03
	直接人工	0.087	17.82	0.071	21.28	21.9
	制造费用	0.008	1.64	0.007	1.94	23.21
	运费	0.007	1.35	0.005	1.44	36.33
	合计	0.489	100	0.336	100	45.59
其他	直接材料	0.025	71.66	0.021	73.09	17.71
	直接人工	0.005	13.55	0.003	9.66	68.47
	制造费用	0.005	14.61	0.005	16.58	5.8
	运费	0.00006	0.19	0.0002	0.67	−66.6
	合计	0.034	100	0.029	100	20.07

表48　2021年众望布艺产、销、存分析

主要产品	生产量	销售量	库存量	生产量比上年增减（%）	销售量比上年增减（%）	库存量比上年增减（%）
装饰面料（万米）	2426.49	2415.42	225.88	12.99	20.99	−3.06
沙发套（套）	196827	187522	13809	18.62	16.36	206.59

表49　2021年众望布艺研发投入情况

项目	2021年	2020年
研发投入合计（万元）	2021.38	1，751.19
研发投入总额占营业收入比例（%）	3.44	3.53
公司研发人员的数量（人）	62	65
研发人员数量占公司总人数的比例（%）	9.37	9.94

8. 西大门（SH605155）

公司主要从事功能性遮阳材料的研发、生产和销售，主要产品包括阳光面料、涂层面料和可调光面料等，并逐步向功能性遮阳成品拓展。公司所使用的生产设备主要包括德国进口

的多尼尔剑杆织机和卡尔迈耶整经机、法国进口的史陶比尔提花龙头、韩国进口的美光涂层机等设备和生产线。截至2021年12月31日，公司拥有5项发明专利、21项实用新型专利和21项外观设计专利。

公司与全球六大洲70余个国家和地区的大型优质客户保持了长期、稳定的合作关系。以亚洲、欧洲、美洲客户为主。

2021年，公司实现营业收入4.65亿元，同比增长31.40%；归属于上市公司股东的净利润8，950.46万元，同比增加14.99%；公司总资产11.60亿元，归属于上市公司股东的净资产10.77亿元，资产负债率7.12%。西大门经营及资本运作情况见表50~表54。

表50 2021年西大门主营业务分行业、分产品、分地区情况

项目	营业收入（亿元）	营业成本（亿元）	毛利率（%）	营业收入比上年增减（%）	营业成本比上年增减（%）	毛利率比上年增减（%）
分行业						
遮阳面料制造	4.398	2.777	36.85	30.03	38.51	−3.87
遮阳成品制造	0.231	0.149	35.49	54.75	43.61	5.01
其他制造业	0.003	0.002	41.09			
分地区						
中国大陆	1.542	1.026	33.5	23.81	29.16	−2.75
其他国家及地区	3.088	1.901	38.43	35.14	44.68	−4.06

表51 2021年西大门主营业务成本分析

分行业	成本构成项目	2021年金额（亿元）	占总成本比例（%）	2020年金额（亿元）	占总成本比例（%）	2021年较2020年变动比例（%）
遮阳面料制造业	材料、人工成本等	2.777	94.87	2.005	95.09	38.51
遮阳成品制造业	材料、人工成本等	0.149	5.08	0.104	4.91	43.61
其他制造业	材料、人工成本等	0.002	0.05			

表52 2021年西大门四项费用及其变化情况

项目名称	2021年（亿元）	2020年（亿元）	2021年较2020年变动比例（%）	变动原因说明
销售费用	0.3097	0.1179	162.72	主要是公司在广告宣传等方面投入增多
管理费用	0.3055	0.2285	33.67	主要是因发展需要公司管理人员增加
研发费用	0.1806	0.1318	36.99	主要是新产品研发投入增加
财务费用	−0.0012	0.0185	−106.25	主要是汇兑损失减少

2021/2022中国家用纺织品行业发展报告

表53 2021年西大门主要产品产、销、存情况

主要产品	生产量（万平方米）	销售量（万平方米）	库存量（万平方米）	生产量比上年增减（%）	销售量比上年增减（%）	库存量比上年增减（%）
遮阳面料	3577.93	3338.95	949.21	39.55	33.11	42.82

表54 2021年西大门研发投入情况

项目	2021年	2020年
研发投入合计（万元）	1805.947	1318.34
研发投入总额占营业收入比例（%）	3.88	3.72
公司研发人员的数量（人）	91	74
研发人员数量占公司总人数的比例（%）	11.7	11.88

9. 真爱美家（SZ003041）

浙江真爱美家股份有限公司位于浙江省义乌市，2021年4月6日在深交所上市，发行2500万股，募集资金净额3.75亿元，募集资金将投资于"年产17000吨数码环保功能性毛毯生产线建设项目"。

公司主营毛毯，具有年产毛毯4.97万吨的生产能力，名列毛毯行业前茅。公司以ODM和OEM代工模式为主，同时向自主品牌和自主门店零售尝试拓展，与国外主要市场的多家品牌商和批发商建立了稳定的合作关系，在南非、迪拜、沙特、北非和北美等主要国际市场都有全球战略合作伙伴。截至2021年末，公司已取得发明专利51项、实用新型专利65项、外观设计专利48项。

2021年，公司实现营业收入9.33亿元，同比增长4.67%；实现归属于上市公司股东的净利润1.075亿元，同比下降11.63%；年末，公司总资产15.06亿元，同比增长79.52%；归属于上市公司股东的净资产11.32亿元，同比增长74.28%。利润下降主要是公司原材料成本大幅上升，短期内无法及时传导至下游客户，加之生产能源如天然气和电等价格上涨过快，导致公司运营成本大幅上升。真爱美家经营及资本运作情况见表55~表62。

表55 2021年真爱美家营业收入构成

项目	2021年		2020年		同比增减（%）
	金额（亿元）	占营业收入比重（%）	金额（亿元）	占营业收入比重（%）	
营业收入合计	9.33	100	8.91	100	4.67
分行业					
纺织业	9.33	100	8.91	100	4.67
分产品					
毛毯	8.99	96.38	8.62	96.75	4.27
床上用品	0.24	2.61	0.20	2.19	24.47

项目	2021年		2020年		同比增减（%）
	金额（亿元）	占营业收入比重（%）	金额（亿元）	占营业收入比重（%）	
其他	0.09	1.01	0.09	1.06	−0.39
分地区					
国外	8.34	89.40	7.73	86.69	7.95
国内	0.99	10.60	1.19	13.31	−16.70
分销售模式					
线上销售	0.01	0.11	0.01	0.11	3.05
直营销售	0.15	1.61	0.14	1.52	10.41
直接销售	9.17	98.28	8.77	98.37	4.58

表56　2021年真爱美家分产品、分市场的毛利率分析

项目	营业收入（亿元）	营业成本（亿元）	毛利率（%）	营业收入比上年同期增减	营业成本比上年同期增减	毛利率比上年同期增减
分行业						
纺织业	9.33	7.26	22.19	4.67	11.38	−4.68
分产品						
毛毯	8.99	7.06	21.49	4.27	11.01	−4.77
分地区						
国外	8.34	6.50	22.05	7.95	15.58	−5.14
国内	0.99	0.76	23.33	−16.70	−15.09	−1.46
分销售模式						
直接销售	9.17	7.16	21.92	4.58	11.27	−4.69

表57　2021年真爱美家不同销售渠道的毛利率分析

销售渠道	营业收入（亿元）	营业成本（亿元）	毛利率（%）	营业收入比上年同期增减（亿元）	营业成本比上年同期增减（亿元）	毛利率比上年同期增减（%）
线上销售	0.0104	0.0103	0.76	0.0003	0.0051	−48.07
直营销售	0.1497	0.0893	40.33	0.0141	0.0112	−2.06
直接销售	9.1703	7.1606	21.92	0.4017	0.7252	−4.69

表58　2021年真爱美家营业成本构成及其变化

产品分类	项目	2021年		2020年		同比增减（%）
		金额（亿元）	占营业成本比重（%）	金额（亿元）	占营业成本比重（%）	
毛毯	原料	4.90	67.43	4.46	68.49	9.66
	人工	0.98	13.53	0.91	14.01	7.55
	制造费用	1.18	16.28	0.98	15.06	20.41

表59　2021年真爱美家四项费用及其变化

项目	2021年（亿元）	2020年（亿元）	同比增减（%）	重大变动说明
销售费用	0.149	0.326	−54.18	主要是本期运输装卸费调整计入营业成本所致
管理费用	0.274	0.262	4.39	无重大变动
财务费用	0.030	0.150	−80.03	主要是本期受汇率影响汇兑损失较同期减少所致
研发费用	0.450	0.352	27.77	主要是本期增加研发投入所致

表60　2021年真爱美家产能利用情况

项目	2021年	2020年
毛毯总产能（吨）	49700	49700
产能利用率（%）	92.72	94.87
在建工厂情况	公司"年产28000吨数码工艺毯智能化生产线建设项目"和"年产17000吨数码环保功能性毛毯生产线建设项目"2020年开工建设，至本期末尚在建设中	

表61　2021年真爱美家产、销、存情况

行业分类	项目	2021年（吨）	2020年（吨）	同比增减（%）
毛毯	销售量	46338.84	45002.07	2.97
	生产量	46081.78	47149.53	−2.26
	库存量	5615.24	5872.3	−4.38

表62　2021年真爱美家研发投入分析

	2021年	2020年	变动比例（%）
研发人员数量（人）	274	240	14.17
研发人员数量占比（%）	17.49	14.49	3.00
研发投入金额（万元）	4500.60	3522.55	27.77
研发投入占营业收入比例（%）	4.82	3.95	0.87

10. 浙江自然（SH605080）

浙江大自然户外用品股份有限公司位于浙江省台州市天台县，主营充气床垫、户外箱包、头枕、坐垫等户外运动用品，2021年5月6日在上交所上市，新发行股份2528.09万股，募集资金净额7.245亿元，用于"改性 TPU 面料及户外用品智能化生产基地建设""户外用品自动化生产基地改造项目""户外产品技术研发中心建设项目""越南户外用品生产基地建设项目"四个项目的建设。

在长期的生产经营过程中，掌握了TPU薄膜及面料复合技术、聚氨酯软泡发泡技术、高周波熔接技术、热压熔接技术等关键工艺和技术，并逐渐形成独特的垂直一体化产业链。公司坚持以"成为全球领先的户外运动用品供应商"为理念和目标，逐步成长为全球户外运动用品领域的重要参与者，产品以OEM、ODM、OEM/ODM相结合的方式销售至欧洲、北美洲、大洋洲等地区，已经与迪卡侬、SEA TO SUMMIT、Kathmandu、INTERSPORT、REI、历德超市等公司建立了长期稳定的合作关系，积累了优质的全球客户资源。

2021年，公司实现营业收入8.42亿元，其中主营业务收入 8.42亿元，较上年同比增长45.13%，归属于上市公司股东的净利润 2.2亿元，较上年同期增长 37.59%。浙江自然经营及资本运作情况见表63~表67。

表63　2021年浙江自然收入、成本、四项费用及经验净现金流分析

项目	2021年（亿元）	2020年（亿元）	变动比例（%）
营业收入	8.424	5.813	44.91
营业成本	5.159	3.448	49.62
销售费用	0.116	0.159	−27.17
管理费用	0.432	0.271	59.49
财务费用	0.001	0.063	−98.48
研发费用	0.296	0.208	42.41
经营活动产生的现金流量净额	1.426	2.057	−30.69

表64　2021年浙江自然营业收入分产品、分市场构成及毛利率情况

项目	营业收入（亿元）	营业成本（亿元）	毛利率（%）	营业收入比上年增减（%）	营业成本比上年增减（%）	毛利率比上年增减（%）
分行业						
户外用品	8.42	5.16	38.75	45.13	50.06	− 2.01
分产品						
气床	6.36	3.64	42.66	47.13	52.54	− 2.03
箱包	1.11	0.81	26.42	59.57	64.42	− 2.17
枕头坐垫	0.56	0.40	28.67	37.42	62.5	− 11.01
其他	0.40	0.30	24.71	4.66	−2.01	5.12

项目	营业收入 （亿元）	营业成本 （亿元）	毛利率 （%）	营业收入比 上年增减 （%）	营业成本比 上年增减 （%）	毛利率比 上年增减 （%）
分地区						
国外	6.72	4.09	39.05	48.58	55.6	−2.75
国内	1.70	1.06	37.54	32.97	31.98	0.46
分销售模式						
直销	8.42	5.16	38.75	45.13	50.06	−2.01

表65　2021年浙江自然分产品的成本构成分析

项目	成本项目	2021年金额 （亿元）	占总成本比 例（%）	2020年金额 （亿元）	占总成本比 例（%）	2021年金额较上年同 期变动比例（%）
分行业						
户外用品	直接材料	3.596	69.35	2.379	69.97	51.17
	直接人工	0.935	18.35	0.667	18.80	40.29
	制造费用	0.628	12.30	0.392	11.23	59.94
分产品						
气床	直接材料	2.874	78.85	1.783	74.63	61.16
	直接人工	0.462	12.68	0.381	15.93	21.45
	制造费用	0.309	8.47	0.226	9.45	36.82
箱包	直接材料	0.353	43.37	0.276	55.86	27.64
	直接人工	0.270	33.16	0.136	27.52	98.15
	制造费用	0.191	23.47	0.082	16.62	132.22
枕头、坐垫	直接材料	0.224	56.40	0.153	62.36	46.97
	直接人工	0.104	26.24	0.058	23.82	79.02
	制造费用	0.069	17.36	0.034	13.82	104.09
其他	直接材料	0.145	47.87	0.166	53.91	−12.99
	直接人工	0.099	32.68	0.092	29.68	7.90
	制造费用	0.059	19.45	0.051	16.41	16.14

表66　2021年浙江自然主要产品产、销、存分析

主要产品	生产量 （万件）	销售量 （万件）	库存量 （万件）	生产量比上年 增减（%）	销售量比上年 增减（%）	库存量比上年 增减（%）
气床	454.64	423.34	78.05	39.68	11.03	66.50
箱包	196.60	185.27	40.53	78.16	55.90	38.66
枕头、坐垫	195.40	187.75	42.50	39.94	40.06	21.52
其他	116.45	87.68	48.17	94.54	37.81	148.34

表67　2021年浙江自然研发投入情况分析

项目	2021年
研发投入合计（万元）	2962.07
研发投入总额占营业收入比例（％）	3.52
公司研发人员的数量（人）	131
研发人员数量占公司总人数的比例（％）	8.74

11. 玉马遮阳（SZ300993）

山东玉马遮阳科技股份有限公司2021年5月24日在深交所创业板上市，新发股份3292万股，募集资金净额3.51亿元，用于"高分子复合遮阳材料扩产项目""遮阳用布生产线技术升级改造项目""遮阳新材料研发中心项目""营销渠道建设项目"四个项目的投资。

公司客户主要为遮阳产品生产商，客户取得方式主要为展会推广、客户介绍、实地开发和主动洽谈等。2021年，公司境外销售收入占主营业务收入的2/3左右，产品远销全球六大洲的70多个国家和地区，其中以欧洲、亚洲、北美洲、南美洲市场为主；境内销售收入占主营业务收入的1/3左右，分布在全国各省，主要集中在华东、华南地区。

公司已拥有多层调光面料一次成型织造技术、批量绣花成卷技术、具有高阻燃高日晒的高分子材料造粒技术、环保水性丙烯酸发泡涂层技术、卷帘杯高克重控制技术等核心技术，并拥有80余项专利。

2021年，公司实现营业收入5.2亿元，同比增长35.16%，实现归属上市公司股东净利润1.4亿元，同比增长29.87%；期末总资产12.09亿元，同比增长70.49%，归属上市公司股东净资产11.4亿元，同比增长75.7%。玉马遮阳经营及资本运作情况见表68~表73。

表68　2021年玉马遮阳营业收入分产品、分市场区域的构成情况

项目	2021年		2020年		同比增减（％）
	金额（亿元）	占营业收入比重（％）	金额（亿元）	占营业收入比重（％）	
营业收入合计	5.20	100	3.85	100	35.16
分行业					
其他制造业	5.20	100	3.85	100	35.16
分产品					
遮光面料	1.78	34.17	1.32	34.35	34.42
可调光面料	1.62	31.18	1.12	29.03	45.16
阳光面料	1.60	30.67	1.23	31.93	29.82
其他	0.21	3.99	0.18	4.69	15.02
分地区					
港澳台及国外	3.66	70.40	2.65	68.93	38.05
国内	1.54	29.60	1.20	31.07	28.74
分销售模式					
直销	5.20	100	3.85	100	35.16

2021/2022中国家用纺织品行业发展报告

表69 2021年玉马遮阳分产品、分市场的毛利率分析

项目	营业收入（亿元）	营业成本（亿元）	毛利率（%）	营业收入比上年同期增减（%）	营业成本比上年同期增减（%）	毛利率比上年同期增减（%）
分行业						
其他制造业	5.20	2.94	43.57	35.16	42.77	−3.01
分产品						
遮光面料	1.78	1.18	33.70	34.42	38.76	−2.08
可调光面料	1.62	0.74	54.16	45.16	48.32	−0.97
阳光面料	1.60	0.85	46.58	29.82	43.48	−5.09
分地区						
港澳台及国外	3.66	2.05	44.16	38.05	48.96	−4.09
国内	1.54	0.89	42.17	28.74	30.33	−0.70
分销售模式						
直销	5.20	2.94	43.57	35.16	42.77	−3.01

表70 2021年玉马遮阳主要产品营业成本构成

产品分类	项目	2021年		2020年		同比增减（%）
		金额（亿元）	占营业成本比重（%）	金额（亿元）	占营业成本比重（%）	
遮光面料	原材料、人工工资、折旧、能源和动力等	1.18	42.48	0.85	43.67	38.76
可调光面料		0.74	26.80	0.50	25.78	48.32
阳光面料		0.85	30.72	0.59	30.55	43.48

表71 2021年玉马遮阳四项费用及其变化情况

项目	2021年（亿元）	2020年（亿元）	同比增减（%）	重大变动说明
销售费用	0.17	0.12	34.06	主要是本期展会费用和职工薪酬增加所致
管理费用	0.30	0.24	25.35	主要是本期职工薪酬及上市活动发行费用增加所致
财务费用	−0.03	0.11	−129.36	主要是汇率影响汇兑损益的变化及利息收入的增加所致
研发费用	0.17	0.12	44.52	主要是公司加大研发投入所致

表72 2021年玉马遮阳主要产品的产、销、存情况

行业分类	项目	2021年（万平方米）	2020年（万平方米）	同比增减（%）
遮光/可调光/阳光面料	销售量	4499.44	3274.00	37.43
	生产量	4446.03	3226.24	37.81
	库存量	742.66	687.08	8.09

表73　2021年玉马遮阳研发投入情况

项目	2021年	2020年	变动比例（%）
研发人员数量（人）	89	79	12.66
研发人员数量占比（%）	10.09	11	−0.91
研发投入金额（万元）	1744.97	1207.46	44.52
研发投入占营业收入比例（%）	3.35	3.14	3.21

12. 卡撒天娇（HK02223）

卡撒天娇集团于1993年在中国香港成立，主要以旗下自创品牌"卡撒·珂芬""卡撒天娇"及"CASA-V"从事各种床上用品的设计、生产、分销及零售，尤其专注高端及顶级床上用品市场。公司产品主要分为床品套件、被芯及枕芯以及家居用品三个种类。

2021年，公司收入总额为3.204亿港元，比2020年同期的3.093亿港元上升3.6%，公司股东应占溢利0.119亿港元，对比2020年同期的0.161亿港元减少约26.0%。尽管公司的销售额轻微上升，本年度公司股东应占溢利减少，主要因为2020年公司获中国香港及内地就新冠肺炎疫情的非经常性资助约0.10亿港元，如果不计2020年所获非经常性资助因素，2021年公司股东应占溢利对比2020年实际上升约93.1%。

经历了持续两年的新冠肺炎疫情，消费者已适应在在线渠道购买床上用品，公司早期投放资源发展的电商销售得以配合。报告期内，公司更新了香港网店页面设计，并加强与网购平台合作及增加调整产品组合的频率，同时使用无线射频识别技术后优化了发货流程。此外，公司努力扩展香港各大在线零售平台的销售，包括优化产品组合、与在线平台内其他品牌的合作推广等，均得到消费者的支持。品牌合作能有效吸纳新客户，达到扩展客户群的效果。报告期内，在线销售业务的收入贡献维持稳定，主要策略包括继续在搜索引擎投放资源营销、推荐内容及社交平台推广，以及参与大型网购平台的推广促销。

考虑到市场竞争和毛利偏低，公司在2021年上半年决定停止拓展"快时尚"项目。2021年下半年，鉴于经营困难，已缩减"家居生活馆"家俬业务，以便集中投放更多资源发展"深睡眠系统床垫"业务。在卡撒天娇工业园投入床垫生产设备及专业技术人员，"深睡眠系统床垫"业务初步以广东、广西和福建等地为核心拓展市场。卡撒天娇经营及资本运作情况见表74~表81。

表74　卡撒天娇历年资产、负债、权益情况

项目	2017年	2018年	2019年	2020年	2021年
总资产（亿港元）	4.76	5.15	5.11	5.11	5.22
总负债（亿港元）	0.78	1.16	1.05	0.86	1.18
权益总额（亿港元）	3.98	3.99	4.06	4.25	4.05
银行借贷总额（亿港元）	0.04	0.10	0.06	0.02	0.04
已抵押银行存款及银行结余及现金（亿港元）	1.65	1.82	1.76	1.95	1.42
现金净额（亿港元）	1.61	1.72	1.69	1.92	1.38

表75 卡撒天娇历年营业收入、毛利及股东可分配利润

项目	2017年	2018年	2019年	2020年	2021年
收入（亿港元）	3.47	3.38	3.79	3.09	3.20
毛利（亿港元）	2.24	2.13	2.29	1.92	1.96
EBITDA1（亿港元）	0.45	0.28	0.56	0.38	0.41
公司股东应占溢利（亿港元）	0.27	0.08	0.18	0.16	0.12

注 EBITDA指毛利减销售及分销成本及行政开支（已加回折旧、摊销及以股份为基础的付款）。

表76 卡撒天娇历年财务指标分析

项目	2017年	2018年	2019年	2020年	2021年
毛利率（%）	64.6	63.2	60.4	62.0	61.3
EBITDA利润率（%）	12.8	8.3	14.9	12.3	12.8
纯利率（%）	7.8	2.3	4.9	5.2	3.7
资产回报率（%）	5.7	1.5	3.6	3.2	2.3
资本回报率（%）	6.8	2.0	4.6	3.8	2.9
盈利对利息倍数	35.5	76.9	36.1	32.5	45.6
流动比率（%）	4.1	3.4	3.6	4.3	2.8
速动比率	3.2	2.5	2.7	3.3	2
资产负债比率（%）	0.9	2.5	1.6	0.6	1.0

注 1. 现金净额指已抵押银行存款及银行结余及现金减银行借贷总额。

2. 盈利对利息倍数是按EBITDA除以融资成本计算。

3. 资产负债比率按银行借贷总额除以权益总额计算，而净资产负债比率则按银行借贷净额除以权益总额计算。

表77 2021年卡撒天娇店铺分布及构成

项目		自营网点（家）			分销商网点（家）			总数（家）
		专柜	专卖店	小计	专柜	专卖店	小计	
中国香港及澳门合计		30	18	48	2	3	5	53
中国内地	（1）华南	54	2	56	14	24	38	94
	（2）华北				6	2	8	8
	（3）华东				9	6	15	15
	（4）东北				10		10	10
	（5）西南				11	3	14	14
	（6）华中				2	3	5	5
	（7）西北					1	1	1
中国内地合计		54	2	56	52	39	91	147
合计		84	20	104	54	42	96	200

表78　2021年卡撒天娇营业收入按销售渠道分类构成分析

| 项目 | | 2021年 | | 2020年 | | 2021年比2020年 | |
		营业收入港币亿元	占营业收入比重（％）	营业收入港币亿元	占营业收入比重（％）	营业收入变动（亿港元）	同比增减（％）
自营零售	自营专柜	1.69	52.6	1.62	52.5	0.063	3.9
	自营专卖店	0.58	18.2	0.60	19.5	−0.019	−3.2
自营零售小计		2.27	70.8	2.23	72.0	0.044	2.0
电商销售		0.31	9.7	0.30	9.9	0.004	1.4
分销业务		0.30	9.2	0.25	8.0	0.048	19.2
其他		0.33	10.3	0.31	10.1	0.016	5.0
总计		3.20	100.0	3.09	100.0	0.111	3.6

注　其他包括对中国香港及中国内地批发客户的销售额以及对海外市场的出口额。

表79　2021年卡撒天娇营业收入按品牌分类构成及分析

| 项目 | 2021年 | | 2020年 | | 2021年比2020年 | |
	营业收入（亿港元）	占营业收入比重（％）	营业收入（亿港元）	占营业收入比重（％）	营业收入变动（亿港元）	同比增减（％）
自创品牌	2.66	83.0	2.63	85.0	0.030	1.2
特许及授权品牌	0.54	17.0	0.46	15.0	0.081	17.4
总计	3.20	100.0	3.09	100.0	0.111	3.6

注　卡撒天娇、卡撒·珂芬及CASA-V是公司的主要自创品牌。自创品牌的销售额增加1.2，是由于本年度内的销售额增加所致。特许及授权品牌于2021年的销售额增加17.4，是由于本年度内推出更多特许及授权品牌产品以及推广优惠（尤其是电商销售）所致。

表80　2021年卡撒天娇营业收入按产品分类构成及分析

| 项目 | 2021年 | | 2020年 | | 2021年比2020年 | |
	营业收入（亿港元）	占营业收入比重（％）	营业收入（亿港元）	占营业收入比重（％）	营业收入变动（亿港元）	同比增减（％）
床品套件	1.67	52.2	1.63	52.8	0.041	2.5
被芯及枕芯	1.35	42.1	1.28	41.3	0.070	5.4
其他	0.18	5.7	0.18	5.9	0.001	0.4
总计	3.20	100.0	3.09	100.0	0.111	3.6

注　其他包括家居用品、家俬及其他产品的销售。

表81　2021年卡撒天娇营业收入按销售市场分类构成及分析

项目	2021年		2020年		2021年比2020年	
	营业收入（亿港元）	占营业收入比重（%）	营业收入（亿港元）	占营业收入比重（%）	营业收入变动（亿港元）	同比增减（%）
中国香港及澳门	2.37	73.9	2.269	73.4	0.097	4.3
中国内地	0.82	25.7	0.820	26.5	0.005	0.6
其他	0.012	0.4	0.003	0.1	0.009	262.0
总计	3.20	100.0	3.093	100.0	0.111	3.6

注　其他包括向除中国香港、中国澳门及中国内地以外地区的销售。

13. 太平地毯（HK00146）

太平地毯创建于1956年，1973年在港交所上市，主营地毯业务。

截至2021年6月30日止，公司面临重大挑战。管理层持续精简公司规模及推行策略性变革，并竭力克服新冠肺炎疫情带来的困难。在此背景下，公司取得了自2017年出售其商业品牌业务后首次录得年度盈利。

2020/2021年度（12个月），公司总营业额约4.81亿港元，经营溢利约0.19亿港元，上年截至2020年6月30日止（18个月）的总营业额约7.38亿港元，且亏损0.35亿港元，相比之下大有改善。

（1）地毯业务：截至2021年6月30日止，公司地毯业务营业额约4.66亿港元，截至2020年6月30日止18个月约7.16亿港元。尽管下半年有所改善，但经营并未重回新冠肺炎疫情前的水平。本年度的整体毛利率由前18个月期间的54%增至58%，是由于销售组合得以改善及制造业务效率得以提升所致。

设计方面，公司推出多个新系列，包括：与国际知名设计师杨明洁联手打造的Transcendent，灵感源自将光线或物质拉伸、扭曲及裂变为异次元图案的方式；Ornamental，涵盖八种设计系列，灵感源自繁复花边；由六个设计组构成的英国家居系列（The UK Home Collection），专为家居增色添彩，并透过精选英国合作伙伴独家销售；2021年游艇系列（2021 Yacht Collection），灵感源自壮丽海景及气候变化对世界各地水域生态及环境的影响。

市场营销方面，公司广泛运用社交媒体（特别是Instagram及领英），继续加深太平精湛工艺、世代传承及具社会责任的顶级品牌形象。此外，集团着重为Tai Ping及Edward Fields两个品牌开发新网页及试行电子商店。新网页及电子商店均具强大全新的搜索功能，并展示超过2500种标志性设计的档案。

（2）非地毯业务：其他业务主要为公司在美国从事染纱业务的附属公司PYD，占公司总销售额约3%。占比虽小，但得益于新地毯制造业务，PYD的经营业绩现正逐步改善。经历疫情后，预计需求将增长，而产能扩大有望满足上述需求。太平地毯经营及资本运作见表82、表83。

表82　太平地毡近5年的资产、负债、权益

项目	2016年 12月31日	2017年 12月31日	2018年 12月31日	2020年 6月30日	2021年 6月30日
总资产（亿港元）	12.45	9.17	7.33	7.77	7.85
总负债（亿港元）	5.28	4.02	2.75	3.90	3.60
总权益（亿港元）	7.17	5.15	4.59	3.87	4.25

表83　太平地毡近5年的可分配利润

项目	2016年 12月31日	2017年 12月31日	2018年 12月31日	2020年6月30 日止18个月	2021年 6月30日
可分配利润（亿港元）	−0.377	1.897	−0.434	−0.392	0.166
其中：公司拥有人（亿港元）	−0.334	1.943	−0.341	−0.371	0.166
非控股权益（亿港元）	−0.043	−0.045	−0.093	−0.021	—

四、市值

市值是指一家上市公司的发行股份按市场价格计算出来的股票总价值，其计算方法为每股股票的市场价格乘以发行总股数，是市场通过交易对某一企业形成的市场估值，它反映一个企业在通过充分的市场对价交易后形成的在某一时点上的总价值。

在2021年12月31日这一交易日，交易价格为基础计算的13家家纺上市公司市值见表84。

表84　主要家纺上市公司市场价值（市值）

人民币核算（单位：亿元）								
代码	公司简称	2015年	2016年	2017年	2018年	2019年	2020年	2021年
SZ002083	孚日股份	72.64	64.20	60.65	44.76	56.48	37.32	41.86
SZ002293	罗莱生活	128.01	94.39	110.25	65.26	75.45	103.09	120.23
SZ002327	富安娜	103.62	74.95	91.03	65.42	58.51	65.34	70.88
SZ002397	梦洁股份	69.36	55.20	51.60	32.06	37.44	37.98	29.86
SH603313	梦百合		92.14	64.39	50.42	70.51	121.25	84.22
SH603365	水星家纺			61.63	39.81	40.85	35.60	44.88
SH605003	众望布艺						25.85	31.22
SH605155	西大门						29.26	21.04
SZ003041	真爱美家							24.90
SH605080	浙江自然							75.64
SZ300993	玉马遮阳							37.81

	港元核算（单位：亿港元）						
代码	公司简称	2015年	2016年	2017年	2018年	2019年	2020年	2021年
HK00146	太平地毯	4.77	4.92	3.25	3.08	2.27	2.44	2.08
HK02223	卡萨天骄	9.02	3.23	2.92	2.58	1.78	1.89	1.60

中国纺织建设规划院

2021年挂牌新三板家纺企业发展情况

中国家用纺织品行业协会产业部

2021年，家纺行业在新冠肺炎疫情反复发作、贸易保护主义抬头、营业成本高企等诸多困境中顶住压力，依然维持稳定发展，其中在新三板挂牌的家纺企业代表着行业中小企业的发展韧性和决心，截至2021年底，家纺行业在新三板挂牌的企业共计14家，2021年，1家退市（无锡中天丝路云联纺织股份有限公司），同时新增1家（烟台明远创意生活科技股份有限公司）。其中床品企业居多，有8家，另外还有3家布艺/遮阳企业，1家地毯企业，2家零售平台型企业（表1）。

表1　截至2021年挂牌新三板家纺公司情况

序号	简称	股票代码	挂牌时间	成立时间	地址	细分市场
1	凯盛家纺	833865	2015年	1996年	江苏海门	床上用品
2	远梦家居	835735	2016年	2000年	广东东莞	床上用品
3	名品实业	838032	2016年	2015年	湖南长沙	床上用品
4	馨格股份	870531	2017年	2007年	江苏常熟	床上用品
5	明远创意	873567	2021年	2008年	山东烟台	床上用品
6	太湖雪	838262	2016年	2006年	江苏苏州	床上用品（蚕丝）
7	中健国康	872256	2017年	2008年	天津	床上用品（健康枕、被）
8	百思寒	870854	2017年	2012年	浙江绍兴	床上用品（羽绒）
9	利洋股份	870727	2017年	2011年	浙江宁波	布艺
10	富米丽	871878	2017年	2008年	浙江绍兴	布艺
11	雅美特	870293	2016年	2003年	江苏常州	布艺（卷帘、百叶帘）
12	多美股份	837450	2016年	2007年	广东广州	地毯
13	优雅电商	836093	2016年	2010年	北京	家纺零售
14	沐家家居	871138	2017年	2004年	浙江绍兴	家纺零售（跨境电商）

一、新三板家纺企业量稳质优

近年来，家纺行业新三板企业数量稳定，质量向好。2021年挂牌的明远创意规模大且经营能力良好，为行业新三板企业注入了活力；远梦家居于2022年4月进入新三板创新层，未来将获得更好的发展。新三板家纺企业不断成长，经营能力稳步提升，以历年数据来看，其中典型的12家企业合计总资产、合计营业总收入整体呈上升趋势（图1）。

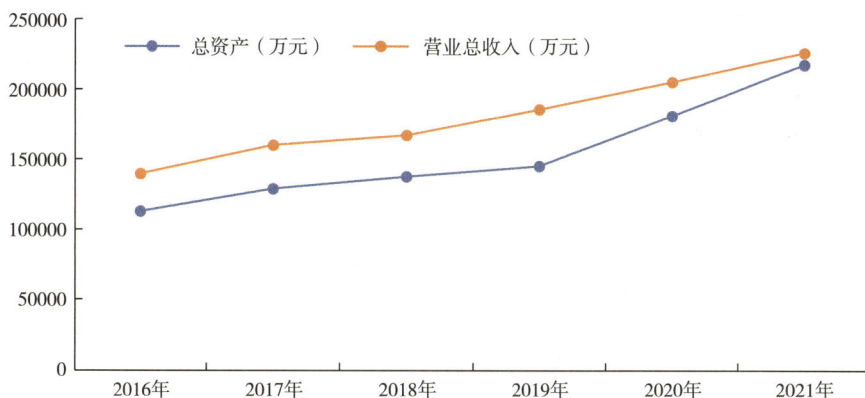

图1　2016~2021年12家典型新三板家纺企业合计总资产、合计营业总收入情况
注：合计数据不包含馨格股份和明远创意，馨格股份暂未公布2021年年报，明远创意只公布了2018年至今的财务数据。

（一）营业成本明显升高

2021年，家纺行业面临原材料成本高企、各项生产能源价格上涨、人工成本增大等诸多成本压力，13家新三板家纺企业营业成本均有明显上涨，合计营业成本22.11亿元，同比增长15.01%，较2019年增长25.04%（表2）。因馨格股份暂未公布2021年年报，以下分析中均不包括馨格股份，可分析企业共13家。

表2　2016~2021年新三板家纺企业营业成本　　　　　　　单位：万元

简称	2016年	2017年	2018年	2019年	2020年	2021年
凯盛家纺	10299	13331	15508	17554	16504	19115
远梦家居	28771	24806	22626	28532	26311	24646
名品实业	3458	3727	3506	3283	3266	3368
明远创意	—	—	69254	70773	77251	95100
太湖雪	7936	8993	11166	14048	18686	21947
中健国康	2724	3161	3195	1249	3333	1629
百思寒	2502	1626	2228	1442	1695	1765
利洋股份	3934	5401	6211	7253	9252	10429

简称	2016年	2017年	2018年	2019年	2020年	2021年
富米丽	9898	11427	11049	11703	10370	14012
雅美特	6246	8742	9732	10705	10204	12457
多美股份	176	187	505	90	189	508
优雅电商	6760	8774	7127	2614	997	262
沐家家居	3477	4414	5060	7547	14163	15832

（二）盈利能力两极分化

2021年，13家新三板家纺企业中有8家营业总收入超亿元，其中远梦家居和沐家家居营业总收入超5亿元，明远创意营业总收入达11.28亿元。新三板家纺企业盈利能力两极分化，营业总收入超亿元的企业盈利较好。8家超亿元企业合计实现营业总收入32.99亿元，同比增长14.29%，较2019年增长27.02%；合计实现净利润1.66亿元，由于成本高企等客观因素，导致合计净利润同比下降20.62%，但较2019年增长64.99%，其中太湖雪、利洋股份和富米丽3家企业实现营业总收入同比与净利润同比的双增长，另外，明远创意、沐家家居、远梦家居和凯盛家纺在营业总收入稳定增长的同时，净利润较2019年有显著增长。营业收入亿元以下企业5家，合计营业收入仅占总量的3%左右，合计营业收入同比下降12.24%，较2019年下降16.22%，合计净利润处于亏损状态（表3）。注：本文净利润指归属于挂牌公司股东的净利润。

表3 2021年新三板家纺企业营业总收入和净利润情况

简称	营业总收入			净利润		
	金额（万元）	同比（%）	比2019年增减（%）	金额（万元）	同比（%）	比2019年增减（%）
明远创意	112842	20.14	32.26	5072	−3.52	58.68
沐家家居	54965	10.49	66.39	367	−92.41	14.34
远梦家居	51345	1.64	−5.54	2872	−2.30	89.74
太湖雪	37296	19.90	57.40	3658	47.65	199.06
凯盛家纺	26148	12.50	5.55	1337	−30.60	7.87
利洋股份	16298	10.34	41.19	2444	9.99	106.26
富米丽	15916	35.25	21.69	653	582.73	12.52
雅美特	15105	11.25	8.45	219	−81.57	−73.18
名品实业	4932	7.34	−0.81	−229	—	—
百思寒	2397	−3.55	5.57	−567	—	—
中健国康	2304	−39.51	35.77	−267	39.46	−69.78
多美股份	869	183.20	466.88	−208	—	—
优雅电商	338	−70.76	−91.21	−189	—	—

2021年，有8家企业销售毛利率高于去年水平，以历年数据来看，新三板家纺企业销售毛利率整体在正常水平波动。而销售净利率指标仅有5家优于去年水平，以历史数据来看，净利率指标有一定幅度的波动（表4、表5）。

表4　2016~2021年新三板家纺企业销售毛利率（%）

简称	2016年	2017年	2018年	2019年	2020年	2021年
凯盛家纺	33.30	29.86	30.38	29.14	28.99	26.90
远梦家居	46.34	50.14	49.75	47.51	47.92	52.00
名品实业	32.86	34.52	32.69	33.97	28.91	31.70
明远创意	—	—	15.76	17.05	17.76	15.72
太湖雪	42.63	44.12	42.13	40.71	39.93	41.15
中健国康	33.36	33.37	32.75	26.40	12.50	29.31
百思寒	20.16	34.17	37.56	36.48	31.79	26.36
利洋股份	35.65	40.08	37.41	37.16	37.53	36.01
富米丽	7.47	10.92	9.67	10.52	11.88	11.96
雅美特	28.10	20.79	23.63	23.14	24.85	17.53
多美股份	17.43	14.23	8.17	41.22	38.44	41.59
优雅电商	21.99	19.82	23.58	32.03	13.75	22.46
沐家家居	69.36	77.70	77.65	77.15	77.65	71.20

表5　2016~2021年新三板家纺企业销售净利率（%）

简称	2016年	2017年	2018年	2019年	2020年	2021年
凯盛家纺	5.17	3.71	5.33	5.00	8.29	5.11
远梦家居	3.37	2.66	2.50	2.78	5.82	5.59
名品实业	2.97	1.89	-6.07	0.38	-10.40	-4.65
明远创意	—	—	3.55	3.75	5.59	4.38
太湖雪	7.35	9.01	8.68	4.89	8.14	9.76
中健国康	13.04	11.47	12.03	-56.04	-12.61	-11.38
百思寒	2.10	-2.82	0.73	-2.55	-5.32	-23.67
利洋股份	5.45	8.33	7.41	9.85	15.45	14.35
富米丽	1.70	0.75	2.77	4.42	0.50	4.15
雅美特	6.97	1.48	6.27	5.86	8.75	1.45
多美股份	-99.78	-50.34	-68.08	-218.49	-147.31	-23.91
优雅电商	-6.24	-4.80	-4.93	-9.03	-39.96	-55.91
沐家家居	5.04	2.78	5.82	0.97	9.92	0.67

（三）营业周期呈缩短趋势

营业周期是指企业从外购承担付款义务，到收回销售商品或提供劳务而产生的应收账款的这段时间，包括存货周转天数和应收账款周转天数，营业周期的长短决定着企业资金周转的快慢。13家新三板家纺企业由于经营模式的不同，存货周转天数和应收账款周转天数有所差别，但从历年数据来看，新三板家纺企业两项指标整体呈缩短趋势（表6、表7）。

表6　2016~2021年新三板家纺企业存货周转天数

简称	2016年	2017年	2018年	2019年	2020年	2021年
凯盛家纺	169.93	137.03	120.38	102.33	99.72	105.28
远梦家居	333.09	373.37	398.89	306.46	322.81	338.22
名品实业	329.31	336.95	376.37	409.93	381.64	333.4
明远创意	—	—	79.76	81.43	89.55	88.25
太湖雪	266.77	282.91	265.51	231.59	191.89	195.38
中健国康	159.49	213.51	231.69	601.6	255.94	463.98
百思寒	488.07	708.38	495.66	765.47	747.51	796.46
利洋股份	27.02	37.62	47.29	55.31	49.58	68.01
富米丽	17.85	21.34	27.89	29.48	41	65.66
雅美特	67.38	57.42	64.79	59.42	62.97	59.58
多美股份	639.77	530.5	193.51	1376.67	1110.43	601.7
优雅电商	134.79	139.46	147.32	187.66	163.6	—
沐家家居	223.15	284.14	393.53	393.66	363.93	449.21

表7　2016~2021年新三板家纺企业应收账款周转天数

公司简称	2016年	2017年	2018年	2019年	2020年	2021年
凯盛家纺	64.23	49.61	50	46.39	35.66	25.44
远梦家居	69.56	64.26	—	39.18	42.36	37.19
名品实业	73.33	70.55	105.44	133.95	151.1	140.79
明远创意	—	—	56.97	53.69	53.81	51.24
太湖雪	25.4	27.95	33.19	41.3	35.03	35.79
中健国康	16.67	19.2	—	43.79	12.44	33.05
百思寒	31.59	38.19	—	68.39	70.54	54.2
利洋股份	68.56	30.68	49.12	56.34	54.14	50.48
富米丽	37.58	41.75	47.17	39.75	43.5	32.86
雅美特	49.26	52.41	—	58.78	64.92	62.62
多美股份	826.26	666.05	—	86.96	36.47	13.99
优雅电商	4.09	10.32	—	1.47	4.85	11.18
沐家家居	14.25	10.17	9.77	9.71	9.48

（四）持续加大研发投入

当前，消费者的消费意愿、消费形态、消费方式都在不断发生变化，消费者关注产品品质和体验的同时，更加注重产品的健康性、安全性、防护性和环保性，这使行业在"科技、绿色、环保"发展的道路上加快步伐。有9家在新三板挂牌的家纺企业连续披露了年度研发费用，从历年数据来看，企业的研发热情高涨，研发费用整体呈逐年递增趋势，2021年，有6家研发费用高于去年水平（表8）。

表8 2017~2021年新三板家纺企业研发费用　　　　　　　　　　　　单位：万元

简称	2017年	2018年	2019年	2020年	2021年
凯盛家纺	400	620	704	838	996
远梦家居	1187	1316	1500	1405	1567
名品实业	260	295	265	281	336
明远创意		907	1820	2150	1133
太湖雪	670	797	1056	1099	1432
中健国康	258	353	451	314	316
利洋股份	569	532	660	904	843
富米丽	—	—	15	45	34
雅美特	497	547	679	564	620

二、营业总收入超亿元的新三板家纺企业运营表现

（一）烟台明远创意生活科技股份有限公司

明远创意主要从事床上用品、家居用品、防护用品等产品的研发、生产和销售，目前，出口销售收入占90%，主要出口市场为澳大利亚、加拿大、英国、美国等，客户多为国外商超及门店。2021年，公司实现营业总收入11.28亿元，同比增长20.14%，实现净利润5072万元，同比下降3.52%，主要是因为棉花等原材料价格上涨以及线上线下的销售费用增加（表9、表10）。

表9 2021年明远创意分品类营业收入、营业成本、毛利率情况

品类	营业收入		营业成本		毛利率	
	金额（万元）	同比（%）	金额（万元）	同比（%）	数值（%）	较上年增减（±百分点）
床上用品	103302	28.27	87649	31.30	15.15	-1.96
儿童用品	1350	17.99	1087	15.22	19.47	1.93
家居用品	5200	58.92	3851	69.89	25.94	-4.78
防护用品	258	-94.44	195	-93.63	24.44	-9.54

品类	营业收入		营业成本		毛利率	
	金额（万元）	同比（%）	金额（万元）	同比（%）	数值（%）	较上年增减（±百分点）
厨房用品	928	558.16	698	560.42	24.81	−0.26
成品布	52	−96.33	49	−96.39	6.36	1.36
其他	147	−30.67	90	3.01	14.15	−44.61
其他业务收入	1603	−37.41	1480	−44.76	8.68	13.25

表10　2021年明远创意分市场营业收入、营业成本、毛利率情况

市场	营业收入		营业成本		毛利率	
	金额（万元）	同比（%）	金额（万元）	同比（%）	数值（%）	较上年增减（±百分点）
大洋洲	51685	4.14	44784	8.32	13.35	−3.34
北美洲	33032	0.50	26359	46.89	20.20	1.59
欧洲	7620	0.22	6419	16.25	15.76	3.97
南美洲	1995	−54.04	1619	−56.77	18.85	5.11
亚洲（外销）	5162	176.41	4487	174.37	13.08	0.65
中国（内销）	13348	0.36	11432	61.93	14.35	−13.48

公司的核心优势在于产品的研发能力，拥有专业的研究设计团队及大家居研究院，每年设计新产品超过2600件，现已拥有8项发明专利。公司的设计师在国内外大型设计大赛中多次斩获金奖及评委会大奖，并孵化出"造布集"等新锐独立设计师品牌。公司发起并冠名的明远杯创意设计大赛已举办到第三届，在国内主要专业院校中有较大的影响，为公司品牌宣传及吸引专业人才奠定了基础。

另外，公司具备高效的供应链管理生产制造优势，公司在建立稳固的供应链体系的同时，不断扩大自身的生产能力，现已在烟台建成了8000平方米的智能化工厂，同时投资建设江苏生产基地，并对传统生产车间进行智能化改造，生产效率提高40%。公司加强国际产能布局，建立柬埔寨明远家纺加工厂，产能每月可达10万套/件产品。

（二）浙江沐家家居科技股份有限公司

沐家家居是一家家纺产品跨境电商企业，产品主要面向美、欧、日等多个海外市场。2021年，公司实现营业总收入5.5亿元，同比增长10.49%，实现净利润376万元，同比下降93.41%，利润的下降，主要是因为海运费成本、原材料、能耗成本较上年大幅上涨，同时亚马逊平台费用上涨较高导致（表11）。

公司主要采用"自主品牌研发设计+自有生产"模式，具备较强的生产控制能力。一方面，深加工及简单工序加工由外协厂商进行，整合上游众多家纺企业的生产能力资源；另一方面，主要生产工序在本厂进行，避免了对上游家纺企业的过度依赖。公司主要销售渠道分

为亚马逊等境外电商平台和境外传统一般贸易，以境外传统一般贸易为基础，把握海外市场发展趋势，了解当地消费者需求，为境外电商平台销售提供了良好的支持，实现良性循环。

表11　2021年沐阳家居营业收入、营业成本、毛利率情况

品类	营业收入		营业成本		毛利率	
	金额（万元）	同比（％）	金额（万元）	同比（％）	数值（％）	较上年增减（±百分点）
家居用品	54958	10.48	15832	11.78	71.20	0.33

（三）远梦家居用品股份有限公司

远梦家居主要从事床上用品的研发、设计、生产与销售，2021年实现营业总收入5.13亿元，同比增长1.64%，实现净利润2873万元，同比下降2.3%（表12）。

表12　2021年远梦家居分品类营业收入、营业成本、毛利率情况

品类	营业收入		营业成本		毛利率	
	金额（万元）	同比（％）	金额（万元）	同比（％）	数值（％）	较上年增减（±百分点）
芯类	24235	−0.34	11086	−7.45	54.25	3.51
布艺类	15288	−5.02	7669	−12.76	49.84	4.45
夏凉类	4412	1.21	2149	−4.75	51.28	3.05
其他家居	6852	36.83	3588	26.38	47.64	4.33

2021年，远梦家居主要围绕以下六点提升竞争力。一是持续加强品牌建设，坚持"简约、自然、健康"的品牌理念，升级门店形象与功能，为消费者打造多场景家居生活空间，强化消费体验，2021年11月，位于东莞的远梦家居生活馆2.0试营业。二是推进渠道建设，坚守商超渠道的同时积极提升自主零售能力，积极拓展商超外租区的店铺。三是及时调整电商业务，积极应对市场变化，2021年加大了直播电商渠道的投入。四是持续推进会员数字化运营，赋能终端店铺运营能力，公司建设"多网点微商城"项目，用数字化方式连通线下门店，打通线上线下的结合，在会员体验、复购、节假日活动、产品推广方面取得了较好的效果与效益。五是在大单品战略的基础上，又提出床上用品类、针纺类、家居用品类、服装等多个品类的联动融合开发，产品研发有效性显著提高。六是新的协同OA办公系统上线，构建了统一工作平台的同时满足灵活变化需求。

（四）苏州太湖雪丝绸股份有限公司

太湖雪主要从事蚕丝被、床品套件、丝绸饰品的研发、生产和销售，2021年，公司实现营业总收入3.73亿元，同比增长19.9%，实现净利润3658万元，同比增长47.65%。

公司建立了省级企业技术中心、省级工业设计中心、省级工程技术研究中心等研发创新

载体，通过对消费者需求的深入研究，以消费者的视角对产品进行研发设计，形成具有品牌标签的设计风格。在研发设计上形成以自我研发团队为主、与国内纺织领域知名高校北京服装学院联合成立丝绸生活方式研究院为辅的研发设计运作模式。坚守并创新丝绸文化，携手颐和园、苏州博物馆打造联名定制款系列产品，传承江南丝绸文化及工艺，尽显国潮艺术之美。2021年，公司不断加强渠道建设，国内积极创新零售模式，线下持续提升门店运营质量，线上通过视频、直播等形式，扩展公域流量，培育私域流量，加速线上线下融合发展。在海外市场，持续发力平台电商，提前布局独立站，进一步夯实品牌出海战略。

（五）凯盛家纺股份有限公司

凯盛家纺从事中高档床上用品的研发、设计、生产和销售，2021年，实现营业总收入2.61亿元，同比增长12.50%；实现净利润1337万元，同比下降30.60%。公司注重研发设计，2021年，凯盛家纺研发支出996.26万元，占营业收入的3.81%，在新材料、新工艺、环保、抗菌等方面发力，并已取得4项发明专利。同时，凯盛高端家纺产业园项目已于2021年6月顺利竣工，这也意味着40年历史的凯盛家纺，在规模建设、智能化改造上迈出了重要一步（表13、表14）。

表13   2021年凯盛家纺分品类营业收入、营业成本、毛利率情况

品类	营业收入		营业成本		毛利率	
	金额（万元）	同比（％）	金额（万元）	同比（％）	数值（％）	较上年增减（±百分点）
被子类	10229	9.72	7691	7.80	24.82	5.68
套件类	11926	16.69	8394	24.98	29.61	−13.62
单件类	2889	4.12	2132	5.62	26.21	−3.85
其他类	1103	19.40	898	41.42	18.65	−40.45

表14   2020~2021年凯盛家纺研发投入及研发人员情况

科目	2021年	2020年
研发支出金额（万元）	996	838
研发支出占营业收入的比例（％）	3.81	3.61
研发人员总计（人）	43	43
研发人员占比（％）	14.24	13.48
公司拥有的专利数量（个）	120	121
公司拥有的发明专利数量（个）	4	3

（六）宁波利洋新材料股份有限公司

利洋股份从事布艺遮阳产品的研发、制造和销售，产品为线下出口销售，2021年，境外营业收入占总量的74.50%。2021年，实现营业总收入1.63亿元，同比增长10.34%，实现净利润2444万元，同比增长9.99%（表15）。

表15 2021年利洋股份分市场营业收入、营业成本、毛利率情况

市场	营业收入		营业成本		毛利率	
	金额（万元）	同比（%）	金额（万元）	同比（%）	数值（%）	较上年增减（±百分点）
外销	12141	13.86	8047	15.61	33.72	−1.00
内销	4156	1.20	2382	3.91	42.70	1.50

公司逐渐意识到电子商务给传统行业带来的机遇和挑战，在稳步发展国外大型客户、推动产品国际化的同时，通过借鉴、融合和创新，运用互联网思维大力推进网上销售和电子商务平台建设，实现"线上线下双轨并举"。与一般的纯电商不同，公司自有生产基地，全部线上销售产品为自产；为了保证线上渠道端的灵活和快速反应能力，公司单独设立天纵网络，负责公司所有线上店铺的运营、维护。

（七）浙江富米丽家纺股份有限公司

富米丽现主要生产和销售各类高档窗帘窗纱、台布桌布、沙发布艺、坐垫靠垫等家纺产品，以出口为主，并且拥有自己的遮光布生产基地。近年来，公司在产品自主研发设计能力提升、供应商筛选机制建设、生产成本控制体系完善、销售拓展及售后服务体系健全等方面取得了较大成果。公司将依托现有的销售渠道及成本领先优势，计划从单一的线下销售转变成线上线下同时销售的立体销售，通过亚马逊电商平台建设，继续加强网络销售渠道和售后服务工作建设（表16、表17）。

表16 2021年富米丽分品类营业收入、营业成本、毛利率情况

品类	营业收入		营业成本		毛利率	
	金额（万元）	同比（%）	金额（万元）	同比（%）	数值（%）	较上年增减（±百分点）
涤纶窗帘	11441	28.64	10251	31.23	10.40	−14.54
全涤梭织染色布	2916	95.21	2418	84.27	17.08	40.46
涤纶台布	425	22.22	381	23.94	10.31	−10.74
靠垫	341	−5.48	301	−1.08	11.85	−88.27
其他	774	16.02	647	20.89	16.41	126.34

表17 2021年富米丽分市场营业收入、营业成本、毛利率情况

市场	营业收入		营业成本		毛利率	
	金额（万元）	同比（%）	金额（万元）	同比（%）	数值（%）	较上年增减（±百分点）
欧洲	5896	29.17	5155	28.05	1257	6.53
北美洲	3198	74.29	2822	78.66	11.75	−18.38
南美洲	4239	20.23	3703	18.25	12.64	13.16
亚洲（除中国）	1410	6.61	1194	5.60	15.32	5.58
非洲	126	112.07	112	135.04	10.80	−44.67
中国	1030	125.05	1012	122.89	1.69	128.38

2021年，公司实现营业总收入1.59亿元，同比增长35.25%，实现净利润653万元。面对全球新冠肺炎疫情蔓延及美国贸易制裁等压力，公司管理层积极应对困境，提早复工复产，与客户保持紧密联系，开发新花型、新品种，适度放宽销售政策，公司营业收入逐渐回升。公司毛利率基本稳定，主要因公司通过设计能力的提升、美国和欧盟注册商标新产品的投产，使产品附加值有所增加。

（八）常州雅美特窗饰股份有限公司

雅美特主营环保功能性遮阳面料，并形成了一系列具有自主知识产权的窗饰面料生产专利技术，成为业内规模较大的卷帘、百折帘窗饰面料生产商。2021年，公司实现营业总收入1.51亿美元，同比增长11.25%。2021年，外销营业收入同比增长51.27%，主要是销售订单增加所致（表18）。

表18　2021年雅美特分市场营业收入、营业成本、毛利率情况

市场	营业收入		营业成本		毛利率	
	金额（万元）	同比（%）	金额（万元）	同比（%）	数值（%）	较上年增减（±百分点）
内销	11771	3.59	9566	13.28	18.73	−6.95
外销	3255	51.27	2563	65.15	21.25	−6.62

公司的研发模式以自主研发为主，设立了专门的研发部，培养了一批优秀的人才。结合客户需求、市场变动及技术革新等因素进行产品创新及技术研发，不断改进产品的技术工艺，提升公司窗饰面料的性能，降低生产成本，提高生产效率，并注重节能环保技术运用。

未来，面对更趋复杂的国际环境、国内疫情频发和市场需求转弱、原材料成本高企、物流运转不畅等常态化压力交织的局面，家纺行业经营压力势必加大。但同时也应看到，我国经济稳中向好、长期向好的基本面没有改变，同时，我国实施了一系列稳外贸促消费、加大市场、保供稳价和增强实体经济支持的宏观政策，加之我国纺织产业链供应链体系完备、高效稳定、自主可控，随着疫情影响逐步得到控制，消费市场将会逐步恢复，行业发展也将回到正常轨道。

撰稿人：刘丹

热点研究

应对气候变化　推动企业低碳发展

阎岩

一、应对气候变化的意义

气候变化是全球所面对的共同挑战。工业革命以来，人类经济活动所消费的大量化石能源造成了二氧化碳的累积排放，导致大气中温室气体浓度显著增加，加剧了以变暖为主要特征的全球气候变化。世界气象组织发布的《2020年全球气候状况》报告表明，2020年全球平均温度较工业化前水平高出约1.2℃，2011~2020年是1850年有记录以来最暖的10年。2021年政府间气候变化专门委员会（IPCC）发布的第六次评估报告第一工作组报告表明，人类活动已造成气候系统发生了前所未有的变化。预计到21世纪中期，气候系统的变暖仍将持续，将会引发更多的极端天气现象，造成气候灾害的频率上升，为社会带来非常现实的冲击，经济损失极大。图1所示为80万年内大气中CO_2的排放浓度。

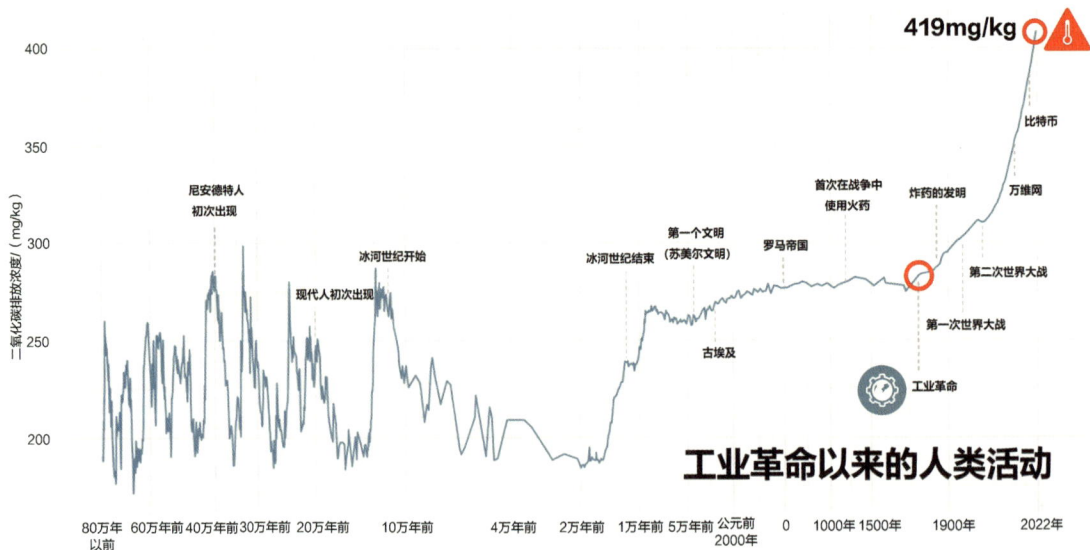

图1　80万年内大气中CO_2的排放浓度

为了便于阅读，在1900年以前时间是用平方根标度来缩放的。

图片来源：Gregor Aisch, vis4.net

数据来源：NOAA（1959–today），NASA（1850–1958），Monnin et al., Petit et al., Luethi et al.（80万年前–1850年）

在过去的一年里，人们亲历或是目睹了全球许多区域出现并发生的极端天气事件，不论是我国河南的暴雨、欧洲的洪水、南美的寒流，还是美国的"热穹顶"，气候变化引发的全球各地自然灾害超过以往，气候变化对全球自然生态系统产生着显著影响，严重地损害了人们的经济和生活。全球变暖影响着地球上的每一个地区，其中许多变化不可逆转，温度升高、海平面上升、极端气候事件频发给人类当下与未来的生存和发展带来严峻挑战，对全球粮食、水、生态、能源、基础设施以及民众生命财产安全构成长期重大威胁。气候变化已经不再是只存在于环保口号里的名词，而是一场切实已经到来的危机，应对气候变化刻不容缓。

气候变化并不是一个新的议题。自20世纪80年代末开始，气候变化就已经引起全球的关注。人们一直在分析、研究和探索如何缓解全球变暖，降低潜在的气候变化和气候灾难所造成的经济损失。历时30余年时间，目前全球气候治理体系的规则框架基本形成。在联合国多次开展全球气候变化评估的基础上，各国政府先后谈判达成《联合国气候变化框架公约》《京都议定书》和《巴黎协定》三个重要文件，构成了全球气候治理的科学共识、政治基础与法律遵循。其中，基于科学研究表明，如果升温幅度超过1.5℃，那么地球上一系列的自然灾害将会变得更加频繁和严重。《巴黎协定》首次明确了将全球气温上升控制在2℃以内，并努力争取控制在1.5℃以内的长期目标，开创了以国家自主贡献方式控制温室气体排放目标的模式，确立了随后全球气候治理的基本格局。

应对气候变化的思路大致可以分为减缓和适应两类。"减缓"就是通过减少碳排放来稳定大气中温室气体的浓度，进而阻止气温进一步升高，是一种主动应对气温升高的方式。"适应"则是基于气候变化已经并将持续发生的事实，采取相应的措施来增强人类生存的适应能力和防范能力。当下全球应对气候变化的思路重心偏向在"减缓"方面。

然而，全球各国经济发展阶段不同、诉求不一，在气候治理责任担当和贡献程度上也存在争议，尤其是发达国家与发展中国家在减排义务分配上存在较大分歧。作为气候变化和历史碳排放的主要责任方，一些发达国家仅仅强调当前和未来的气候影响，主张统一的碳排放政策，要求发展中国家承担更多减排义务。而发展中国家往往治理能力有限，且同时面临发展经济、改善民生和保护环境等多重任务，过度承担减排任务不仅落实难度大，也将影响其现代化进程。

二、我国的气候战略

应对气候变化的危机，我国提出了"人与自然生命共同体"和"人类命运共同体"理念，有效地在发达国家与发展中国家间搭建起沟通联系的桥梁。同时，党的十八大以来，中国贯彻新发展理念，将应对气候变化摆在国家治理更加突出的位置，不断提高碳排放强度削减幅度，不断强化自主贡献目标，以最大努力提高应对气候变化力度，推动经济社会发展全面绿色转型，建设人与自然和谐共生的现代化。

2020年9月22日，习近平在第七十五届联合国大会一般性辩论上发表重要讲话，指出：中国将提高国家自主贡献力度，采取更加有力的政策和措施，二氧化碳排放力争于2030年前达到峰值，努力争取2060年前实现碳中和。同时提出，到2030年，单位国内生产总值二氧化碳排放将比2005年下降65%以上，非化石能源占一次能源消费比重将达到25%左右，森林蓄积量将比2005年增加60亿立方米，风电、太阳能发电总装机容量将达到12亿千瓦以上。中国明确了国家推动实现碳达峰、碳中和以应对气候变化的战略抉择，碳中和的发展路径基本清晰，开始全面系统地推进相关工作，充分体现了大国的责任担当。

中国提出碳达峰、碳中和目标，体现了中国经济社会发展和全面绿色转型的内在要求。当前，在开启全面建设社会主义现代化国家新征程之际，实现"双碳"目标，是国家经过深思熟虑做出的重大战略决策，事关中华民族永续发展和构建人类命运共同体。国家气候战略的确认，是立足国情，坚定不移地贯彻新发展理念，以经济社会发展全面绿色转型为引领，绿色低碳发展为关键，加快形成节约资源和保护环境的产业结构、生产方式、生活方式和空间格局，坚定不移走生态优先、绿色低碳的高质量发展道路。

作为全球制造大国，中国工业是推进全球气候治理进程的重要力量。中国承诺实现从碳达峰到碳中和的时间，远远短于发达国家所用时间，需要付出艰苦努力。作为全球最大的发展中国家和碳排放国家，中国需要在推动经济增长的同时实现快速减排，任务十分艰巨。纺织服装行业虽然在碳排放总量上不是位居前列，2019年，全国纺织行业（纺织业、纺织服装、服饰业、化学纤维制造业）温室气体排放总量约为2.23亿吨二氧化碳当量，约占全国工业行业温室气体排放总量的3.1%。但是纺织服装行业的最终产品是直接到消费端，低碳等可持续消费需求在快速提升，影响着全球消费未来布局。实现碳达峰与碳中和对于加快纺织服装生态文明建设、促进高质量发展至关重要。

自改革开放以来，中国的纺织服装产业得到了极大的发展。2020年，中国纤维加工量超过全球的50%，化纤产量约占全球的70%，出口总额约占全球的三分之一，生产能力与贸易规模连续多年稳居全球首位。在当前能源供给格局下，超大的产业规模也意味着巨大的减排责任。2019年，中国纺织工业温室气体排放总量占世界纺织产业总排放量的比重超过10%。中国纺织工业实现碳达峰、碳中和，对加快全球纺织产业实现净零排放的历史进程，构建人类命运共同体、共建清洁美丽世界的现实意义重大。

三、行业应对气候变化行动

纺织服装行业与民生息息相关，一直以来备受各界关注。在气候变化领域，纺织服装行业的低碳发展已经成为全球产业的广泛共识和国际竞合的重大议题。全球时尚产业共有130余家品牌和企业与41家组织共同发起和签署了联合国气候变化框架公约（UNFCCC）《时尚产业气候行动宪章》，联手推动时尚产业在2050年前实现温室气体零排放，以达成全球平均气温升幅控制在1.5℃以内的愿景。

众多的国际品牌纷纷展开了具体行动。全球家居家纺用品零售领军企业宜家集团制定了气候目标，到2030年宜家集团将在碳排放方面成为"气候积极分子"，带动供应链行动，在发展业务的同时实现气候友好和100%循环经济；并计划到2030年，将在全球范围实现顾客配送和服务领域100%"零排放"的承诺。市场业绩新进品牌All Birds也在积极行动中，为更好地

2021/2022中国家用纺织品行业发展报告

引领可持续消费，All birds全面推进产品碳足迹标签，并不断推出低碳产品，推出的All birds Tree Dasher休闲运动鞋，由桉树、美利奴羊毛、蓖麻子油和甘蔗生产制造，碳足迹比普通运动鞋降低近三分之一，而且能用洗衣机洗，市场反馈热烈。Patagonia 在《纽约时报》上的品牌广告，通过不直接涉及其产品而是关注气候危机的回文诗，表达品牌气候关注与气候行动的理念，来展现品牌追求成为公益企业的独特魅力。

作为纺织大国，中国纺织服装行业在应对气候变化方面勇于承担大国应有的责任和使命。为推进应对气候变化的行业行动，中国纺织工业联合会（中国纺联）积极投入建立全球时尚产业气候治理的协同工作机制。2016年以来，中国纺联作为缔约方发起并签署了《联合国气候变化框架公约时尚产业气候行动宪章》，组建了联合国时尚产业气候行动宪章中国政策工作小组，制定并推进行业碳中和路线图落实。同时，中国纺联以社会责任办公室为行动执行实体，承担了行业应对气候变化的相关职能，扎实开展了一系列卓有成效的工作。从"碳管理创新2020行动"到"气候创新2030行动"，再到"中国时尚品牌气候创新碳中和加速计划（3060行动计划）"，成立了纺织供应链"绿色制造"产业创新联盟，提升生产制造管理和供应链可持续发展的透明度；组建了中国纺织服装行业全生命周期评价工作组，积极指导企业开展纺织品全生命周期评价和产品环境信息披露工作，行业应对气候变化工作不断深化。

在中国纺联的引导和推动下，中国纺织服装行业在气候行动上走在中国制造业前列，在落实"双碳"目标的工作中，创新理念，深度实践，有效地帮助了行业企业全面统筹地展开行动，积累的工作经验与形成的体系化工作模式，成为产业低碳发展解决方案之先。行业的"双碳"产业实践中，中国纺联已经形成了组织结构与产品两个层级的工作机制。在组织机构层级上，结合产业特点，从实际出发，帮助企业首先设定边界，进行基线测量，盘清碳排放家底，然后制定碳中和策略（包括目标与工作计划），主动披露碳排放信息，构建与提升价值链合作伙伴关系。在产品层级上，针对纺织服装产品的低碳环境价值展开深入具体工作，构建中国纺织服装行业全生命周期评价工作组，推动行业纺织品全生命周期建设，为可持续纺织品设计、开发、评价标准和实施规范奠定基础；进行生产到消费全价值链产品绿色属性的追溯与价值挖掘，链接制造与消费，建立低碳制造与市场价值传导的机制，有效增强企业与品牌的绿色低碳转型动力。

行业"双碳"行动"中国时尚品牌气候创新碳中和加速计划"得到了行业头部品牌和领军企业的踊跃响应。在中国纺联打造的产业协作平台上，品牌与企业举办气候训练营，开展公司碳排放基线测量工作，制定并执行气候行动规划，公布气候行动目标与路线图；同时参与行业原材料数据库建设等产业低碳基础建设，逐步开展产品的全生命周期测评，投身低碳产品开发工作。"3060行动计划"推动中国纺织服装行业构建了全产业链低碳产品开发协作体系，快速实现企业可持续发展价值的市场化；加速企业建立以市场为导向、以产品和服务为坐标的低碳发展路线图；助力气候发展愿景的品牌与企业成为行业可持续发展的引领者，构建绿色低碳发展新的竞争优势。

在行业应对气候变化的行动中，晨风集团、太平鸟、新乡化纤、盛泰服装、魏桥纺织和安莉芳等八家企业发布碳中和目标，明确低碳发展的路线图和时间表；伊芙丽、太平鸟、爱慕、罗莱家纺、水星家纺等品牌链动产业链合作伙伴企业启动了全供应链过程（LCA）产品碳足迹测评。罗莱家纺和水星家纺为代表的家纺品牌，以系统边界为"从摇篮到大门"（cradle-to-gate），从原材料获取阶段、纱线加工阶段、面料织造阶段、面料染整阶段、成品缝制阶段到品牌采购运输阶段，实境采集和分析产业链数据，依托中国纺织服装行业产品全生命周期评价应用系统（简称LCAplus系统，由中国纺联社会责任办公室开发），选择全球增温潜势（GWP）和全球温变潜势（剔除生物碳）两类指标，对产品的碳足迹进行了完整披露。图2所示为产品生命周期评价系统边界。

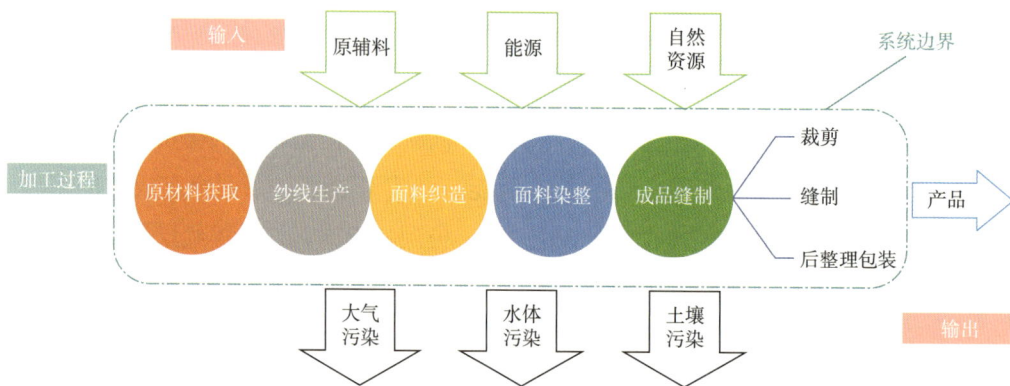

图2　产品生命周期评价系统边界

这样的产品碳足迹信息披露工作，是原材料企业、品牌企业和生产制造企业在中国纺联搭建的低碳协作平台上发起的产业链协同合作。通过建立纺织产品全生命周期评价体系和环境足迹数据库，品牌和企业可以从生产阶段和从能源、材料的分类上，对全球增温潜势指标进行分析。不仅是完成从纤维溯源的家纺产品环境表现分析，而且可以针对环境数据进行数据挖掘，如原材料对比分析，生产阶段对比分析，材料结构对比分析，加快建立从终端品牌端到原材料端全链条可追溯绿色产品环境信息披露体系，帮助品牌与供应链伙伴找到低碳发展的协同解决方案，更是有效地向消费端传达全产业链的环境贡献，从而提升企业应对国际市场绿色贸易壁垒的能力，并帮助品牌面向未来进行市场低碳消费的布局，引导低碳消费。图3所示为罗莱、水星产品的碳足迹。

四、面临的形势与发展路径

加强应对气候变化行动是产业顺应全球大势、提升国际地位的必然要求。当前，应对气候变化的紧迫性凸显，气候治理正在深刻影响国际经济发展及全球产业体系。政府间气候变化专门委员会（IPCC）第六次评估报告指出，当前气候变化趋势如未得到有效遏制，将对生态系统带来不可逆转的气候冲击。为应对气候变化问题，推动绿色增长、实施绿色新政是世界主要经济体的共同选择。为此，发达经济体正在加快谋划和实施碳边境调节机制、碳交易市场和碳金融等绿色规则，绿色发展将成为产业国际竞争力和话语权的重要来源。2022年3月15日，欧盟碳边境调节机制通过，将于2023年1月1日起正式施行，过渡期三年。《协调气候变化与贸易政策》显示，发达国家碳关税可能严重侵蚀中国产业利润，导致中国制造业出口规

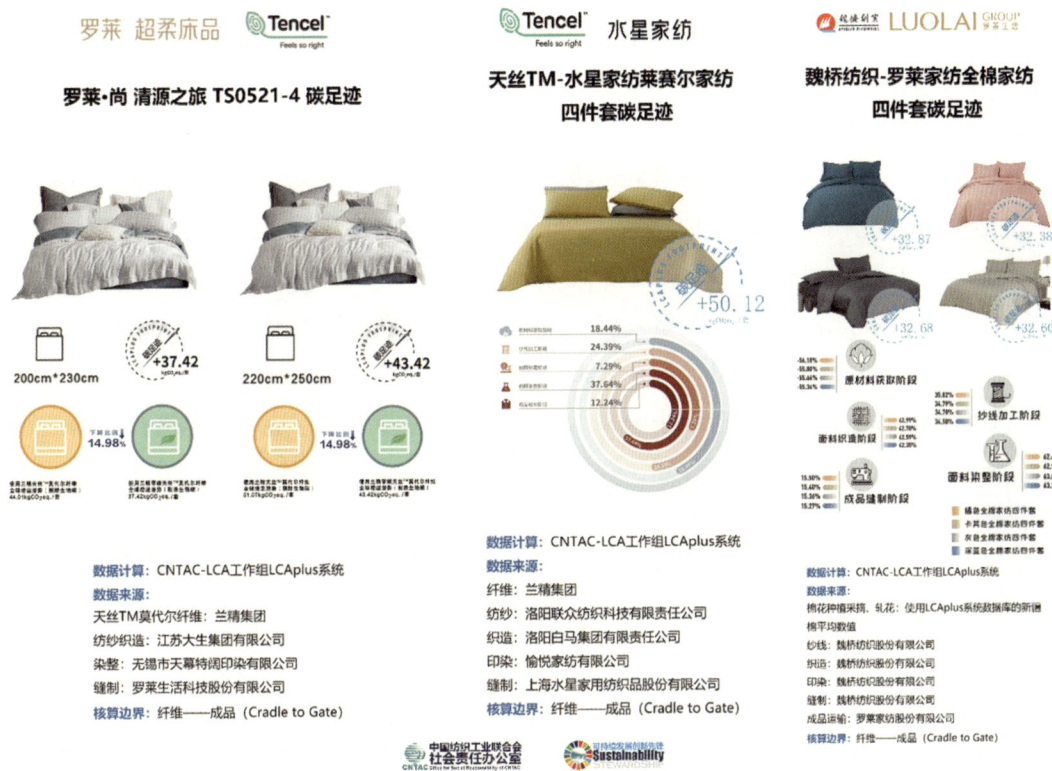

图3 罗莱、水星产品的碳足迹

模大幅削减。中国纺织服装行业要顺应大势，加快绿色低碳转型，要做好应对绿色规则异化为新型贸易壁垒的准备。

同时，在国家气候战略指引下，中国在建立应对气候变化目标分解落实机制。为确保规划目标落实，将综合考虑各省（自治区、直辖市）发展阶段、资源禀赋、战略定位、生态环保等因素，分类确定省级以及地区碳排放控制目标，并对开展控制温室气体排放目标责任进行考核，确保应对气候变化与温室气体减排工作落地见效。

在政策层面，中国加快构建碳达峰碳中和"1+N"政策体系，制定并发布碳达峰碳中和工作顶层设计文件，编制2030年前碳达峰行动方案，制定能源、工业、城乡建设、交通运输、农业农村等分领域分行业碳达峰实施方案，积极谋划科技、财政、金融、价格、碳汇、能源转型、减污降碳协同等保障方案，进一步明确碳达峰碳中和的时间表、路线图、施工图，加快形成目标明确、分工合理、措施有力、衔接有序的政策体系和工作格局，全面推动碳达峰碳中和各项工作取得积极成效。

而且，消费的发展也已将气候变化作为重要的关注议题。在渐渐成为消费市场重要力量的青年人群中，可持续消费的概念蔚然成风，其中低碳消费是重要的组成部分。多项研究表明，满足低碳消费发展需求是品牌与企业未来市场的风向标。亿欧智库的研究中，青年对气候、能源、蓝天和空气等可持续发展议题具有高关注度，碳达峰碳中和的关注度达58%。"3060"双碳目标为参考线，将长期引导可持续消费向前进化，为行业低碳转型提供动力，有助于先行行动企业获得市场竞争优势。

因此，对于中国纺织服装行业的品牌与企业，应对气候变化是需要立足当下，了解未来发展所需要面对的风险和机遇。应对气候变化的工作不是简单的生产方式的升级，需要转变传统的生产方式和消费方式，需要全社会广泛参与，应对气候变化也需要技术创新和技术开发与应用。2021年下半年，受电力供应紧张及能耗"双控"影响，部分企业限电停产，企业稳定生产受到影响，这将倒逼企业进一步投入节能减排技术。国家的碳达峰和碳中和承诺既为行业低碳转型提供了动力和支持，也对企业的减排提出了更高的要求，可以预见，纺织行业将面临更大的减排压力。

随着各国及国际组织与市场消费发展一致释放出低碳经济转型方兴未艾的信号，并且长期看来，是势在必行的积极信号。旨在未来产业布局和消费布局的品牌和企业需要切实规划如何应对变化发挥重要作用，在缩小国家承诺与现实的差距方面打造绿色建筑，例如，倡导绿色工作方式，进行供应链脱碳计划，着力可持续产品设计，采用绿色物流服务和投入产品脱碳。

纺织服装行业是面向消费发展的行业，消费价值的挖掘与深化至关重要。实现发展的零碳未来是一项重要议题，纺织服装企业与机构需要果断采取行动。在具体行动方面，企业开展碳基线盘查是实现碳中和转型的第一步。碳基线盘查有助于企业确定基准年的排放量建议，企业可按照循序渐进的方法，界定组织边界，明确温室气体种类，梳理相关活动，并评估活动层面应对气候变化而需要转变的传统生产方式和消费方式；需要全社会广泛参与应对气候变化，也需要技术创新和技术进步、技术开发和技术转让，而且需要建立安全和高效的行业数据基础。设定减排目标是企业具体落实减碳工作中碳中和路线图的重要步骤，企业在做出最终决策前，首先明确减排目标的投入决心、目标类型、目标范围和目标时间表，确保减排目标切实可行。设计减排举措是企业规划净零排放路线图的关键一环。对标行业最佳实践提出具体切实的碳减排举措，深入剖析领军企业案例，阐明碳减排行动亮点及经验启示，从而为减排提供借鉴和参考。

实现碳达峰、碳中和是中国深思熟虑做出的重大战略决策，是中国经济发展模式的战略转变和生活方式变化，它不仅是传统意义上的能源结构变化，更是整个经济结构的变化和经济技术的再造。国家气候战略一定会推进更新更高层次的改革开放和科技创新政策，从这种意义上说，应对气候变化不单纯是一个绿色的故事，更是一个再造中国经济的巨大机遇，是高质量发展，是产业调整的机遇。对于纺织服装行业，四十年的改革开放历程中，中国的纺织服装行业抓住了机遇，得到了长足的发展；在新的国家气候战略下，中国的纺织服装企业更需要切实增强产业的使命感、责任感，以落实双碳目标面向未来全面提升行业影响力，把握引领全球产业发展和传递中国产业价值提升的机会，为全球产业的可持续发展提供中国纺织服装行业的解决方案。

中国纺织工业联合会社会责任办公室

世界级纺织产业集群发展研究

刘欣

产业集群是我国纺织产业社会化发展的重要组织形式，是我国纺织产业发展的重要特色和亮点，是我国纺织行业多年来蓬勃发展的重要支撑，也是我国纺织产业保持国际竞争优势的主要推动力量。

近年来，面对错综复杂的国内外发展环境和日益严峻的竞争压力，以大数据、云计算、物联网、人工智能等新一代信息技术的广泛应用为特征的新工业革命推动了传统生产方式和商业模式变革，全球纺织产业在技术提升、商业模式变化等因素推动下，也面临供需关系平衡与重构的挑战，我国纺织产业集群亟须开拓创新、积极探索战略调整与转型升级模式，深度参与全球竞争，进一步提升国际竞争优势。党的十九大报告也明确提出，支持传统产业优化升级，加快发展现代化服务业，瞄准国际标准提高水平。促进我国产业迈向全球价值链中高端，培育若干世界级先进制造业集群。由此，积极推进"世界级纺织产业集群"是我国纺织行业高质量发展的重大举措。

一、我国纺织产业集群基本现状

自20世纪80年代以来，伴随社会主义市场经济发展，我国纺织服装产业集群呈现"一村一品""一镇一品"特色。历经几十年的发展，我国纺织产业集群建设充分体现了我国纺织服装产业的整体制造水平、科技应用水平和产业竞争力水平，在有效配置生产要素资源、提升企业运行效率、促进行业健康可持续发展等方面发挥了重要作用。

据不完全统计，截至2018年底，我国纺织产业集群地区的纺织企业约19.4万户，其中规上企业1.5万户；主营业务收入达3.6万亿元，其中规上企业2.5万亿元；利润总额达2195亿元，其中规上企业1485.6亿元；从业人员689.1万人，其中规上企业336万人。2018年，集群内规上企业户数约占全国纺织行业规模以上企业户数的41%，主营业务收入约占43%，利润约占45%。

从集群地理分布来看，浙江、江苏、山东、福建、广东等沿海五省纺织集群数量约占全国纺织集群的四分之三，其中福建晋江、福建长乐、江苏江阴、江苏常熟、山东滨州、浙江萧山、浙江桐乡等产业集群年主营收入均达千亿规模，浙江义乌、浙江柯桥、江苏常熟、东方丝绸四家集群年销售额过千亿。

二、世界级纺织产业集群先行区分布情况

近年来，我国纺织产业集群科技创新成果不断涌现，区域品牌影响力持续提升，两化深度融合进入新阶段，公共服务平台建设达到了新高度，纺织产业集群高质量发展、升级发展的特征更加明显。推进世界级纺织产业集群建设，优先发展一批示范性作用大、辐射功能强的纺织集群地区，成为促进我国纺织产业集群升级发展的重要抓手。

据此，2019年中国纺联以最终建成"世界级纺织产业集群"为目标，积极推进"世界级产业集群先行区试点"的共建工作。截至目前，已经有12家具有细分行业代表性和发展先进性的产业集群被确立为"世界级纺织产业集群先行区"。它们在细分行业内是领军型集群，在全国纺织产业中具有强大的引领能力和示范作用。主要分布在浙江省（4个）、江苏省（3个）、山东省（2个）、广东省（2个）、福建省（1个），均为我国传统的纺织大省。

世界级纺织产业集群先行区分布见表1。

表1　世界级纺织产业集群先行区名录

序号	省	地区名称	集群称号	世界级集群先行区名称
1	山东省	青岛市即墨区	中国针织名城	世界级童装产业集群先行区
			中国童装名城	
2	山东省	滨州市	中国纺织产业集群基地市	世界级家用纺织品产业集群先行区
3	江苏省	常熟市	中国纺织产业基地市	世界级秋冬装产业集群先行区
			中国休闲服装名城	
			中国羊绒制品名城	
4	江苏省	海门工业园区	中国纺织产业基地市	世界级家纺产业集群先行区
			中国家纺名城	
5	江苏省	苏州市吴江区盛泽镇	中国丝绸名镇	世界级纺织产业集群先行区
			中国纺织名镇	
6	浙江省	海宁市许村镇	中国布艺名镇	世界级家纺产业集群先行区
7	浙江省	绍兴市柯桥区	中国纺织产业基地市	世界级纺织产业集群先行区
8	浙江省	桐乡市濮院镇	中国羊毛衫名镇	世界级针织时尚产业集群先行区
9	浙江省	诸暨市大唐镇	中国袜子名镇	世界级袜业产业集群先行区
10	福建省	石狮市	中国休闲服装名镇	世界级面辅料产业集群先行区
			中国休闲面料商贸名城	
11	广东省	东莞市大朗镇	中国羊毛衫名镇	世界级毛织产业集群先行区
12	广东省	东莞市虎门镇	中国女装名镇	世界级服装产业集群先行区
			中国童装名镇	

资料来源：中国纺织工业联合会产业集群办公室

2021/2022中国家用纺织品行业发展报告

三、世界级纺织产业集群先行区发展概况

根据对现阶段12家世界级纺织产业集群先行区的驱动发展要素、成长模式、示范效果等因素进行梳理归类，将世界级纺织产业集群初步归纳为龙头带动型产业集群、市场主导型产业集群、企业网络型产业集群、综合发展型产业集群、创新开拓型产业集群五大类，并总结了不同类型集群的发展特点及代表性集群情况。

（一）龙头带动型产业集群

龙头带动型产业集群内部优势企业的资源集中度较高，龙头企业对区域纺织经济发展贡献突出，对集群内中小企业带动作用明显。典型代表有山东省滨州市（世界级家用纺织品产业集群先行区）、山东省青岛市即墨区（世界级童装产业集群先行区）、江苏省苏州市吴江区盛泽镇（世界级纺织产业集群先行区）。

1. 山东省滨州市：世界级家用纺织品产业集群先行区

山东省滨州市的纺织产业始于20世纪60年代中期，经过50余年的发展，已成为该区域重要的支柱产业和民生产业，形成棉纺、染整、巾被、家纺、毛纺、针织、服装服饰、化纤、产业用纺织品等门类较为齐全的纺织工业体系，为滨州市的五大千亿元级产业集群之一，在滨州市产业结构中占有重要地位。

滨州市纺织集群发展的龙头企业带动作用十分突出，拥有魏桥创业、华纺股份、愉悦家纺、三利纺织、东方地毯、豪盛集团等一大批纺织产业的龙头企业，带动了大批中小型家纺企业的发展，并形成棉纺家纺产业群、印染家纺面料产业群、床品、窗帘、老粗布产品产业群、巾被产业群以及毯类产业群等特色产业群。

2. 山东省青岛市即墨区：世界级童装产业集群先行区

纺织服装行业是山东省青岛市即墨区的传统和支柱产业，产业集群优势突出，拥有即发集团、酷特智能、雪达集团等一大批国内外知名度较高的纺织服装骨干企业。即墨区先后荣获中国针织名城、中国童装名城、全国纺织模范产业集群、国家消费品工业"三品"战略示范城市等荣誉称号。即墨区作为全国最大的针织服装加工制造基地，集群内主要纺织产品为针织坯布、童装和内衣。"即发""红领"荣获全国工业品牌培育示范企业，与"雪达""红妮"一并列入工业和信息化部重点跟踪培育服装家纺自主品牌企业、青岛市消费品工业"三品"示范企业。

3. 江苏省苏州市吴江区盛泽镇：世界级纺织产业集群先行区

盛泽是具有悠久历史的丝绸纺织重镇，与苏州、杭州、湖州并称为中国"四大绸都"。纺织产业作为盛泽镇的传统产业、优势产业，近年来取得了迅速的发展。作为我国丝绸纺织的重要生产基地、出口基地和产品集散地，盛泽纺织产业集群拥有2500多家织造企业，7000多家纺织贸易企业，其中规模以上企业300多家，恒力集团、盛虹集团已跨入世界500强企业。中国东方丝绸市场也成为行业内的领先专业市场。

（二）市场主导型产业集群

市场主导型产业集群是以交易联系为纽带的企业在一定区域内大量聚集发展，并形成具有持续竞争优势的经济群落，是制造业群体与商业群体的复合体，以经济供求信息为导向，形成纵向分工和横向工贸协作关系。产业集群与专业市场关联互动，伴生发展，相互促进，是市场主导型产业集群的突出特征。典型代表有江苏省海门工业园区（世界级家纺产业集群先行区）、浙江省桐乡市濮院镇（世界级纺织产业集群先行区）、福建省石狮市（世界级面辅料产业集群先行区）、广东省东莞市虎门镇（世界级服装产业集群先行区）。

1. 江苏省海门工业园区：世界级家纺产业集群先行区

叠石桥家纺产业是海门的传统产业、特色产业与富民产业，已发展形成"产业链条完整、公共服务优质、功能配套健全"的家纺产业群落，覆盖周边8个县市（区）、30多个乡镇，从业人员50多万，拥有家纺企业2500多家，其中规模以上家纺企业300多家、外商投资企业及外贸企业300多家，家纺年生产能力超过2000亿元。

集群核心区——叠石桥家纺市场，已成为全国乃至全球规模、档次领先的家用纺织品专业市场，目前家纺产品全国市场占有率超过50%。叠石桥家纺市场连续多年被评为全国文明市场、全国家纺产业知名品牌创建示范区，叠石桥家纺被评为江苏区域名牌、中国驰名商标。

2. 浙江省桐乡市濮院镇：世界级纺织产业集群先行区

桐乡市濮院毛衫产业始于20世纪70年代，经过40余年的发展，成为桐乡市的支柱产业。依托全国主要的羊毛衫市场——濮院羊毛衫市场，形成了以浙江省级工业园区——濮院针织产业园区为核心的毛针织产业集群，被评为全国百佳产业集群。

在濮院毛衫市场的辐射带动作用下，桐乡市梧桐街道、乌镇镇、屠甸镇、嘉兴秀洲洪合镇、台州洪家镇等都发展成为毛衫制造基地。具有辐射范围广、分工明确、合作紧密、配套完善的产业发展特点。濮院毛衫已成为国内针织毛衫产业的领头羊。

3. 福建省石狮市：世界级面辅料产业集群先行区

石狮市经过多年的发展，形成了涵盖纺织原料、纺纱织布、漂染整理、成衣加工、辅料生产、纺织机械、市场营销，以服装生产加工为核心的纺织服装产业链，产业集群优势明显，获得中国休闲服装名城、中国休闲面料商贸名城、全国纺织模范产业集群、中国服装产业示范集群等荣誉称号。

石狮市拥有五大纺织服装专业市场，其中石狮服装城是福建省内唯一的国家级市场采购贸易方式试点。拥有中国电子商务百佳县、中国电商综合百强县等荣誉称号，有超过3.5万家活跃网店、8万名电商从业人员，规模以上工业企业电商普及率达90%以上。

4. 广东省东莞市虎门镇：世界级服装产业集群先行区

历经多年的发展，虎门服装服饰业已形成了规模庞大的产业集群、配套完善的产业链条、成熟发达的市场体系。目前，虎门约有服装服饰生产加工企业2200多家，面辅料等配套企业及服务机构共1000余家，形成了集研发、设计、生产、销售、服务于一体的完整产业链，实现全环节生产销售及配套。服装服饰从业人员超过20万人，有40个专业市场、1.5万经营户，年销售额超900亿元。

虎门以女装、童装、休闲装为特色，先后荣获中国女装名镇、中国童装名镇、全国服装（休闲服）产业知名品牌创建示范区、中国服装区域品牌试点地区、首批全国纺织模范产业集群、首批中国服装产业示范集群、国家电子商务示范基地、国家火炬计划服装设计与制造产业基地等多项国家级荣誉。

（三）企业网络型产业集群

企业网络型产业集群中，中小企业数量众多，是集群经济发展的重要支撑，集群内中小企业之间形成网络化协作，以共同推进集群组织效率的提升。典型代表有浙江省海宁市许村镇（世界级家纺产业集群先行区）、广东省东莞市大朗镇（世界级毛织产业集群先行区）。

1. 浙江省海宁市许村镇：世界级家纺产业集群先行区

家纺产业是海宁市三大传统产业之一，"海宁家纺"被认定为浙江省级区域名牌。海宁市许村镇已成为全球最大的大提花面料生产基地，并被中国纺联命名为中国布艺名镇。目前许村镇家纺企业占海宁市家纺企业95%以上，家纺从业人员超过5万人。许村家纺企业年产各类装饰布32亿米（按1.5米幅宽计算），国内市场占有率达35%以上，产品远销东南亚、南非、中东及欧美等40多个国家和地区。

2. 广东省东莞市大朗镇：世界级毛织产业集群先行区

毛织产业是大朗的支柱产业，为大朗地区解决劳动就业、提升居民收入等发挥了重要作用。大朗22张国家级名片中，有15张是与毛织业相关的。大朗有毛织相关市场主体14000户，其中规模以上毛织服装生产企业110家，规上毛织工业总产值近100亿元；毛织纱线销售企业2000多家，纱线年销售额达300亿元；服装、纱线、机械等全产业链年销售额达600亿元。

近年来，大朗毛纺织从生产基地逐步向现代毛织商贸城转变。以毛织贸易中心为龙头的毛织商贸城，集聚了大朗超过50%的毛衣生产企业，80%以上的毛织纱线和数控织机销售企业以及大朗毛织的4个大型专业市场、6个毛织配套片区和12条毛织专业街，是国内产业配套完善、综合实力较强的毛织集聚区。

（四）综合发展型产业集群

在综合发展型产业集群中，一般会融合多个特色集群，在更大范围内形成横向、纵向的产业联系与协作。典型代表为江苏省常熟市（世界级秋冬装集群先行区）。

常熟市纺织服装业既是常熟三大支柱产业之一，又是重要的民生产业和具有一定竞争力的优势产业，是常熟市的三个千亿级产业之一，覆盖棉纺织、毛纺织、麻纺织、丝织、化纤、针织、印染、服装、非织造布、纺机等子行业，从原料、辅料、面料织造及印染后整理到服装生产、专业市场销售以及研发设计、物流配送等，产业链完整，营销网络健全，从业人员众多。同时拥有国内服装最重要的集散地之一的常熟服装城，年市场交易额上千亿元。全市共有9个特色产业集群，苏州休闲服装（海虞）特色产业基地、苏州毛衫（碧溪）特色产业基地、家纺特色产业基地、防寒服特色产业基地、苏州羽绒服（古里）特色产业基地、苏州针纺织（古里）特色产业基地、苏州经编（梅李）特色产业基地、沙家浜休闲服特色产业基地和苏州无纺产业（支塘）特色产业基地。

（五）创新开拓型产业集群

创新开拓型产业集群将区域内不同的创新主体和要素整合起来，包括致力于开展创新活动的创新型平台、创新型企业、企业家和创新型人才，不断创新的组织网络体系和商业模式，有利于企业创新的制度和文化环境等。创新开拓型纺织产业集群代表为浙江省绍兴市柯桥区（世界级纺织产业集群先行区）、浙江省诸暨市大唐镇（世界级袜业产业集群先行区）。

1. 浙江省绍兴市柯桥区：世界级纺织产业集群先行区

纺织产业是浙江省绍兴市柯桥区的传统产业、支柱产业、富民产业。改革开放以来，柯桥历经"化纤革命""无梭化革命""染整革命"等一系列技术革新，已形成从前道PX、PTA到化纤、织造、印染、服装、家纺一条龙的纺织全产业链。

近年来，柯桥区深化智能纺织印染装备产业试点，在纺织印染领域广泛开展"机器换人""两化融合"工作，全力推进智能车间建设，涌现了如兴明染整等一批两化融合标杆示范企业。积极推进培育现代纺织产业创新服务综合体建设，在第一批纺织行业"专精特新"中小企业名单中，豪春纺织、原色数码、东进新材料等柯桥区7家企业入选。

2. 浙江省诸暨市大唐镇：世界级袜业产业集群先行区

浙江省诸暨市大唐镇是"中国袜业之乡"。大唐袜业现已形成以大唐镇为中心，辐射周边区县的特色产业带，成为包括纱线、织袜、染整、营销、运输等贯穿袜业生产全过程的一条完整的产业链。袜业生产要素高度集聚，资源配置成本大幅降低。

近年来，诸暨市以创建"袜艺小镇"为契机，大力推进省级"两化融合""机器换人"等多项试点，进一步加快大唐袜业转型升级的步伐。已创建本地"机器换人"示范企业4家、袜子智能化织造工厂3个，本地企业研发的全自动高效织缝翻一体机入选省装备制造业重点领域首台（套）产品名单。先后荣获全国袜业知名品牌创建示范区、国际级新型工业化产业示范基地、中国纺织行业创新示范集群地区、国家级出口工业产业质量安全示范区等称号。

四、世界级纺织产业集群的未来发展路径

经过对世界级纺织产业集群先行区的特点梳理，要全面推动我国世界级纺织产业集群的建设工作，建议从以下几方面着重发力。

（一）因地制宜强化特色优势，提升集群地区核心竞争力水平

我国纺织产业集群根据要素禀赋、交通区位等区域比较优势形成了诸多特色明显的产业集聚区。这些集群围绕特色产业做强，吸引相关技术、资本、人才等要素向当地聚集，从而在全球相关产业发展和技术创新竞争格局中占据一席之地。对此，需因地制宜强化产业集

群特色优势。如根据各地特色产业基础，在差异定位和领域细分中可按照"特色牵引、市场主导、产业支撑"原则打造一批富于创新、充满活力、特色鲜明的纺织产业特色小镇，如纤维科技小镇、时尚小镇、非物质文化遗产小镇等，并引导实现小镇特色产业的精品化、增值化。

（二）优化内外协调机制，激发集群发展的内生动力和龙头引领作用

以核心企业为龙头，形成金字塔式的产业组织和链条完整的产业链发展模式。依托龙头企业在产出和市场方面的规模优势，以及在技术、品牌、资金方面的竞争优势，带动产业集群中小企业提升发展实力。发挥龙头企业协作带动效应，通过传递不断变化的生产需求，同时进行技术输出，促进中小企业更新装备，改进工艺。通过龙头企业的跨区域布局和深层次的产业合作机制，促进各种生产要素在产业集群之间流动，形成完整的产业链条，构建特色鲜明、优势互补、区域联动、协同发展的产业格局。

（三）激发知识外溢，研发合作是建设创新型产业集群的关键所在

建立集群网络化协作组织，创建促进创新合作和知识外溢的体制，推动产业集群形成组织共治、利益共享、合作共赢的创新发展模式。加强技术创新中心建设，完善高校、科研机构、创新型企业和用户联动的研发主体协作体系，培育科技领军人才和创新团队，加大核心技术、重大关键共性技术、前沿技术等方面的投入，引导整合各方资源在新型纤维材料开发与应用、绿色纺织染整加工、纺织服装智能制造等领域实现技术突破和产业化应用，促进相关产业技术进入世界前列。激活产业集群网络化协作组织的知识外溢功能，完善创新激励机制和共享机制，促进集群内企业和研发机构紧密互动而加速创新，产生可持续竞争力。

（四）推动全球视野的战略培育，提高集群国际影响力

集群组织应与同领域具有国际竞争优势的其他世界级产业集群、领先企业、一流大学、研究机构及国外相关政府建立长期密切的合作关系，共建技术合作研究中心，为国际交流合作提供各种便利渠道。梯度培育具有战略性、前瞻性、引领性的新兴产业集群，促进行业迈向全球价值链中高端。鼓励服装、家纺等终端消费品产业集群加强时尚创意设计、产品开发、渠道营销和柔性生产能力建设，大力吸引设计师、广告营销、品牌策划等人才聚集，策划具有全球影响力的时尚事件，构筑我国主导的时尚产业生态。增加相关产品的知识附着度和文化感，最终获得国内外市场认可，进一步推动价值提升。

（五）推动公共服务体系升级，提高平台支撑能力

完善产业集群公共服务体系，需地方政府、集群组织管理机构、科研机构、企业、协会等中介组织根据优势领域提升综合性服务和专业性服务，以持续优化集群发展环境。在综合性服务方面，需完善基础设施建设，丰富信息平台交流内容，提升咨询和研究服务能力。在专业性服务方面，需搭建平台推动科研成果快速转化，围绕质量检验检疫服务体系、市场拓

展服务体系、金融担保服务体系、人才培育体系等推进相关服务工作，切实提升平台服务能力和服务水平。

中国纺织工业联合会产业经济研究院

参考文献

[1] 陈树津.中国纺织产业集群经济发展之路[C]//提升产业集群 建设纺织强国.北京：中国纺织工业联合会产业集群工作委员会，2012.

[2] 中国纺织工业联合会产业集群工作委员会.我国纺织服装产业集群基本分析[C]//2019中国纺织产业集群发展报告.北京：中国纺织工业联合会产业集群工作委员会，2019.

[3] 康萌越，侯雪，程楠，等.世界级产业集群的发展路径研究[J].工业经济论坛，2017，04（2）：10-15.

[4] 冯德连.加快培育中国世界级先进制造业集群研究[J].学术界，2019（5）：86-95.

中国家纺行业跨境电商发展现状及趋势分析

张倩

我国家用纺织品行业"触电"不晚，但被大众熟知的家纺产品跨境电商发展是在2010年之后随着大型跨境电商平台先后上线而逐渐发展成型的。我国家纺产品品类丰富，性价比高，供给优势明显，新冠肺炎疫情暴发以来，实际消费场景改变，网购需求激增，我国家纺产品跨境电商迎来了广阔的发展机遇。跨境电子商务是指分属不同关境的交易主体，通过电子商务平台达成交易、进行电子支付结算，并通过跨境电商物流及异地仓储送达商品，从而完成交易的一种国际商业活动。简而言之，就是通过跨境电商平台进行外贸进出口业务。本篇文章主要从跨境出口角度展开研究。

一、我国跨境电商发展简述

（一）跨境电商贸易快速发展

近年来，我国跨境电商规模快速增长。根据中国海关数据，2020年，通过海关跨境电子商务管理平台验放的进出口清单达到24.5亿票，同比增长63.3%，进出口额达1.7万亿元，同比增长31.1%，与2015年相比，5年增长10倍。另据商务部有关信息，我国外贸综合服务企业已超过1500家，海外仓数量超过2000个（其中北美、欧洲、亚洲地区占90%）。"丝路电商"加快全球布局，我国已经与22个国家建立了双边电子商务合作机制。

2021年1~6月，我国跨境电商进出口额达8867亿元，同比增长28.6%，其中出口6036亿元，同比增长44.1%，高于同期全国货物贸易出口额增速5.5个百分点。在数字化加速转型时代，信息技术迭代升级与产业变革深入发展将共同推动跨境电商贸易额持续扩大，根据《"十四五"电子商务发展规划》制定的发展目标，2025年我国跨境电商交易额将达到2.5万亿元。

2015年以来，国务院分六批设立了132个跨境电子商务综合试验区，从区域上基本覆盖全国，形成了陆海内外联动、东西双向互济的跨境电商发展格局。

从跨境电商结构来看，在纳入海关监管的跨境贸易中，B2B交易规模约占八成，B2C约占两成；东部沿海地区处于领先地位，其中广东省规模远高于其他省市；跨境出口贸易主体从大型电商平台逐渐向品牌企业演变，更加注重以消费者为核心、以数据流为驱动力，提升产品品质与创新性，强化供应链快速响应能力，提高物流效率和掌控力。

（二）出口跨境零售电商平台处于"成长期—成熟期"过渡阶段

进口跨境零售电商竞争格局较为明朗，2019年，淘系平台（天猫国际+网易考拉）以52.1%的市场份额占据绝对龙头地位，进入门槛较高。而出口跨境零售电商进入快速发展的后期，目前尚未形成稳定的竞争格局，平台型电商、独立站、三方平台卖家等主体模式百花齐放，集中度较低，正处于孕育各类头部电商的过渡期，参与竞争的主体较多，也必然会有相当一部分被淘汰出局。

在出口电商B2B模式下，平台型电商现阶段处于龙头地位，为出口企业与境外采购商提供网上交易和洽谈平台，赚取佣金报酬，比如阿里巴巴国际站、敦煌网等。在出口电商B2C零售模式下，有亚马逊、速卖通等大型平台，有安克创新、傲基科技等同时依托线下实体、电商平台和独立站的三方平台卖家，也有SHEIN、ZAFUL等独立站卖家。上述模式各有优缺点，入住大型平台可享受平台客户资源，但是若产品和品牌优势不突出，则容易被其他产品信息覆盖，且难以自主掌握消费者信息；三方平台类似于全渠道运营，能够提高产品渗透率，分散经营风险，但需要投入大量资金，组建专业团队，回报周期相对较长；独立站能够自主掌握并挖掘消费数据，掌控营销方式，但需要具备专业的网络平台建设和运营能力，前期积累用户流量比较难，且需要通过品牌和产品提高用户留存转化。

二、出口跨境电商流程及报关方式

（一）跨境电商B2B出口

B2B全称为跨境电商企业对企业出口，是指境内企业通过跨境物流将货物运送至境外企业或海外仓，并通过跨境电商平台完成交易的贸易形式，企业根据海关要求传输相关电子数据。企业可根据自身业务类型选择海关监管方式代码"9710"或者"9810"向海关申报。2021年7月1日起，跨境电商B2B出口监管试点在全国海关复制推广。B2B跨境电商海关监管申报方式详见表1。

表1　B2B跨境电商海关监管申报方式

代码	适用范围
9710	适用于跨境电商企业对海外企业直接出口。企业需要先经过注册登记，将订单、物流单提交至国际贸易"单一窗口"或者"互联网+海关"，海关比对通过后通过H2018系统或者跨境电商出口统一版系统放行，比对不通过则退单
9810	适用于跨境电商企业将产品出口至海外仓，即境内企业先将货物通过跨境物流出口至海外仓，通过跨境电商平台实现交易后从海外仓送达境外购买者。企业需要注册，进行海外仓业务模式备案，将订仓单、物流单提交至国际贸易"单一窗口"或"互联网+海关"，海关比对通过后通过H2018系统或者跨境电商出口统一版系统放行，比对不通过则退单

注　1. 单票低于5000元人民币且不涉证、不涉检、不涉税的货物，企业可报送申报清单，校验通过后自动推送至出口统一版系统申报。

2. 单票超过5000元人民币或涉证、涉检、涉税的货物，应通过H2018通关系统申报。

3. 跨境电子商务综合实验区内不涉及退税的商品，可按照6位HS编码简化申报，并可优先安排查验。

（二）跨境电商B2C出口

B2C是指境内企业通过跨境电商平台与境外消费者达成交易，通过跨境物流将货物运送至境外消费者或者海外仓，物流方面主要采用航空小包、邮寄、快递等方式，纳入海关监管登记的范围不详。企业可根据商品性质选择海关监管方式代码"9610"或"1210"方式向海关申报。B2C跨境电商海关监管申报方式见表2。

表2　B2C跨境电商海关监管申报方式

代码	适用范围
9610	采用一般出口监管方式进行报关，需提交订单、物流单及收款信息，海关比对通过后通过跨境电商出口统一版系统放行。比较适合生鲜、化妆品等非标商品
1210	采用特殊区域包裹零售出口或者特殊区域出口海外仓零售监管方式进行报关，可以享受退税政策。特殊区域包括国内所有综合保税区和跨境电子商务综合试验区。企业可将待售货物运至海关特殊区域，卖出一件，清关一件，未卖出的无需报关。比较适合库存周转快、复购率高、保质期要求低、需要退税的标准商品

注　跨境电子商务综合试验区出口且不涉及退税的商品可依据4位HS编码简化申报，即"清单申报，汇总统计"。

三、我国家纺产品出口跨境电商发展现状

（一）全球家纺市场供需格局

中国家用纺织品行业协会预计，全球（包括中国在内）家纺市场消费需求规模约为4000亿美元。

从贸易角度看，中国是最大的家纺产品供给国，在全球家纺产品供给中占据半壁江山。根据联合国数据，2019年，全球出口家纺产品730亿美元，我国出口家纺产品307亿美元，占全球42%，其次是欧盟（德国、比利时、荷兰、波兰是最主要的家用纺织品出口国）、印度、土耳其等，排名前十的国家和地区出口额占比达92%。床上用品是最大的家纺产品出口品类，床上用品约占全球家用纺织品出口比重40%，其次是地毯占比21%、毛巾占比10%、窗帘占比7%、毯子占比7%等。见图1。

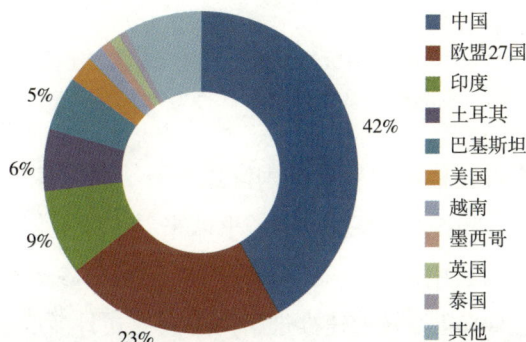

图1　2019年全球家用纺织品主要出口国家和地区分布
数据来源：联合国

美国、欧盟和日本是全球最主要的三大传统家用纺织品进口市场。2019年，上述市场分别从全球进口家用纺织品168.9亿美元、94.9亿美元（从欧盟外进口）、38.6亿美元。东盟也是较大的家纺产品进口市场，预计进口规模大于日本，餐厨卫用纺织品是主要的进口品类，新加坡和马来西亚是消费和进口主力。

（二）家纺产品电商渗透率有较大提升空间

美国和欧盟是我国家纺产品最重要的出口市场，其电商渗透率提升能够为我国家纺产品跨境出口提供市场空间。目前，欧美市场的家纺产品电商渗透率低于服装产品，根据谷歌和德勤统计的美国消费品行业数据显示，2020年，美国服装服饰及鞋业电商渗透率约为25%，而同期家居与园艺品类电商渗透率仅为12%。根据欧盟统计局数据，2020年，欧盟通过网络购买服饰和鞋类产品的人数占比33%，同期通过网络购买家具、家纺和园艺产品的人数占比15%。欧盟各成员国差异较大，英国和丹麦网购人数占比分别位居欧盟第一和第二位，英国和丹麦家具、家纺和园艺产品网购人数占比均达到30%。

2021年，欧盟网购消费占比继续提升，服装和家纺类产品网购比例都有所增加，但家纺产品电商渗透率仍低于服饰品类。根据欧盟统计局数据，2021年2~5月，欧盟通过网络购买服饰和鞋类产品的人数占比63%，同期通过网络购买家具、家纺和园艺产品的人数占29%。见图2，注：由于法国数据缺失，欧盟数据为预计数；2020年欧盟统计数据中仍包括英国。

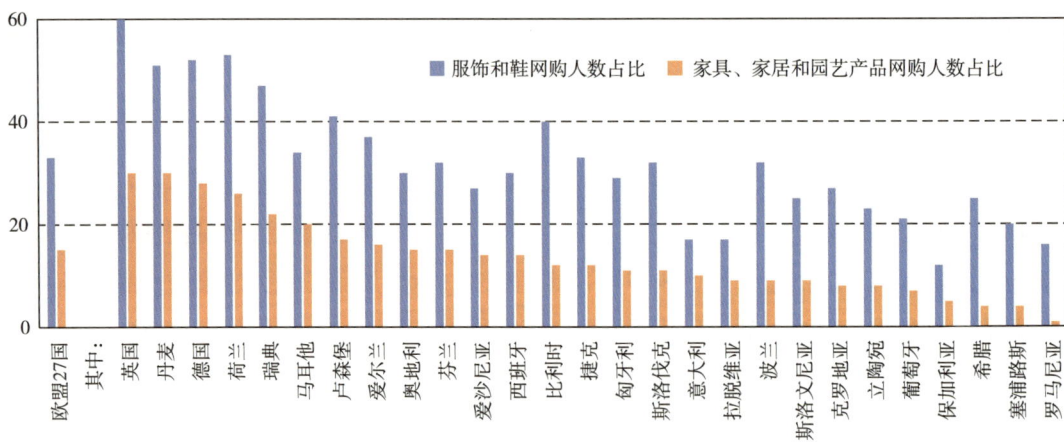

图2 2020年欧盟服装家纺产品网购人数占比情况
数据来源：欧盟统计局

目前从分销渠道角度看，根据阿里巴巴国际站预计，全球家纺产品电商渠道占比约为35%，线下实体渠道占比约为65%。未来，从需求端来看，欧美等发达国家仍将保持较高的网购渗透率，俄罗斯、巴西、中东、中亚等新兴市场的网购渗透率将快速提升；从供给端看，企业数字化升级和全渠道建设将加速推进，海外仓模式日渐成熟；加上家纺产品不易过季过时的特点，我国家纺产品的电商渗透率仍有较大提升空间。

（三）家纺产品出口跨境商家大多分布在华东和华南地区

根据阿里巴巴国际站预计，2019年，全国约有5.5万户家纺跨境电商卖家，主要集中在华东和华南地区，其中华东地区商户占比32%，华南地区商户占比28%。从城市分布看，上海、宁波、苏州、绍兴、深圳位居全国前5位。见图3。 注：华东地区包括上海、山东、江苏、安徽、江西、浙江、福建、中国台湾；华南地区包括广东、广西、海南、中国香港、中国澳门；华中地区包括河南、湖北、湖南；华北地区包括北京、天津、河北、山西、内蒙古。

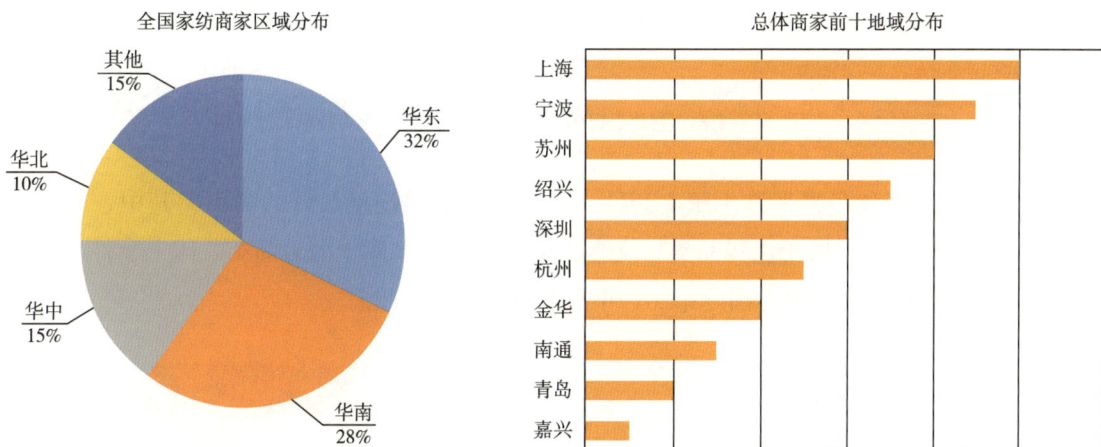

全国家纺商家区域分布

总体商家前十地域分布

图3　2019年全国家纺跨境电商地域分布情况
资料来源：阿里巴巴国际站《2019年家纺行业跨境电商发展报告》

（四）亚马逊是我国家纺产品跨境出口主要平台

根据相关调研信息显示，我国家纺产品卖家绝大多数通过亚马逊平台开展出口跨境电商贸易，独立站较少。据相关新闻资料，亚马逊在欧美电商市场中占据80%以上的市场份额。我国的家纺生产企业卖家或者贸易商卖家大多通过亚马逊平台开展B2C出口贸易，卖家根据订单将货物发送至亚马逊自有海外仓，亚马逊平台负责将货物从海外仓送至消费者。B2B出口贸易则大多通过阿里巴巴国际站平台开展，更加类似于传统贸易，卖家多是我国家纺生产企业，买家多是国际采购商。

（五）床上用品是家纺跨境B2B出口的主要品类，窗帘出口前景大

床上用品是家庭消费必需品，且是易耗品，产品尺寸有统一标准，花色花型和风格多变，因此销量最好。餐厨纺织品主要包括台布、餐垫、餐巾、餐椅套等产品，欧美消费者有使用餐厨纺织品的生活习惯，因此销量占比也较大。欧美消费者有一定的毯类产品消费需求，但我国毯类产品在欧美市场份额不及床上用品，土耳其、印度等国家毯类产品具有一定竞争力，因此销量不大。根据阿里巴巴国际站数据，2019年，床上用品销量占全部家纺产品销量的比重为63%，其次是餐厨纺织品，占比20%、毯类制品占比14%、窗帘用品占比仅为3%。虽然窗帘销量占比较小，但是窗帘的品均UV值（即在国际站平台打开窗帘产品页面的访客转化率与产品单价的乘积）最高，说明窗帘出口前景可观。见图4。

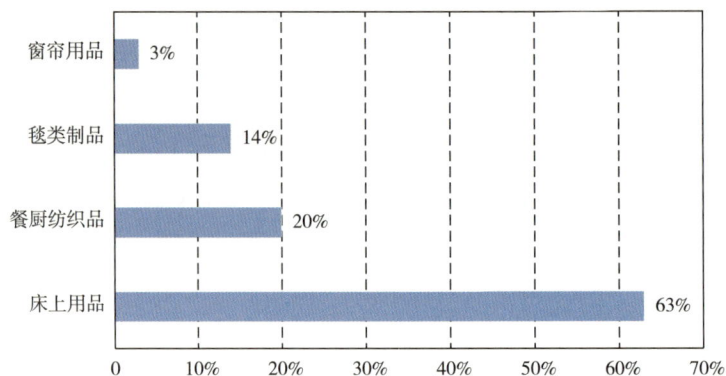

图4　2019年阿里巴巴国际站家纺产品分品类销量占比

资料来源：阿里巴巴国际站《2019年家纺行业跨境电商发展报告》

　　从床上用品细分品类来看，床上套件、毯子、枕头是销量最好的品类。其中，床上套件市场大、需求旺盛，属于优势品类；枕套，被子增速快，属于潜力品类。床上套件、重力毯、抱枕、黑白格纹地毯成为国际站2019年采购节爆品。见图5。

图5　2019年阿里巴巴国际站采购节家纺爆品

资料来源：阿里巴巴国际站《2019年家纺行业跨境电商发展报告》

　　美国是阿里巴巴国际站平台床上用品的最大买家，其次是澳大利亚、加拿大、英国、韩国。根据访客数量和成交情况对比来看，印度床上用品市场需求规模大，但平台上供给较为不足，是购买潜力最大的国家。见图6。

四、出口跨境电商发展趋势展望

（一）纺织品服装出口跨境电商迎来历史性发展机遇

　　新冠肺炎疫情发生后，社交隔离、实体零售渠道受阻使全球消费者更深刻感受到网络购

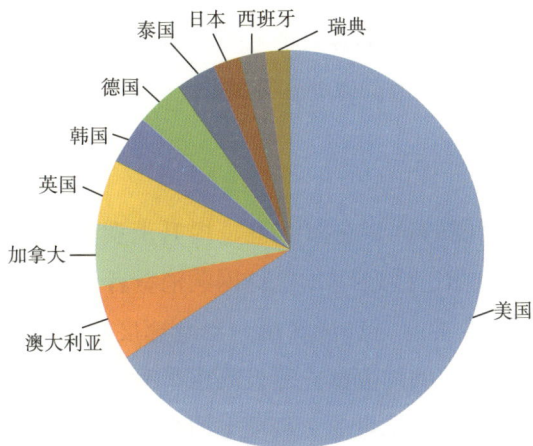

图6　2019年阿里巴巴国际站床上用品买家分布情况
资料来源：阿里巴巴国际站《2019年家纺行业跨境电商发展报告》

物的便利，线上购物习惯在后疫情时代或将永久保留。2020年，全球电子商务用户数量同比增长9.5%，达到34亿人民币。根据Euromonitor和德勤数据，2020年，美国、欧盟电商用户渗透率已分别达77%、72%，美国消费者服装和鞋类商品网络销售比例由疫情前的25%增长至2021年的30%。

得益于稳定的经济政治环境、完备的工业体系、快速响应的供应链，我国为全球提供品类丰富且具有高性价比的商品，深得海外消费者的青睐。根据全球跨境电商主要支付机构Paypal统计，我国已成为全球最大的B2C跨境电商交易市场，占全球支付交易约26%，美国占21%，位居第二，其后是英国、德国和日本。一份全球化智库调查（来自美国、英国、德国、西班牙、法国的5005份问卷）显示，服饰鞋袜是跨境采购频率最高的品类，同时也是初次体验网络购物消费者的首选品类，且75%的受访者表示疫情后仍会继续在线上购买服饰鞋袜。

线上消费习惯的形成与我国强大的消费品供给能力相碰撞，使得跨境电商成为我国企业"出海"新模式，企业纷纷加速全球化数字渠道铺建，加之"无票免税""清单核放、汇总申报"等报关、投资便利化措施，以及鼓励建设海外仓等一系列支持完善跨境电商的政策陆续出台，跨境电商在资本市场的热度也快速提升。2021年，跨境电商领域发生77次融资事件，融资总金额207亿元，同比增长192%，其中不乏快时尚消费品出口电商，品类包括原创服饰、泳装、真丝服饰、家居产品等。

（二）独立站将成为更多品牌企业实施数字化运营的选择

鉴于亚马逊平台的"封号潮"以及提高Prime会员会费等事件，我国家纺跨境电商出口企业将逐渐走出依赖大型既有平台的舒适区，在第三方平台运营成本上涨的外因和进一步挖掘消费者数据的内因作用下，自建独立站成为品牌企业深层次沉淀流量、挖掘消费大数据、运用社交媒体的首选。根据《2020年雨果网第二季度跨境电商行业调研报告》，26%的外贸企业选择自建独立站。另外，随着以Shopify为代表的SaaS服务平台增多，建设独立站的门槛大幅降低，中小卖家能够选择同步开启独立站，尤其是面向东南亚、中东、印度、俄罗斯等新兴电商市场的独立站或将成为阶段热点。虽然独立站更便于卖家精准营销，增加消费黏性，实施数字化变革，但是想要在集中度不断提升的竞争环境中生存，需要企业不断提升经营差异化水平、产品创新活跃度和物流服务的效率和体验感。

（三）跨境物流效率关注度日益提升

跨境物流是跨境电商发展的重要支撑，也是提升消费体验的关键环节。根据Ipsos和Paypal联合发布的相关报告显示，接近1/4的全球网购消费者认为配送速度是影响他们选择平台的关键考量。此外，电商企业会对物流费用、出仓速度、配送效率、异常情况处理能力等综合考量，选择满足自身需求的物流商。建设高水平海外仓是提升物流服务质量的有效途径，在政策支持的红利下，传统物流企业、跨境电商平台、独立站卖家建设海外仓，健全跨境物流管理体系的积极性均将提升，行业竞争将趋于激烈。

（四）合规发展将加速

《电子商务法》已于2019年开始实施，全国电子商务质量管理标准化委员会审查通过了跨境电子商务产品质量评价结果交换指南、产品追溯信息共享指南、在线争议解决单证规范、出口商品信息描述规范、出口经营主体信息描述规范五项国家标准。一系列跨境电商法规的出台在商品安全、税收、物流、售后等方面作出了明确规定，加强了卖家、物流企业和海关在通关、退税、结汇等方面的标准化信息沟通，区块链技术的运用也将助力产品来源可溯，责任可究，使企业有章可循，同时加强对消费者的权益保护，促进跨境电商行业规范化发展。此外，在我国2020年与美国签署的经贸协议中，对电子商务涉及的知识产权侵权问题做出了相应规定。协议要求双方应对存在知识产权侵权问题的主要电子商务平台采取有效行动（包括有效的通知和下架制度），对盗版（假冒）产品的生产、出口、销毁以及边境执法行动也做出了详细规定。未来，在国内国际双重力量的推动下，中国跨境电子商务市场合规化进程明显加速。

中国纺织工业联合会产业经济研究院

研发创新

人类命运共生　家纺创意和美
——"海宁家纺杯"2021中国国际家用纺织品创意设计大赛综述

贾京生

　　2021年是中国纺织行业"十四五"的开局之年。紧随"十四五"的重点发展目标,"海宁家纺杯"大赛以赛事的形式强调了家纺行业时尚发展的重要性与话语权,力求提升家纺设计的原创能力与推出优秀的原创设计人才。7月8日,第十九届"海宁家纺杯"大赛正式拉开帷幕。本届大赛共收到2562幅参赛作品,其中"创意画稿组"收到来自96家参赛单位的1880幅作品,"整体软装设计组"收到46家参赛单位的682幅作品。在受到国内外疫情的严重影响下,本届参赛作品数量依然保持持平,参赛作品质量在创新设计上更加有所突破,充分说明了经历了19年的迅猛发展和厚积薄发,大赛的名气越来越大、影响力越来越广、水平越来越高、凝聚力越来越强。这对于家纺行业设计人才的培育,激发企业原创设计水平,搭建高质量、全国性的赛事平台,都起到了权威性、引领性与品牌力的成效(图1、图2)。

图1　"创意画稿组"线下评审现场

图2 "整体软装组"线上评审现场

　　在浙江省海宁市公证处的全程监督下，本届大赛严格依据比赛规则，经过专家评委会的层层遴选，最终评选并确定家纺创意画稿组：银奖3名，铜奖4名，优秀奖20名，入围奖若干名（金奖空缺）（图3）；整体软装设计组：金奖1名，银奖3名，铜奖5名，优秀奖20名，入围奖若干名（图4）。整体分析与总结本届大赛，作品艺术特色突出、作品个性纷呈、风格亮点多多，呈现出四个新的创意设计特点：一是多元共生与命运和美的主旋律；二是融合共创与跨界和美展创意；三是交流互动与智慧和美的新建构；四是信息共鸣与共享和美的大平台。

图3 "创意画稿组"评委会合影

图4 "整体软装组"评委会合影

一、多元共生与命运和美的主旋律

本届大赛的主题是"共生·和美"。这既是一个宏观的人类命运共同体的命题，涉及全世界的国家、民族、地区的人类问题，也涉及自然、社会、历史、文化、信仰等宏观问题，同时，还涉及微观、具体、现实人类生活中的各类设计主题，具体涉及人类衣食住行用的方方面面。作为家用纺织品创意设计的主题，家纺设计中的可持续设计与绿色生态设计同样重要、具体且落地，故而大赛组委会强调并提出了"共生·和美"的创意设计主题。具体而言，共生，人类与自然、社会、历史、文化、艺术的共生，构建一个人类命运共同体概念下的艺术形式；和美，多元共生、多样共融语境下，设计创意出和谐丰富、个性独特、美美与共的家用纺织品设计作品。2021年世界范围内新冠肺炎疫情的蔓延与肆虐，改变了人们的思想观念、生产方式、工作习惯与生活节奏，人们比以往任何时候都更为深刻地体会到了"共生"二字的深刻含义——全世界、全人类与自然宇宙都是息息相关的命运共同体。家纺的设计生产、市场消费、生活方式也是如此。我们需要在互联共生之中，凝聚迸发出强劲的设计力量，共创共融世界的和谐之美。柔软而温馨的家纺创意设计，是驱散现实生活中的疫情阴霾，营造和构建阳光美好环境的最佳设计之一。

纵观大赛提交的作品，参赛者们紧贴设计大赛的主题与社会趋势的主旋律，在"共生·和美"的恢宏主旋律下展开了各自的设计智慧与艺术创造。如创意画稿组的银奖作品《融荣》（图5），评委这样评价：共生是一种生活美，也是一种生活意境。设计作品《融荣》，从建筑视角切入，用剪贴穿插的手法延展画面的语言，从东西方风格融容共生之中，在朦胧中有跳跃、对比中求和谐、和合之中营造家纺作品的和美，非常贴合大赛主题。从《融荣》作品所使用的元素看，这既是一个文化的视角——建筑一直是一种文化符号，也是最接近普通人生活的地域环境，还是每个人心底难以割舍的一份乡愁与情感。既是慰藉、是回忆，也是快乐、温馨的家园。该作品用恬淡自然的色彩，将这一切融汇在一起，有一种梦幻般的感受，让人迷恋、陶醉其中。在当下社会高速发展、科技日新月异、人们心性日渐浮躁的时代，这种清新淡然更显得难能可贵，这为我们的生活注入了一丝悠然共生共享的和谐之美。

而另一幅铜奖作品《韵·染》（图6），同样紧扣主题，表现出另一种理解下"共生·和美"的设计画面。评委这样认为：该画面能够紧扣与传统工艺、传统图案、传统色彩共生互动，表现与传达出现代、时尚和美的情趣主题。作品的表现采用扎染这一传统工艺形式，巧妙利用方、圆等几何形对画面进行分割，体现方中寓圆、统一中求变化的理念造型，在形式感上呈现出当代时尚的艺术语境。纹样造型采取点、线、面的抽象构成形态，通过巧妙地组织构图，增强了艺术表现力。色彩设计上，利用层次丰富的染色效果，营造出色调清新淡雅、视觉和谐统一的意境，这不仅与大赛主题相吻合，而且与当前国内外前沿的家纺流行趋势相契合。

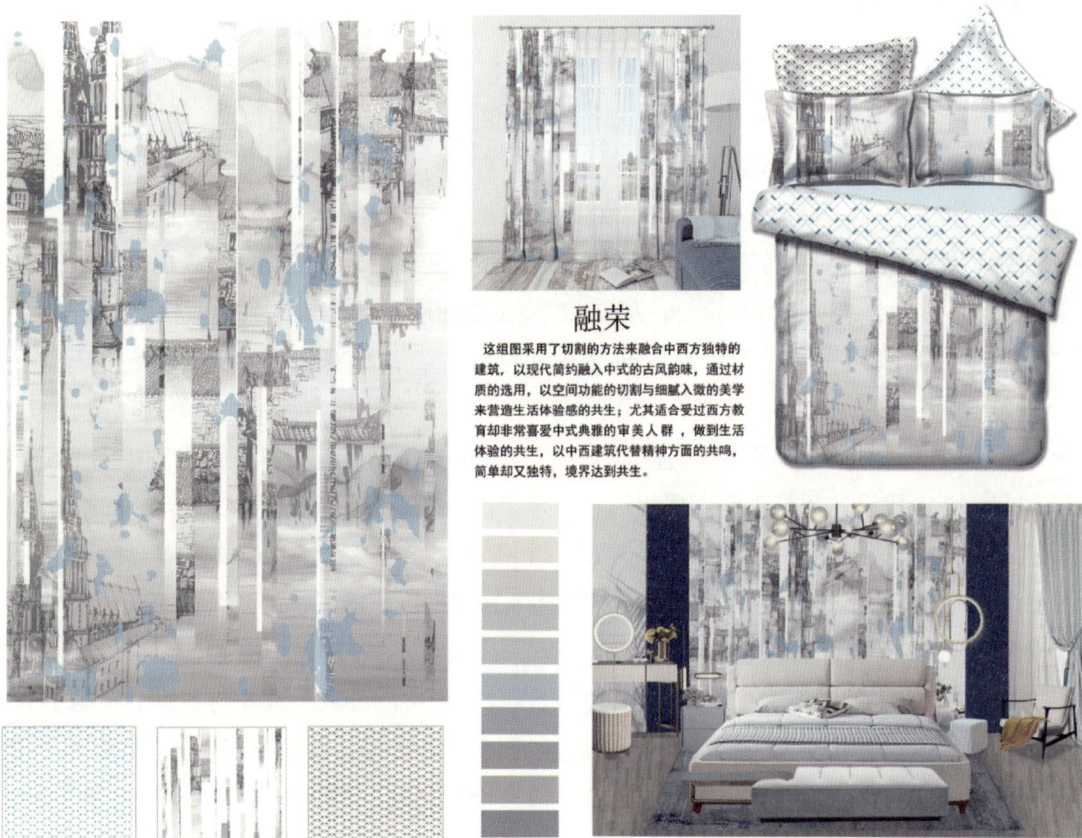

图5　家纺创意画稿组银奖《融荣》（税敏　成都纺织高等专科学校）

图6 家纺创意画稿组铜奖《韵·染》（郝佳乐 鲁迅美术学院）

二、融合共创与跨界和美展创意

本届大赛在"共生·和美"的主题统领下，参赛作品在主题创意、题材表现、造型构图、色彩搭配方面以融合共创与跨界和美的方式、以视觉画面形式展现出创意的智慧与艺术个性。

创意设计画稿组作品亮点纷呈，凸显三大特点：一，参赛作者对大赛主题的思考深度、想象广度与表现力度更具创造性，作品富有时尚性、多样性与独特性，彰显了主题"共生·和美"的丰富内容、多样形式与整体风格；二，参赛作品展现了"95后""00后"的设计力量崛起，新生代设计师善于利用现代信息技术手段、数字化设计方式，将传统文化与时尚设计进行有机共生与融合，成为本届大赛的一个亮点；三，参赛作品形式多样、色彩丰富、风格独特、原创突出，充分展现了"海宁家纺杯"19年来厚积薄发、蝶变跃升的丰硕成果。

创意设计表现与自然融合共生的优秀作品，让人目不暇接。如银奖作品《江南印象》（图7），以江南水乡的情境为主题，采用计算机设计表现中的分割、重叠与虚实结合的手法，将朦胧的水乡风景，转换为一幅富有诗情画意的创意设计作品。作品不仅整体色调统一，造型语言的表达含蓄隽永，而且虚实巧妙结合、渲染恰到好处，朦胧的水乡意境与情趣得到彰显。而另一幅银奖作品《悠悠山水间》（图8），作品结合中国传统山水元素与现代几何元素，通过山水轮廓、几何线面的相互映衬与虚实搭配，营造出一幅传统与现代共生共融的山水田园。画面中的山水花木、形态组织若影若现，清幽而飘逸，与悠悠山水间这一主题相呼应。剪影似的表现形式和现代几何形态装饰，又起到中和山水的柔美感和传统感，为整体画面增添现代感和时尚性。

《江南印象》

设计灵感来源于"春水碧于天，画船听雨眠。"中描写的秀丽江南美景。江南自古便是文人墨客们偏爱之地，借着神笔浓墨，把江南描绘得如诗如画。描绘的多以水墨画为主，想要找到江南的多样性，所以我以简单的拼贴，以简单圆弧的立体构成为主要花形图，营造江南特有的温柔；辅助花形图为江南风景，两者相互衬托交融。主题以米白色为主，加杂红．蓝等色点缀。作品主要适用于窗帘．被单等家用纺织品以及服装饰品设计等。

图7　家纺创意画稿组银奖《江南印象》（孔蓉蓉　苏州工艺美术职业技术学院）

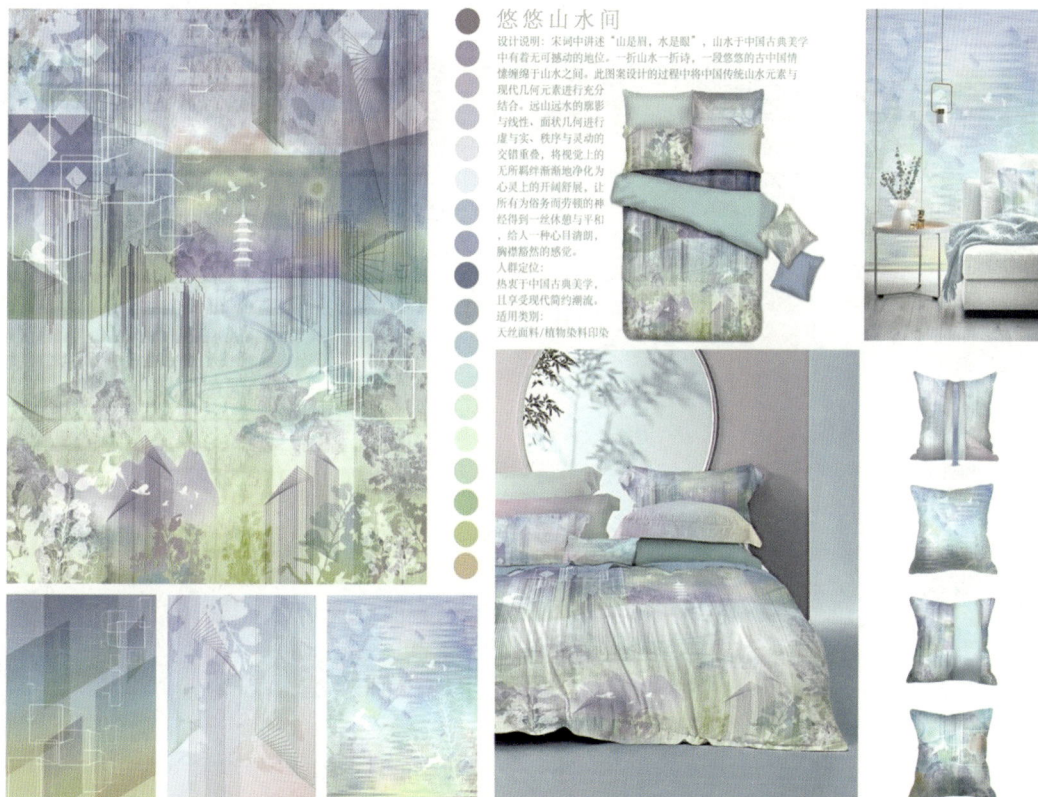

悠悠山水间

设计说明：宋词中讲述"山是眉，水是眼"，山水于中国古典美学中有着无可撼动的地位。一折山水一折诗，一段悠悠的古中国情愫徜徉于山水之间。此图案设计的过程中将中国传统山水元素与现代几何元素进行充分结合，远山远水的朦胧与线性，面状几何进行虚与实，秩序与灵动的交错重叠，将视觉上的无所羁绊潺潺地净化为心灵上的开阔舒展，让所有备务而劳顿的神经得到一丝休憩与平和，给人一种心目清朗，胸襟豁然的感觉。

人群定位：
热衷于中国古典美学，且享受现代简约潮流。

适用类别：
天丝面料/植物染料印染

图8　家纺创意画稿组银奖《悠悠山水间》（马超　宁波大学潘天寿建筑与艺术设计学院）

创意设计表现与传统文化、民族情趣融合共生的代表作品，其艺术魅力也令人流连忘返。中国古代风景画中的千里江山、亭台楼阁是历史生活场景的记录，在漫长的流传过程中，承载并留下了特定文化和历史背景的烙印，成为特定文化内涵和意义的象征符号。新"国潮风"的兴起，记录古代景观风情的画作备受关注，作品所演绎的文化内涵和对作品的解读视角成为创意设计焦点。铜奖作品《十里景明》（图9）尝试着从"再现历史繁荣"的维度来解读和重塑古代风景画，平和、动态、生机盎然是作品的基调和关键词，行云流水的流线型结构布局，简化、洁净的画面，柔和缓冲不张扬的对比色调，是呈现关键词的艺术语言与表现形式。从主图分解图形元素、并从主图色系中抽离局部色彩，再将其延伸为系列花型，在家具配套产品中加以应用。作品基调明确、风格平实稳健，画稿与产品载体的兼容性与协调性较高，整体视觉效果舒适平和，有较强的实际产品应用性。以民族文化为基础展开设计的铜奖作品《黎韵》（图10），以黎锦纹样为主要元素，采用对称重复排列的布局手法进行探索，充分展现了黎族织锦纹样的艺术特色和民族韵味。作品整体风格统一，色彩上民族韵味浓烈，几何建构的背景花纹和精致复杂的主题图案形成丰富的层次，对称方正的构图方式则凸显了纹样的几何感和理性之美，所表现出的民族文化内涵使整个设计作品得到升华。

图9　家纺创意画稿组铜奖《十里景明》（李依婷　浙江理工大学）

本届大赛整体软装组的参赛作品，也明确彰显了两个"新亮点"：一，新生代设计师展

图10　家纺创意画稿组铜奖《黎韵》（刘凤娇　内蒙古师范大学）

现出无限的创意潜力与勃勃生机，对于整体软装家纺设计风格的把控定位准确、形式多样、语言独特，既有中式的国风，也有北欧的简约，还有田园的清新，对于软装市场需求的理解力、把控力及敏锐度均有独到表现，无论是布艺的搭配，整体居室的构建，还是空间艺术语境的营造，都展现了有美感、有细节、既适度、又优雅的时尚设计感；二，参赛作品实现了多元跨界、融合交互、共生和美的跨越，参赛的新生代设计师对于创意的原创性非常注重，源源不断地挖掘东方、西方元素在现代居室空间中的创意应用，将功能美学融入空间的同时，创造性地呈现居室空间和场域的趣味性与精神性。

本届软装组金奖作品《时·安》（图11），作品借用"安时而处顺，哀乐不能入也，古者谓是帝之县解"中"安"与"时"的名和意，以"减法"为设计原则，在减法中强调设计内涵的格调呈现，其格调正是一种生活态度及生活哲学的表述。设计作品色调整体、色阶微妙，并且利用3D方式呈现软装搭配，使之更具有视觉层次感，灯光含蓄巧妙地运用，把各种家具材质归拢其中，也升华了该作品的共生与混搭手法。银奖作品《厝》（图12），紧扣大赛设计主题，以侨村建筑元素为题材，较完美地诠释了"共生·和美"的设计理念。作品在色彩搭配上将时尚流行色彩与主题思想相结合，表现出活跃清新、舒适柔和的风格特点。此心安处是吾厝，巧妙的构思让我们对侨村那段特殊的历史产生兴趣，从设计师对"厝"的解读，那些过往的点滴也历历在目，家的温暖与强烈的归属感侵袭而来。铜奖作品《见南山》（图13），选题具有浓郁的传统文化气息，作品主题取自诗句"采菊东篱下，悠然见南山"，体现一种释怀自己、归隐山水之感。整体设计形式运用得当，细节生动入微，巧妙地把古代篆刻工艺与中国画的山水、花鸟形态相结合，通过壁布、灯饰、布艺等软装饰搭配来实现"共生·和美"的设计理念。整体色彩设计以暖色为基调，以褐色为空间主体色，运用明度推移变化的方式在统一的色调中寻求变化。整体作品以禅意的设计理念展现清空安宁之心，表达褪去浮躁、释怀心情、心中南山方可见的情怀。

图11　联整体软装设计组金奖《时·安》（杨硕 北京服装学院）

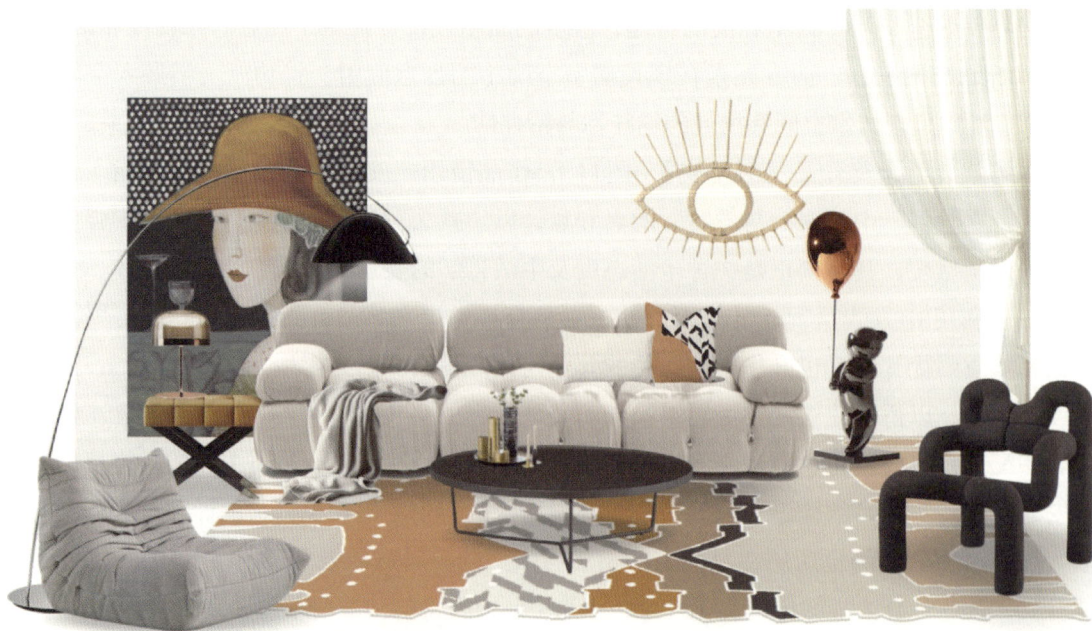

图12　整体软装设计组银奖《厝》（傅玉凤　中国美术学院）

图13　整体软装设计组铜奖《见南山》（傅冠群　鲁迅美术学院）

三、交流互动与智慧和美的新建构

海宁家纺杯大赛已经持续举办了十九年，大赛不仅是参赛家纺设计作品的竞争与评比，还是交流互动与智慧碰撞平台的新建构，是大赛参赛作品、设计教育、生产企业、家纺行业、新闻媒体交流互动的新融合。

大赛评审委员会执行主任王易强调：海宁杯大赛举办19年来，具有中国文化特色的原创作品越来越多，这与大赛一直以来以"国风"文化作为主题，不断对参赛者进行引导息息相关。通过大赛平台，每年都能够源源不断地发现和推出优秀的原创设计人才，不断向行业输送新鲜血液。这也是为"十四五"期间行业倾力打造的"中国时尚大师"塑造计划做人才积累。大赛评委，中共海宁市许村镇党委书记朱利江表示：通过大赛这一平台，我们与全国高校团队、国内外专业研发机构、优秀设计团队和个人开展了众多的交流合作，助推当地企业创新发展，加快了海宁家纺产业的转型升级。正如本届大赛的主题"共生·和美"，海宁家纺设计的未来发展和家纺设计大赛是共同应运而生，海宁家纺产业是设计大赛的基础和可实现的基地，设计大赛是家纺时尚产业提升的引导力量，也是创意创新的灵感源泉。本届大赛新闻发言人贾京生教授认为：今年的赛事主题"共生·和美"体现了哲学的因果逻辑，共生是基础，和美是目的。大赛主题的设置不仅宏观，而且涉猎范围也足够宽泛，真正体现了人和自然、人和社会、人和传统的共生和美关系。本次参赛作品从微观角度而言，就是要求设计师在创意中将设计与市场做到融合共生，构成和美与和谐的创意个性，作品独特而丰富，风格多样兼具可持续性。本届大赛的亮点众多，特别是一些"95后""00后"新生代设计师的崛起，与以往作品相比，不仅设计师对于可持续理念的探索性范围更广、设计师的思考深度也更为深刻，并且对于色彩、构图、风格的把控都有了不同程度的进步和提升。

"海宁家纺杯"设计大赛与企业、行业、市场交流互动的主体是全国艺术院校，是探讨如何培养家纺设计师、如何进行设计教育的最佳平台，也是设计教育最好的交流互动载体与时机。武汉纺织大学伯明翰时尚创意学院院长、本届大赛评委李万军教授谈到大赛对于院校设计教育的感受时说：从院校角度而言，整体软装设计组的参评十分考验在校学生对于创意作品的商业转换、实际产品的研发方案执行和实施能力。因此，通过对于作品的梳理，我们在后期的教学过程中，会更加注重贴近需求端，让学生的创意思维不仅只停留在纸样上或者电脑里，还要让他们的想法能够真正地转化，能够被品牌市场、广大消费者所接受与认可。本届整体软装设计组的新一代设计师们，在作品完成度和在空间场景中的协调运用方面，较往届都有很大提高。"后疫情"时代，不少参赛作品通过氛围的设计，给予人心灵上的慰藉与治愈；另外，对于传统文化的弘扬与融合应用，本届参赛作品较往届占比幅度更大。流行趋势研究专家，美籍华人、北京服装学院特聘教授刘晓萍女士认为：本次大赛让我印象深刻的是"国潮风"作品所占的比例较大，这与中华文化自信以及全民对于传统文化的重视密不可分。越来越多的年轻设计师利用现代手段，以数字化处理的方式将传统文化与艺术进行有机融合，成为本届大赛一个亮点。另一个特点就是参赛作品整体的色彩丰富多样，这得益于数字化时代，设计者能够更广泛、更及时地获取信息。设计师对色彩的敏锐度很高，色彩的整体把控都非常到位，也更加符合流行趋势，较以往有了明显的提升。但参赛作品也暴露了年轻一代设计师的不足，很多作品缺乏花型与产品载体对应的经验。不同的花型在不同的载体上，呈现效果是截然不同的，这些问题也需要院校在今后的教学中加强提升。

"海宁家纺杯"设计大赛是家纺产业基地的领导者、决策者、企业与市场专家检验参赛作品、指导设计作品未来走向的平台。中共海宁市许村镇党委书记、家纺产业基地领导朱利江指出：本届大赛有不少优秀作品脱颖而出，这对于海宁许村本地的产业是一种引导和助推，要在提高原有产业标准、整体质量和产业水平的基础上，鼓励行业、企业加大创新力度，也是行业、企业"蝶变跃升"的机遇。海宁家纺产业是浙江区域名牌，也是中国纺织版图中一颗耀眼的明珠。从"区域化"到"全球化"，海宁家纺正成为持续塑造开放生态的重要产业力量。通过大赛的成功举办，本地产业充分运用品牌资源，加大品牌建设力度，力求保持产业和品牌齐头并进的良性态势。本届大赛评委、海宁市家用纺织品行业协会会长曹咬强谈道："海宁家纺杯"大赛已成功举办多届，一方面推动了海宁家纺产业基地的影响力，提升了区域品牌的知名度，通过从创意端着手，以设计引领当地时尚家纺产业的转型升级；其次，赛事让更多的院校了解到许村，也为企业与专业院校间搭建起校企合作互动的广阔平台；再次，通过大赛，海宁家纺企业也发掘了大量的优秀创意人才，加大了创意人才的引入，为产业的厚积薄发提供了源源不断的动力。从本届参赛作品而言，我们欣喜地看到参赛者对于主题有很多自己独到的解读，在创意与产业的结合、产品的应用方面有机地结合；还有就是年轻的设计师把跨界、多元元素应用到家纺中来，形成了大时尚家居的理念，也展现出家纺产业对于美好生活的向往。本届大赛评委、上海恒源祥家用纺织品有限公司董事长强建春对大赛十分认可：作为家纺创意画稿组作品，质量水准可圈可点，不少优秀的创意作品，让评委们在评选时觉得难以取舍，此外，在本次参赛作品中，我发现不少独具创意的亮点，如以宇宙为题材的作品，设计师把他对于《三体》这部科幻小说的一些理解转化为设计元素进行设计创作，充分体现了年轻一代设计人才敏锐的观察力与丰富的想象创造力，这都是设计人才最难能可贵的东西。对于一个成熟的家纺企业而言，不仅需要有创意、有美感的优质画稿，更需要设计师提供有创意、有亮点的设计方向，这将对企业未来产品走向、品牌与消费者之间的互动模式产生极大影响，这也是年轻设计师从院校到市场需要的意识转变（图14）。

四、信息共鸣与共享和美的大平台

每年7月初的"海宁家纺杯"创意设计大赛，一直是全国的艺术院校、家纺行业、家纺生产基地、家纺企业、家纺市场关注的热点与焦点。热点与焦点的形成，不仅仅是人们更加注意中国家纺产品的原创设计，关注企业生产什么样的家纺产品，关注家纺市场消费趋势与人们新的生活方式，更重要的是得益于当代资讯信息的发达与信息技术的先进。现代信息技术使大赛作品、评审过程与社会反馈及时呈现。可以说每年的创意设计大赛也是一次传播评审过程、展示创意亮点、交流创意设计的共享平台。

自从2021年4月1日发布招赛通知起，到6月30日止，发布"'海宁家纺杯'邀你来参赛"的招赛信息共11次。由此可见，中国家纺协会设计师分会与海宁市许村镇人民政府赛前招赛下足了功夫。同时，大赛组委会充分利用先进的信息技术与多样的信息媒介手段，不仅在赛

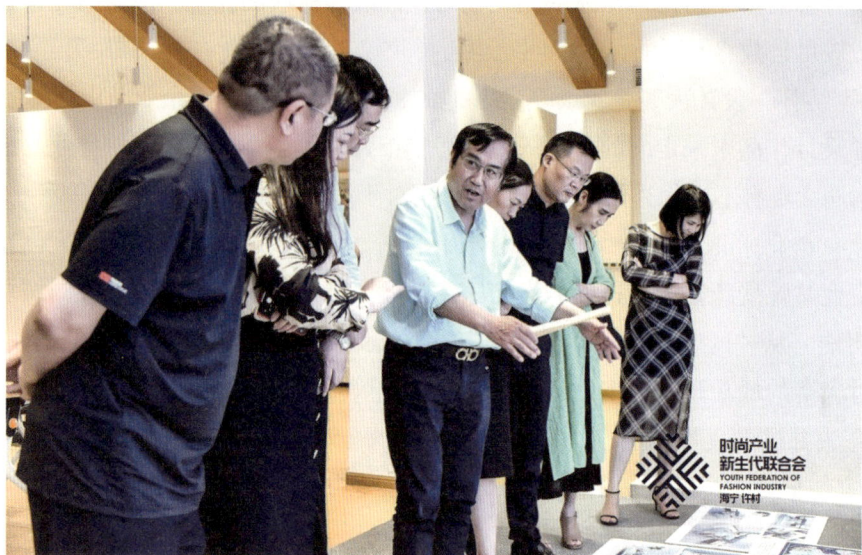

图14　画稿组评委们在反复斟酌获奖作品

前发布招赛信息，还利用赛中的直播、赛后的宣传以及获奖作品的美学赏析等内容，分阶段、高频率、有节奏地进行赛事活动的信息共享，其赛事信息宣传力度之大、影响时空之广超乎人们想象。总之，大赛活动的信息报道，从4月1日到12月21日持续近一年的时间，从杂志纸媒、网络报道、电视媒体、官方微信到自媒体等，基本涵盖了全媒体，这种多方位的信息互动、多渠道的传播交融，构成了新颖而独特的创意设计大赛风景线。

清华大学美术学院

附：“海宁家纺杯”中国国际家用纺织品创意设计大赛评审委员会名单

评审委员会主任

杨兆华　中国纺织工业联合会副会长、中国家用纺织品行业协会会长

评审委员会执行主任

王　易　中国家用纺织品行业协会副会长、高级工艺美术师

创意组评审委员会委员（按姓氏字母排序）

曹咬强　海宁市家用纺织品行业协会会长、浙江颐佳爱家居用品股份有限公司董事长

刘晓萍　流行趋势研究专家、北京市特聘教授、北京服装学院硕士生导师

强建春　上海恒源祥家用纺织品有限公司董事长

苏　淼　浙江理工大学纺织科学与工程学院副院长，博士，副教授，硕士生导师

孙海东　山东工艺美术协会副会长、正高级工艺美术师
朱利江　中共海宁市许村镇党委书记
祖秀霞　辽宁轻工职业学院纺织服装系主任、教授

软装组评审委员会委员（按姓氏字母排序）
高继生　浙江米居梦家纺股份有限公司董事长
管蓓莉　江苏工程职业技术学院艺术设计学院产品艺术设计专业带头人
李万军　武汉纺织大学伯明翰时尚创意学院院长、博士、教授、硕士生导师
马　寰　西安美术学院艺术与科技系主任、副教授
钱高锋　浙江艾诺纺织科技有限公司总经理

新闻发言人
贾京生　清华大学美术学院教授

"张謇杯"2021中国国际家用纺织品产品设计大赛综述

阎维远

　　由中国家用纺织品行业协会、中国国际贸易促进委员会纺织行业分会、法兰克福展览（香港）有限公司、南通市人民政府主办，中国家用纺织品行业协会设计师分会、江苏南通国际家纺产业园区、南通市市场监督管理局、南通市通州区人民政府、南通市海门区人民政府承办的"张謇杯"2021中国国际家用纺织品产品设计大赛评比活动于9月18日在江苏南通落下帷幕。本年度"张謇杯"大赛着眼社会时事，关注新冠肺炎疫情之下社会、经济与环境正在面临的挑战，以2022中国家纺流行趋势"互联&生机"为主题，让潮流引领设计，时尚改善生活。2022中国家纺流行趋势的"重塑、互联、葱郁、绽放"四个方向，恰好阐述了"后疫情"时代我们将不畏困境，接纳现实，化危机为创新内驱力，共同打造一个互联共生，生机勃勃的未来。

　　本年度大赛自5月开赛以来，参赛作品数量再创新高，共收到来自国内近15个省、市以及美国、韩国、加拿大、印度尼西亚等国家和地区的300多家企业、院校、独立设计师选送的参赛作品699套（件）。9月17~18日在南通市公证处的全程公证下，最终评选出2021中国国际家纺产品设计奖金奖、银奖、铜奖，优秀奖，入围奖，中国家纺品牌潮流风尚奖，未来设计师之星奖，产品设计人气奖。根据大赛规定，获奖作品于2021年9月22~30日在"中家纺"官网上公示一周。

　　"张謇杯"大赛为企业和院校搭建了合作交流的空间和平台，提升了中国家纺行业研究与设计的整体水平。一直在创新、强大的"张謇杯"，通过此平台，扶持、引领和帮助了一批批具有专业追求的设计师和具有事业精神的企业，积极、专业、科学地带动了我国家纺产业的持续发展，在行业内外产生了越来越广泛的影响。本年度大赛在完成过程的组织、管理和参赛作品的水平、质量更是呈现突出的亮点。

一、专业的组织管理保障赛事的专业水平

　　"张謇杯"中国国际家用纺织品产品设计大赛创办于2006年，一直以"公平、公正、专业、创新"为办赛原则，以服务行业企业与设计师为宗旨，以提升中国家纺设计水平为目标，已成功举办了十五届。经过十几年的不断发展，"张謇杯"大赛已成为家纺品牌文化推广

的窗口，设计师交流的平台，是中国最权威、最专业、最具影响力的家纺产品设计赛事。本届大赛扩大了活动规模，进一步采取创新举措，实现了数字化转型，参赛者报名一律通过线上小程序方式进行，未来设计师之星奖的线上人气投票更是吸引了20余万人的关注，使大赛得到很好的推广，作品征集数量不但达到近年之最，也增强了对家纺产业的宣传。

今年评比现场安排在南通国际家纺产业园区内的展览馆进行，是园区成立后首次承办"张謇杯"。大赛提升了展示硬件条件，确保了所有的参赛作品都能得到最还原设计思想的展示陈列，提高了比赛层级。大赛的评委团队都是行业内顶级专家，确保了大赛的专业水平（图1、图2）。

图1　大赛评比现场

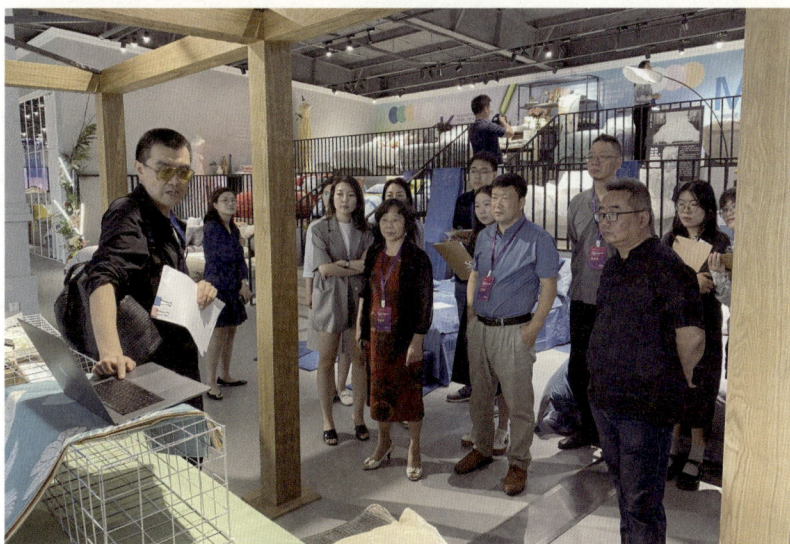

图2　大赛评比现场

大赛评比严格按照评审标准和评审程序，围绕大赛主题，根据奖项设置，对所有参赛作品进行严肃、认真的评选。经过多环节层层遴选，最终评选出2021中国家纺产品设计奖18项

（金奖3项、银奖6项、铜奖9项），优秀奖30项及入围奖若干，中国家纺品牌潮流风尚奖6个，未来设计师之星奖5个，产品设计人气奖6个。

南通米梭纺织科技有限公司陆大明设计的《永恒之恋》、杭州尼特尔纺织有限公司周志泉设计的《3D梦幻渐变太空棉》、烟台北方家用织品有限公司周晓君设计的《七里香》三件作品获产品设计金奖；南通三威家纺科技有限公司帅纬设计的《卉菌》、南通三威家纺科技有限公司帅纬设计的《田田》、江苏大唐纺织科技有限公司金燕设计的《境·艺》、南通大学张琪满设计的《书房布艺饰品设计》，浙江和心拉股集团有限公司吴丽奇设计的《雨的印记》、Lee Mi Kyeong设计的《Menory and remeaberance》六件作品获产品设计银奖；南通富之岛美安科技发展有限公司刘俊霞设计的《天使贝贝聚乳酸婴幼床品》，山东桥嘉嘉家纺有限公司李美慧、吕治家、姜磊设计的《重塑》，孚日集团股份有限公司杜兆隆 、杨艳设计的《星巢·极光》，南通大学王倩、黄雨桐、顾婷婷设计的《蓝·蕴》，华尔秦国际坊织（杭州）有限公司张颖设计的《家园》，杭州尼特尔纺织有限公司周志泉设计的《3D几何太空棉》，孚日集团股份有限公司赵京洁、赵萍、薛瑞芬、赵艳设计的《高粱红了》，Tark Jung Eun 设计的《Alxays》，上海凯盛床上用品有限公司史玲玲设计的《富春山居》，九件作品获产品设计铜奖；30件作品获优秀奖及入围奖若干；南方寝饰科技有限公司王文婷设计的《月白》，福建佳丽斯家纺有限公司刘畅设计的《乘风破浪》，上海饰爵家纺科技有限公司高叙礼设计的《丝路春晓》，南通东调调家居科技有限公司沈小红设计的《亭深逐梦》，江苏宝缦家纺科技有限公司纪珊珊设计的《维京大道》，江苏大唐纺织科技有限公司金燕设计的《黛·辉》，六件作品获品牌潮流风尚奖；鲁迅美术学院李金舜、刘恋设计的《荷风》，江苏工程技术学院刁建鹏、徐洋设计的《蒸汽朋克–埃及幻想》，北京服装学院宋修卿设计的《织之韵》，江苏工程技术学院邢鑫玉设计的《状元张—儿童家纺产品设计》，北京服装学院刘恋设计的《雀羽》，五件作品获未来设计师之星；江苏工程技术学院邢鑫玉设计的《状元张—儿童家纺产品设计》，鲁迅美术学院吕嘉琳设计的《雨后芬芳》，黛富妮家饰用品有限公司何帝漫设计的《倾慕之心》，袁加雄设计的《雨林秘境》，中国美术学院许欣悦设计的《海兔的一天》，湖南工业大学殷千惠设计的《望春信使》，六件作品获产品设计人气奖。

二、作品的创作水平体现赛事的专业高度

今年大赛的最大亮点是参赛作品数量达到历史新高，大赛的影响力进一步扩大。从作品而言，参赛作品对新材料、新工艺的运用更加明显，原创性更加突出，充分反映出设计师对家纺产品设计观念的理解更加深刻，原创性及个人风格的体现更加明显，同时也更加符合绿色、环保、低碳经济的发展要求，这是评委的普遍共识。

评委在作品中注意到，作品背后的设计师，在作品新形式创造、艺术观念深化的同时，更关注材料和工艺差异性，使其得到更有感觉的艺术表现，从而提升作品的美学高度和评委的关注密度。

大赛评审委员会评委、湖北美术学院纤维艺术专业主任崔岩在接受采访时表示，本届大赛参赛作品工艺手法的运用更加丰富，很多参赛作品运用了重工刺绣手法，非常精细。同

时，从图形到创意，再到工艺的实施，产品图案的复原度也体现得很好。近年来，国家提倡文化自信，"张謇杯"大赛十几年来伴随家纺人共同成长，大赛使高校与企业、政府形成了良好的互动，这不仅有助于教学，也满足了市场人才储备的需求，所以大赛对高校而言是弥足珍贵的实践平台。

大赛评审委员会评委、威海市芸祥绣品有限公司副总经理、正高级工艺美术师田世科认为，本届大赛参赛作品中，新工艺、新材料、新风格运用的比较多。此外，从近几年的变化中，我们看到了绣花工艺向提花工艺与绣花工艺相结合的发展方向。此外，"张謇杯"大赛为企业与院校搭建了很好的平台，同时促进了校企结合，为企业与院校注入了新鲜血液，学生吸收了企业的生产工艺，企业吸收了学生的创意，多方面促进了行业的良性发展。

大赛评审委员会评委、上海家用纺织品行业协会秘书长、高级政工师吴淑仪认为，本届大赛参赛作品体现了三个特点：第一，参赛企业数量多，充分体现了企业的参赛热情和积极性；第二，参赛产品品类多，除床品外，还包括布艺、毛巾、家居产品、地毯等；第三，创意产品多，无论时尚化的产品，还是功能性的产品，都体现了人民对美好生活的向往。新材料、新工艺、新技术的应用，符合绿色、环保、低碳经济的发展要求。此外，"张謇杯"大赛对行业发展还有"四个助推"：第一，助推张謇精神的赓续和弘扬；第二，助推设计创新，促进行业软实力提升；第三，助推品牌价值和品牌影响力的提升；第四，助推行业经济高质量发展。所以说，"张謇杯"是一张靓丽的名片，这个大赛很有生命力。

金奖作品《永恒之恋》（图3）是婚庆主题的家纺床品，这件作品提供不同的回答，作品使用了红色、橘黄色、灰色，既有强烈的视觉效果，又呈现出丰富的色彩层次。独立版提花工艺精湛，抽象的点状图案与抱枕上的具象图案相互映衬。产品既有婚庆的氛围和仪式感，又不过于隆重。充分表达"爱"和"浪漫"，符合年轻用户的审美需求。

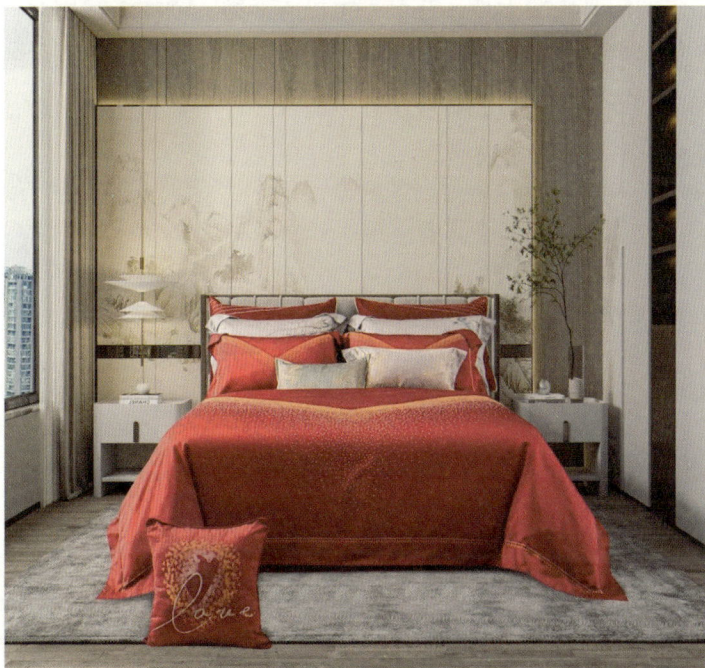

图3　金奖作品《永恒之恋》

金奖作品《七里香》（图4）的设计师在为消费者构建一座如梦如幻、如诗如歌的美妙之地"七里香"。和谐清丽的绣线在天然的棉麻面料上婀娜精致、淡看尘缘般展现四季的沁心倾心，秩序井然的人文装饰与自然延展的花姿相配，追求和谐共生的理念与套件满足了都市人们的期盼。

图4　金奖作品《七里香》

金奖作品《3D梦幻渐变太空棉》（图5）"石绿"与"珊瑚红"的冷暖色彩对比让人耳目一新，犹如溢彩纷呈的阳光照耀大地，充满着生机与活力，创作者运用双色渐变的构思，泥点交错渗透的手法让强烈的"对抗"双生双融，最后融为一体。填充结构的织物构造让触感温柔而舒适，有弹力的纤维让面料更有可塑性，适合多种覆盖型功能用途，表面凹凸的肌理与色彩图案互生互溶，平淡而富有内涵。

图5　金奖作品《3D梦幻渐变太空棉》

银奖作品《境·艺》（图6）采用的特殊面料是疫情期间最具创新的，抗菌正好符合目前的需求，再加上面料织造与提花工艺相结合，营造出亭台楼阁、花前月下的意境，使家用纺织品与室内环境设计相融合，紧扣大赛主题，设计思路对当前家纺设计具有引领作用。

图6　银奖作品《境·艺》

银奖作品《卉茵》（图7）以绿色为主题，给人以强有力的生命气息。面料采用植物草木染色而成的老粗布，别具一格，不仅体现返璞归真，而且环保，符合国家和消费者对产品的需求。在色彩搭配上也有独特之处，蜿蜒的绿色线条在大地蔓延，由灰到绿的渐变，呈现出一幅美丽的风景画，给人视觉上的舒适享受。在工艺造型上，绣花工艺起到画龙点睛的效果。作品的生活气息浓厚，表达了对未来的希望，对理想的憧憬，将大自然带回家，享受喜悦、享受阳光。

图7　银奖作品《卉茵》

银奖作品《田田》（图8）呈现了一幅现代版的田园风光。整体设计新颖有创意，以清新明快的格调，用淡雅的白色为基调，蓝灰色莲叶图案作装饰点缀，勾画出优美隽永的意境、宁静安逸的生活场景。作品采用100支全棉贡缎面料，光泽温润，健康舒适。作品造型和工艺独特，应用褶皱面料、精美刺绣、传统锁扣，在刺绣的莲叶上点缀珍珠，珍珠荷叶采用锁扣工艺，特殊的褶皱面料可拆卸，体现出时尚、高雅、大气，不失为一件好作品。

图8　银奖作品《田田》

银奖作品《雨的印记》（图9），作品上错落有致的线条，纯粹在黑白灰跳跃出柔翠蓝，通过不同颜色比例的有序分布，结合特殊的收缩原料，让平面的布面呈现出立体效果，在不同角度呈现不同图案。它打破现有的织物图案单一现状，增加织物的趣味性和织物图案的多样性，使织物具有更多的可塑性。

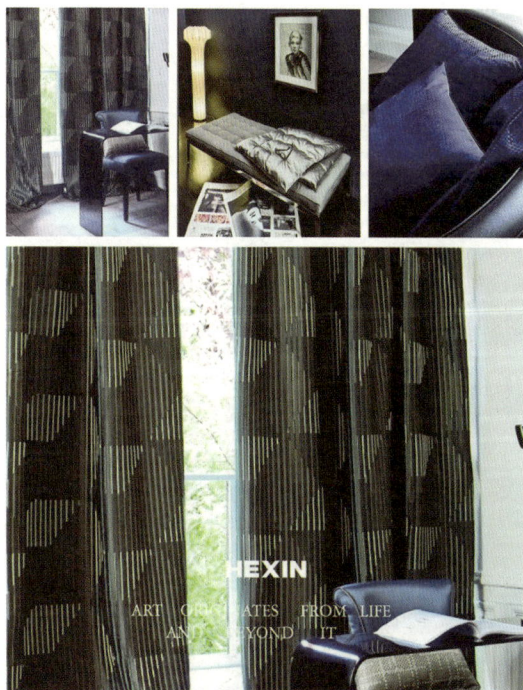

图9　银奖作品《雨的印记》

银奖作品《书房布艺装饰设计》（图10）对传统刺子绣图案的组合形式进行重组与再设计，使图案具有更强的形式美感。缝线的疏密变化赋予面料新的肌理感。在蓝色的水墨底纹上局部刺绣，不再把图案绣密集作为唯一的装饰形式，降低成本的同时，画面的视觉效果更加丰富。传统刺子绣工艺与现代面料、家居空间相结合，为传统手工艺发展提供了更多的可能性。

银奖作品《Memory and rememberance》（图11）在众多作品中，让人眼前一亮。手工染整的底布，秩序的组合，渐变的呈现，中间立体手法的运用更使作品的层次丰富。杂乱低垂的丝线与规整的底布形成鲜明的对比和碰撞，既有理性的思考，又有无边的情绪

图10 银奖作品《书房布艺装饰设计》

图11 银奖作品《Memory and rememberance》

蔓延。整幅作品体现出对媒介材料得心应手地把控，完美地诠释了当代纤维艺术的语境。

铜奖作品《星巢·极光》（图12）的创新，首先要从纱线、功能、织造、色彩等多方面全方位研究，寻找突破点。作品在织造方面采用一经六纬交织，在纱线、色彩上用抽象肌理纹样带给人们视觉冲击力和美感，将面料特征与色彩图案完美结合，迸发出意想不到的极地映像，给人温存、时尚、舒服的美感。

图12 铜奖作品《星巢·极光》

铜奖作品《家园》（图13）设计时将简单的圆面切割再重新组合，让画面显得生动有趣。不同材质原料的错落交织让布面丰富多彩，金是永恒的色调，它斑驳地穿插在画面中自然而天成。在组织结构设计上，采用单经单纬、重纬、双层换层、多层换层、结构、综合结构等手法让图案自然呈现。

图13　铜奖作品《家园》

铜奖作品《重塑》（图14）考虑到用户常见的睡眠行为，产品的使用环境，产品功能、造型等因素，通过技术，让床品具有感知、保健功能，给用户带来便利，也让作品从一众床品中脱颖而出。此外，还突破了石墨烯纤维的色彩特性，让床品更加时尚。可以满足用户生理、安全、心理等多维度需求，将传统家纺和智能、科技完美地融合于床品，更具竞争力，这也是家纺产业未来的发展趋势。

图14　铜奖作品《重塑》

铜奖作品《富春山居》（图15），山水的品格、情趣受到中国人的喜爱与敬仰，并归结为"可玩、可赏、可游"的实用主义审美。设计者在深远苍茫、峰峦浑厚、气势雄秀这一"可游"的中国画"境由心造"上用心，使用先进的大提花织机织造的100支全棉色织提花织物，手感细腻厚实，高支高密使产品"境生于象外"。作品蕴含着"天人合一"的文化精髓和具有悠久历史的内涵，反映了传统审美的时尚化思潮与趋势。

图15　铜奖作品《富春山居》

铜奖作品《天使贝贝聚乳酸婴幼床品》（图16）充分体现了高科技赋能新材料的市场理念。聚乳酸材料是一种环境友好型材料，能够通过植物光合作用在自然界实现绿色循环。作品的结构创意大胆，活泼可爱，充分体现了童趣的快乐。

铜奖作品《蓝·蕴》（图17）是一组服装作品，采用传统蓝染印花布工艺与服装相结合，体现出各院校在非物质文化遗产传承和创新方面做出的大努力。作品创作从源头做起，从传统原材料的种植到染料的制作方法，都说明现代学生对传统文化的热爱与研究，同时在面料的应用及图案设计方面也做了周密的策划，既吸收了优秀的传统文化，又不乏创新的思维。

铜奖作品《高粱红了》（图18），中国民间文化中，体现寓意美好、祈福孩童健康伶俐的图示语言非常丰富，作品正是这样一组源于传统民俗的儿童产品设计，把虎头纹样设计在帽子

图16　铜奖作品《天使贝贝聚乳酸婴幼床品》

图17 铜奖作品《蓝·蕴》

图18 铜奖作品《高粱红了》

图19 铜奖作品《3D几何太空棉》

部位，民间泥塑和年画的色彩和表现语言，喜庆的气息扑面而来，即契合广大民众祈福吉祥的心理感受，又符合舒适的人体功能学，是儿童产品设计值得借鉴拓展的设计思路。

铜奖作品《3D几何太空棉》（图19），自古以来简单的线条构成都象征着人们对自然的崇敬，几何纹理不仅仅是不同图形的排列，奇特的是其产生的特殊意义。时尚的明黄彰显张扬和亮丽，富有立体感的填芯结构让沙发布的表面触感更丰富。

铜奖作品《Always》（图20）立意新颖，创作方法独特，色彩丰富和谐，构图巧妙，充分将设计与艺术融合设计作品中。人类对未来的畅想、对未知领域的兴趣从未停止过，设计师致力于未来主义思潮，抓住科技与时代飞速发展的机会，通过创意作品传达当代设计师的使命。

"张謇杯"大赛十几年来一直引领、伴随一批批家纺人共同成长、成熟。后续，"张謇杯"大赛继续为南通市、全国乃至全球家纺产业的蓬勃发展注入高水平的设计力量和新的精神动力。

大赛评审委员会主任杨兆华在评审会上对"张謇杯"大赛十六载的发展与进步和对南通乃至全国家纺产业软实力提升起到的积极作用给予了肯定，也对于如何深化"张謇杯"的权威性及社会影响力提出了五点指示：首先，要把握"最好的机遇"，弘扬先贤张謇的实业报国精神，大力发展民族特色产业；其次，寻求突破，优化奖项设置，使其为促进行业发展作出更大贡献；第三，融合发展，解放思想，整合多方优势资源，将大赛真正融入时尚平台、文化平台；第四，加大宣传，突破行业及地域限制，赋予大赛更大的权威性及吸引力；第五，打造专业团队，深入挖掘张謇精神的文化内涵。

大赛评审委员会执行主任王易表示，未来，"张謇杯"大赛将以"十四五"行业发展指导意见为发展契机，以时尚潮流设计为导向，以知识产权保护为抓手，深化打造"张謇杯"综合大IP概念，把张謇杯大赛发展成为设计时尚的盛典，为好产品造势，为行业发掘人才，为家纺行业转型升级提供方向指引。

"张謇杯"大赛将在社会各界的共同努力下，肩负时代使命，继续升级、发展，为塑造产业发展软实力，助力家纺产业提升国际专业话语权，为推动家纺行业高质量发展作出新的贡献。

图20 铜奖作品《Always》

天津美术学院

附："张謇杯"2021中国国际家用纺织品产品设计大赛评审委员会名单

评审委员会主任

杨兆华　中国纺织工业联合会副会长、中国家用纺织品行业协会会长

评审委员会执行主任

王　易　中国家用纺织品行业协会副会长、高级工艺美术师

大赛评审委员会委员（按姓氏拼音排列）

崔　岩　湖北美术学院纤维艺术专业主任、副教授

梁丽韫　广州源志诚家纺有限公司设计研发总监

沈　沉　东华大学服装与艺术设计学院副教授

田世科　威海市芸祥绣品有限公司副总经理

王　阳　北京服装学院艺术与科技专业主任、副教授

吴淑仪　上海家用纺织品行业协会秘书长

张　卫　南通大学艺术学院院长、教授

新闻发言人

阎维远　天津美术学院艺术设计研究院副院长

"震泽丝绸杯" 2021中国丝绸家用纺织品创意设计大赛综述

张毅

2021年,以"丝·途"为主题的"震泽丝绸杯"第六届中国丝绸家用纺织品创意设计大赛于2021年3月17日在上海国家会展中心中国国际家用纺织品暨辅料(春夏)博展会上举行了隆重的启动仪式。

在新冠肺炎疫情防控期间,经过近半年的招赛,大赛得到了行业和高校的积极响应,共征集到119家参赛单位的2536件作品。"震泽丝绸杯"大赛以丝绸为设计载体,引领传统丝绸创意设计和国际流行趋势完美契合,并将大赛打造成宣传震泽丝绸产业创新发展的展示平台,加快建设中国纺织文化的"丝绸之路",提升中国纺织品的设计水平,持续擦亮震泽"中国丝绸名镇"的金字招牌。同时,大赛以震泽的丝绸产业为基础,挖掘、弘扬、宣传中国的传统丝绸文化,从而创新和推进中国整体丝绸产业的高质量发展。

一、疫情防控中高质量完成大赛招赛与评比工作

在疫情防控期间,招赛工作也紧锣密鼓地进行着,通过线上线下相结合的模式完成了本届招赛工作。线下走访了南通工程职业技术学院、湖南怀化学院等地方院校,线上也同时完成了广西艺术学院、玉林师范学院等全国院校的大赛宣讲与招赛工作。

"震泽丝绸杯"大赛以集聚全球设计院校及社会各界的才华与智慧,赋予丝绸新灵感、新内涵和新定义,将传统文化因子转化为行业高质量发展的宝贵资源为宗旨,打造本土丝绸文化新时尚。在疫情防控期间积极策划和筹备大赛的招赛工作与评比工作,圆满完成了本届大赛的工作安排。

二、参赛作品全知识产权保护覆盖推动设计应用2.0

六年来,大赛累计参赛作品数量多达13100件,多数作品实现了在知识产权保护下的市场转化,在薪火相传、长传常新的过程中不仅推动了中国丝绸小镇——震泽古镇传统丝绸产业的品牌化进程,同时助推中国丝绸家纺产品从设计开始的华丽转身。

自第五届大赛起，新增了版权登记功能，大赛组委会免费为参赛者提供参赛作品版权注册及登记服务，参赛者可自行选择对参赛作品进行一键式版权登记。参赛者只需要在大赛官网提交作品版权登记，使用专用快捷的绿色通道，经过江苏省版权局审核后就能获得《作品登记证书》。版权登记服务是全国设计类大赛的首创，第六届大赛参赛者有1762人进行版权认证，比去年增长了约66%，由此可见，在大赛的积极带领下，越来越多的设计师增强了版权的保护意识。

"震泽丝绸杯"设计大赛的创新理念推动了震泽丝创园的设立与发展，震泽丝绸行业充分利用"震泽丝绸杯"的社会影响力和知识产权保护的优势，作为大赛设计作品落地震泽的孵化器，进一步推进成果应用，让丝绸产品设计的"震泽原创"大放异彩，成为震泽丝绸转型与高质量发展的关键，助力震泽丝绸行业从产业升级向产品开发和品牌建设延伸。

三、大赛促进中国丝绸品牌崛起，推动中国文化软实力建设

十九届五中全会指出，弘扬中华优秀传统文化，要处理好继承和创造性发展的关系，重点做好创造性转化和创新性发展。对于中国丝绸产品设计的创造性转化来说，需要根据时代特点和要求，对可借鉴的传统文化、价值内涵和与时代发展要求不符的表现形式进行创新发展，赋予其合乎当代需求的文化内涵和时代表达形式，以激活其生命力和内生动力。

中国丝绸产品设计的创新发展，则是要顺应时代的发展趋势，对优秀传统手工艺的文化内涵以当代的笔触加以补充、拓展和完善，增强中国丝绸新产品在当代生活中的影响力和感召力，并成为支撑中国产品设计的文化软实力，将物化的产品推动中国丝绸等优秀传统文化走向世界，从而实现中国丝绸产品设计在当代的高质量发展。

走在国际时尚的前沿是创意设计大赛的基本理念，大力推广中国丝绸设计文化，宣传具有中国当代设计形象的优秀丝绸产品，培育中国当代丝绸品牌的文化建设，并以多姿多彩具有中国气派的现代时尚丝绸产品设计助力中国文化软实力的建设。

四、"震泽丝绸杯"第六届中国丝绸家用纺织品创意设计大赛评委寄语

本届大赛的专业评委严格按照评审标准对参赛作品进行多角度、多方面的深度评选点评，并对未来的设计师们留下寄语。

清华大学美术学院教授、博士生导师贾京生："今年大赛给我最大的感受可以用一个词形容，就是丰富多样。主要从三个方面体现：首先，参赛作品紧贴主题，但每个人的理解又都不太一样，这就使今年的大赛呈现出第一个丰富多样的特性；其次，参赛作品的题材，既有天上的、地上的，也有自然的，还有一些高科技的，所以说今年的题材也是丰富多样；最后，在表现手法上也呈现出丰富多样的特点。创意设计大赛我觉得最关键的一点就是要释放参赛者的创造力和想象力，对于院校的设计类学生来说，他们大多敢想、敢说、敢设计、敢表现，这个对设计来说是非常宝贵的。希望未来参赛者能有更多更新颖的创意，为家纺设计注入更多新鲜的想法，对中国家纺设计的发展乃至走向世界都会有很好的促进

作用。"

济南大学设计学院副教授、硕士生导师陈玉："通过评选，我感觉此次大赛作品非常丰富，内容和题材十分广泛，涉及的手法也较为多样化。在评选过程中，我比较侧重要素提炼、画面层次、色彩整体和谐度这三个方面。总体来看，今年的参赛选手更加注重设计在市场中的应用性，以及个性化的表现。从院校的角度来讲，本次大赛对于教学有着十分积极的推动意义。设计学科现如今作为一门交叉学科，讲究多个领域的融合，从文旅到软装陈设都可以应用，本届大赛也为设计学科提供了一些延展方向。"

青岛莫特斯家居用品有限公司董事长，高级工艺美术师王如平："本届参赛作品创意灵感来源丰富多样，在整体表现手法上，无论是色彩、图案还是材料都紧紧围绕主题展开，具有强烈的艺术感染力。在未来产品的落地上，本届作品与市场化产品设计方案仍有一定的距离，还需要设计师进一步深化挖掘，提升设计的实用性。随着中国人民生活水平提高，艺术审美能力的提升，人们对于消费品的艺术性需求也会逐渐提高。希望年轻设计师能够紧抓时代脉搏，创造出好用更好看的作品来满足广大消费者的艺术需求。"

苏州市吴江区震泽镇副镇长，震泽镇丝绸办主任薛美娟："本届大赛参赛作品多、形式多，在观看评选的过程中，能够感受到赛事在全国设计师群体中的认可度与参与度。参赛人员的广泛性也在作品中展现了多元化的元素。另外，一些参赛作品中有成熟的市场应用场景，体现出如今院校在教学中注重商业落地，关注、贴合市场动态。这对震泽本地的家纺产业与企业能够起到带动作用，让我们意识到在产品创新、纹样设计上要与时俱进，跟上时代发展，满足大众消费需求与消费者的时尚偏好。另外，作为承办地，震泽特别为参赛选手开辟了专属版权登记通道，特事特办，对1700多幅作品进行了版权登记。以此保护原创作品的价值，增强版权保护意识，为参赛选手保驾护航。"

常州纺织服装职业技术学院服装学院院长袁红萍："今年选手报名踊跃，评选现场发现了许多具有特色的优秀作品。例如，有的选手将丝路文化、地方民俗文化中的元素进行发掘再造，后期能够较好地应用于产品上。从院校角度，将大赛形式融入课堂教学中，对学生而言是一种非常好的历练，对于他们未来走向工作岗位也能够打下坚实的基础。期待老师与学生共同挖掘地方特色设计元素，将传统文化进行传承，为市场创作出更好的作品。"

国家非物质文化遗产苏绣（仿真绣）省级传承人、江苏工程职业技术学院教授张蕾："往年我虽然没有参评，但一直持续关注"震泽丝绸杯"的评选。今年在现场整体感受是年轻的设计师偏多，很欣慰看到他们不再是为了用传统纹样而用，而是通过自身的理解将传统元素年轻化。当下民族自信、文化自信不断增强，国风国潮兴起，影响着年轻一代，打破他们对传统文化的刻板印象。在整个社会的推动下，如今课堂上学生们开始主动用中国传统的元素进行设计，这在过往以西方教材为主的教学体系中是少有的。在此也希望年轻的设计师可以多关注我国的非遗技艺，将传统元素与时尚相结合的创新设计融入当代生活当中。"

杭州尼特尔纺织有限公司总经理、设计总监周志泉："我作为企业评委，觉得今年的参赛作品整体水平不错，参赛者能敏锐捕捉到市场流行元素与色彩，并在画稿上予以体现。不过比较遗憾的是，作为"震泽丝绸杯"，闻名苏州的缂丝和苏州刺绣工艺，在本次比赛的画稿中没有体现和提及，希望在未来能够看到更多吻合大赛主题、体现中国文化的原创作品。我从自身经验给年轻设计师们一些建议：可以多走进企业，了解工厂现在先进的新设备及生产工艺，同时多走访消费市场，这样经过时间的积累与磨炼能够提升设计能力，设计出来的画稿商业转化率会更高。"

五、结语

正如中国纺织工业联合会副会长、中国家用纺织品行业协会会长杨兆华所指出的那样：丝绸是中国向世界纺织做出的最卓越贡献，从"丝绸之路"到"一带一路"经济带再到"震泽丝绸杯"中国丝绸家纺创意大赛，小小一根丝，牵着丝绸文化的前世今生，让以丝绸为生的人也有了千丝万缕的奇妙联系。震泽镇要继续以"丝绸"执笔，运用现代的设计语言续写中国丝绸的当代时尚故事。

第六届"震泽丝绸杯"大赛在疫情防控背景下，在各参赛单位和个人的热情支持下，在大赛组委会全力组织下完美落幕。2022年"震泽丝绸杯"第七届中国丝绸家用纺织品创意设计大赛已经向我们迎面而来⋯⋯

江南大学

附件一："震泽丝绸杯"中国丝绸家用纺织品创意设计大赛评审委员会名单

主　　任：
杨兆华　中国纺织工业联合会副会长，中国家用纺织品行业协会会长
执行主任：
王　易　中国家用纺织品行业协会副会长，高级工艺美术师

评审委员会委员（按姓氏首字母排序）：
陈　玉　济南大学设计学院 副教授，硕士生导师
贾京生　清华大学美术学院 教授，博士生导师
王如平　青岛莫特斯家居用品有限公司董事长，高级工艺美术师
薛美娟　苏州市吴江区震泽镇副镇长，震泽镇丝绸办主任
袁红萍　常州纺织服装职业技术学院服装学院院长，副教授，江苏省"青蓝工程"骨干教师
张　蕾　国家非物质文化遗产苏绣（仿真绣）省级传承人，沈绣一庄非遗空间主理人，江苏工程职业技术学院教授
周志泉　杭州尼特尔纺织有限公司总经理、设计总监，国际丝绸联盟会员

新闻发言人：
张　毅　江南大学设计学院教授、博士生导师，高级家纺设计师

金 獎
GOLDEN
AWARDS

《画说生肖》

设 计 者：李金洋
就读院校：广西艺术学院
指导老师：陆红阳

设计说明：
本人以装饰图案设计的方式去创作了十二生肖的全正面插画，线条流畅，形式统一，塑造了一套庄严的形象。在颜色的选择上以橙、黄、蓝、绿作为主色调，色调明亮新潮，带有异域风情，让这套作品严肃又不失情调、充满活力。第二套配色则以红黄绿紫为主，对比强烈，有传统色彩韵味。最后在插画的基础上做了一系列纹样设计，展示以龙、兔为例，其他生肖纹样也可按此连续循环。延展产品有床单及被套、地毯、挂画、帽子、童装、鞋子、袜子、丝巾、帆布袋、连衣裙等，可以应用在丝绸、棉麻等面料上，包容性强，延展性广，具有较强的形式美感。

评委点评：
作品以中国传统的十二生肖为设计主题，设计表现手法采用了勾线填色的形式，采用冷暖强烈对比的色彩与满铺造型，展现出既现代时尚，又活泼生动的视觉效果。作品整体风格统一，局部表现灵活多样，适宜应用于现代家纺设计之中。不足之处在于，用于家用纺织品中的图案造型大小、疏密还需审慎地推敲，整体效果把控上还需要精心设计与布局。

银 獎
SILVER
AWARDS

《虎虎生威》

设 计 者：陈康 / 朱彤
就读院校：青岛大学
指导老师：彭卫丽 / 郑骞

设计说明：
作品主要以中国十二生肖中的"虎"为灵感进行创造，2022年迎来了虎年生肖，在民间"虎"寓意着驱邪以及健壮，作品主要运用了自然状态下华南虎的造型进行元素的绘制，同时结合了传统民俗中"虎"的形象，作品中的植物元素运用了秦岭中的耳蕨，秦岭柳，秦岭辣豆等元素，配色上以暖红色为主调，营造温馨可爱的氛围，配合不同的家居产品，给人们带来温暖舒适的家居环境。本作品为四方连续图案，可采用平网的生产方式，产品为中性风格，适应人群为男女青少年。

评委点评：
以十二生肖中的"虎"为主要设计题材及灵感来源，并与大自然中的植物等元素相融合，设计手法独特，造型生动有趣，画面处理丰富有层次。色彩搭配具有时尚感，体现出温馨和谐的氛围。作品整体表现风格突出，传达了一种生动而又和谐的自然之美。适应人群广泛，适用于床品、沙发、服装、饰品等多种载体，市场的应用性比较强。

银 奖 SILVER AWARDS

《夏日心语》

设 计 者：李玲
就读院校：清华大学
指导老师：贾京生

设计说明：
"绿塘摇滟接星津，轧轧兰桡入白苹"。灵感来源于盛夏时节荷塘中的莲蓬，莲蓬可爱娇憨，自古以来寓意和美圆满，这也是此设计想要表达的。画面以莲蓬为主、建筑为辅，以感性的水彩来表现莲蓬叶，理性的线条、斑点来表现建筑。采用经典蓝绿色调，趣味横生的同时又兼具时尚气息。

评委点评：
作品以夏日荷塘中的莲蓬、荷叶为主要造型元素和设计题材，将点线形式的城市建筑图形穿插融入在画面中，画面层次分明，虚实得当。色彩选择了蓝绿色和粉紫色，浓郁的色调充满感染力和魅惑性，表达出一种强烈的浪漫气息。作品总体上表现独特、细腻，具有统一的色调和意蕴。在应用方面可注意一下色彩饱和度的把握，建议色彩再柔和一些。

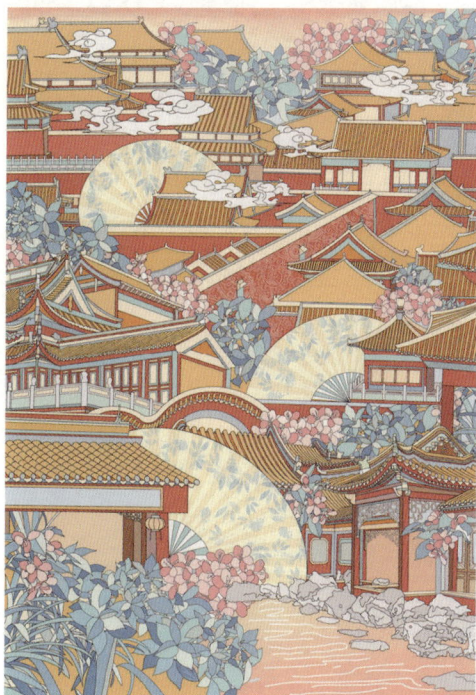

银 奖 SILVER AWARDS

《盛世于群檐》

设 计 者：李凯文
就读院校：苏州大学
指导老师：张晓霞

设计说明：
作品以精细的建筑结构为画面主要元素，前后檐角紧密排列，错落有致，丛花与群叶掩映屋前墙后。扇子做简单的枝叶色块处理，与丛花相呼应，前景中的水波纹与湖石向远处延伸，悠远自得。卷云飘逸增加灵动感，红黄中式宫廷配色大气饱满，整个画面呈现出盛世的繁华。

评委点评：
该设计作品以中国古代传统宫廷建筑、折扇、花卉为设计题材，视角新颖、创意独特，以满构图、疏密相间、冷暖对比的表现手法，营造出古代宫廷建筑的恢弘与壮丽，同时赋予了作品时尚感与现代性。该作品不仅在总体风格上，表现出独特的设计语言与新颖的设计形式，而且在设计应用方面也体现出作者的理性思考。

铜奖 SILVER AWARDS

《第五十夜的皮毛和雨林》

设 计 者：毛祎祺
参赛单位：鲁迅美术学院
指导老师：冯娓

设计说明：
本作品意在唤醒人们对自然最初的记忆，纪念已经消失或者濒临灭绝的动物与植物。将斑纹动物与热带雨林植物纹样相结合，意图描绘属于自然的原始独特魅力。同时采用了多种容易令人联想到"潮湿"的色彩组合，希望可以引领观众进入奇妙的自然世界。

评委点评：
该作品立意明确，主题突出，设计元素丰富。同时图案的色彩、色调把握得很好，整体色彩搭配协调、主次分明。
不足之处在于应用方案稍显简单，应扩充多样性。

铜奖 SILVER AWARDS

《流金岁月》

设 计 者：杨光灿
就读院校：云南民族大学
指导老师：刘晓蓉

设计说明：
2013年云南"红河哈尼梯田"被成功列入世界遗产名录，它是哈尼族人民与自然和谐相融、巧妙结合的产物。红河哈尼梯田有1300多年的历史，一座座的"田山"，仿佛就是一部非文字的巨型史书，直观地展示了哈尼先民与自然和谐共生、繁衍生息的成长历史。它的绵延不绝就像像丝逾路上的生生不息地。此设计灵感来源于红河哈尼梯田，通过提取梯田的造型和水流元素进行设计，结合梯田在不同时段的色彩基调，在表现手法上用手绘、构成、肌理表达，体现梯田的变迁、人与自然和谐共处的设计理念。本作品适用于家纺、壁纸、地毯等产品，可用印花、拼布等工艺。

评委点评：
作品以红河哈尼梯田为设计灵感，设计手法以印象派为基础，稍加表现主义技法做点缀。在色彩与构图方面，充分运用了丰富的中间色调来表达画面的侧向张力。主图则以传统色向深处过渡延展空间，再与田边小路为线来表达近、中、远景。勾线与晕染的结合给人颜为大胆的张拙性，流畅的线与面的韵律十足，洋溢着非同寻常的生命感。
应用方面：如地毯、窗帘、沙发布等厚实的粗纤维面料，或肌理效果较强的面料则能更好地发挥画稿的艺术效果。

銅獎 SILVER AWARDS

《物·语》

设 计 者：朱猛
就读院校：青岛大学
指导老师：郑骞

设计说明：
创作灵感来源于骆英的组诗《动物日记》，对作者来说动物是一个孙悟空式的千变万化的面具，富有极大的变化性和趣味性。当"动物日记"遇上"大陆性岛屿型"热带雨林时，我有感而发创作了这幅作品，想要表达的是热带雨林下的动植物资源十分丰富且宝贵。作品大量运用到中国野生动植物，其中不乏一些珍惜物种，通过对形体、颜色的深入刻画，将各种动植物按照一定组合规律进行重新搭配，是把动植物元素与流行色、现代造型相结合，完成了具有一定创新性的纺织品。作品大胆运用各种颜色、动植物之间的互相穿插，充分体现雨林动植物之间的和谐美好。作品可应用在各种纺织品与包装上，具有时尚美！

评委点评：
该作品以动物、植物为题材，以骆英组诗《动物日记》为主题，设计并营造出一幅自然环境中的飞禽走善画面，其整体氛围温馨而浪漫、自由而自在。在设计表现手法上，作者采用了具象造型和夸张色彩相结合，使作品的设计造型、色调与局部色彩浑然一体。同时设计应用也彰显出巧妙的构思以及多样的适用性。

銅獎 SILVER AWARDS

《归途的记忆》

设 计 者：张钰
就读院校：苏州大学
指导老师：张晓霞

设计说明：
作品的设计灵感来源于几何创意图形，选取各个城市的标志性建筑进行设计：如苏州平江街区、上海东方明珠、北京天坛等，表达在人生旅途中途经各地的记忆。画面以抽象几何形的方式进行创意分割，将建筑连接，使得传统的建筑现代化；云朵、山脉以插画的绘画方式表现，在几何规整的大框架里增添几分趣味；整个设计主要以蓝色为主，点缀一些橘黄色，增强了色彩之间的对比，使其在视觉上更好地显现。

评委点评：
该作品以城市地标建筑为设计题材，采用几何分割化的背景与抽象建筑形象相结合的设计手法，使得传统建筑与人文景观造型更加时尚。色彩上又应用了大面积冷色与小面积暖色相对比的方式，营造出整体色调统一、局部色彩变化的生动效果。

海宁家纺杯

中国国际家用纺织品创意设计大赛

China International Home Textiles
Design Competion Awards

主办单位

中国家用纺织品行业协会
中国国际贸易促进委员会纺织行业分会
法兰克福展览（香港）有限公司
浙江省海宁市人民政府

承办单位

中国家用纺织品行业协会设计师分会
海宁市许村镇人民政府

协办单位

海宁市家用纺织品行业协会
海宁市许村镇时尚产业新生代联合会
海宁中国家纺城股份有限公司

支持单位

中国版权协会
中国版权保护中心

更多详细信息请登陆中家纺官网：www.hometex.org.cn

中国国际家用纺织品
产品设计大赛
China International Home Textiles
Design Competition Awards

DESIGN
张謇杯ZHANGJIANCUP

主办单位
中国家用纺织品行业协会
中国国际贸易促进委员会纺织行业分会
法兰克福展览（香港）有限公司
南通市人民政府

更多详细信息请登陆中家纺官网：www.hometex.org.cn

震泽丝绸杯

中国丝绸家用纺织品创意设计大赛

主办单位

中国家用纺织品行业协会
江苏省苏州市吴江区人民政府

承办单位

中国家用纺织品行业协会设计师分会
江苏省苏州市吴江区震泽镇人民政府

大赛官网

更多详细信息请登录大赛官网：www.zzscbds.com

趋势流行

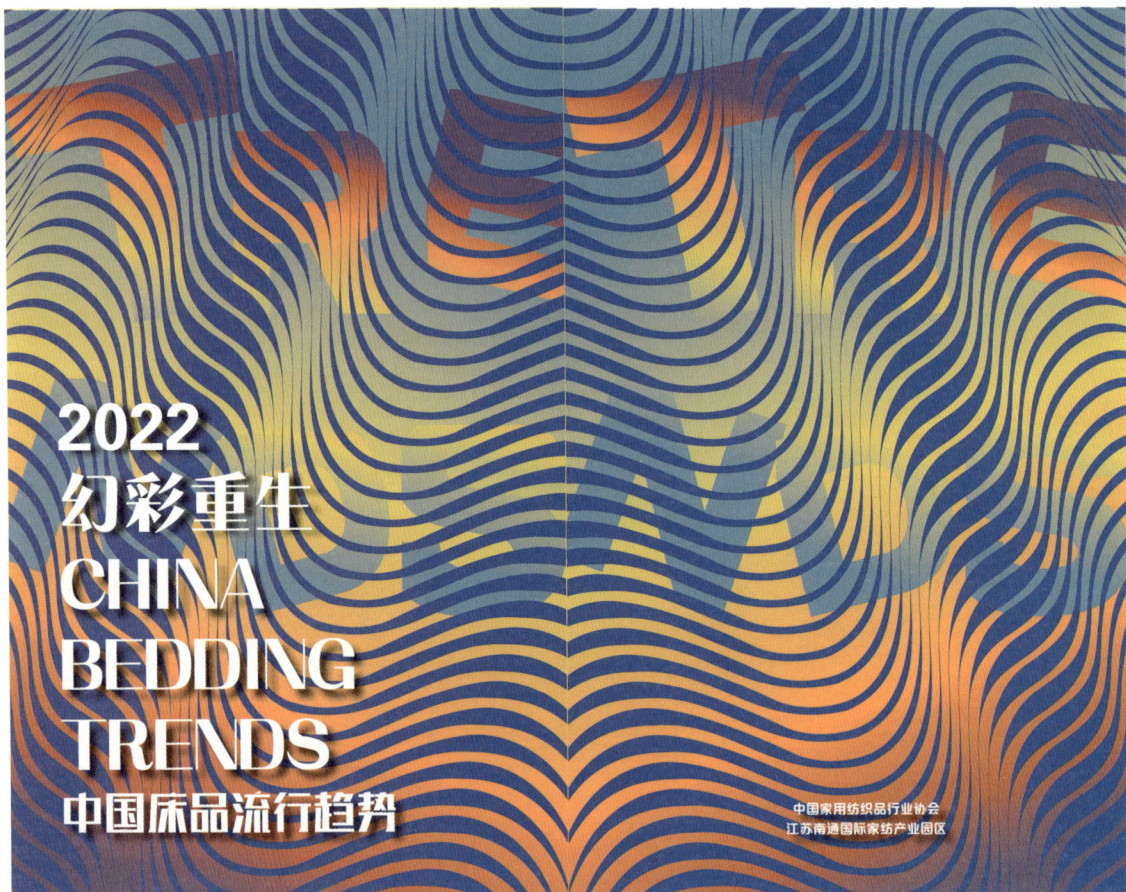

2022
幻彩重生
CHINA
BEDDING
TRENDS
中国床品流行趋势

中国家用纺织品行业协会
江苏南通国际家纺产业园区

TRENDS
2022

幻彩重生

2021 年，新冠肺炎疫情虽被有效控制，但其所带来的消极影响仍在持续蔓延，社会和经济环境危机四伏。风起云涌过后，我们要化困境为动力，重新建立勇敢面对未来的勇气。

负重前行的同时，消费者也在不断反思：

"后疫情"模式下，"快消式"消费理念被理性价值观所替代，品质消费开始回升；人们渴盼远离城市的嘈杂，重新建立与大自然的联系，物质世界也开始了由外而内的转化，在家居空间中也能享受与自然共处的浪漫氛围；危机带来了创新的变革，新技术、新手段层出不穷，数字化发展迎来爆发式增长；各种艺术流派和古典风格也在时代的更迭下相互融合，重塑经典与流行……

由此，"臻实本质""万象森语""赛博魅影""玩酷异彩"四个主题应运而生，共筑"2022 中国床品流行趋势"，它们将在新的机遇和挑战下强势崛起，"幻彩重生"！

发布单位：中国家用纺织品行业协会
江苏南通国际家纺产业园区
研究单位：中国家用纺织品行业协会时尚研究拓展部

臻实本质

长期居家，人们对纺织服装类的产品消耗减缓，而对家居用品，尤其是床上用品的消耗大幅提升，对家居生活品质的要求不断提高，更加渴望安全、健康、舒适的家居环境和原材料可溯源、经久耐用、卓越品质的产品。精妙的触感、精湛的工艺、精致的原始美学直击人们内心深处的沃土，回归本质，呈现最真挚的朴实之美，重塑人们内心的安全感。

色彩

1. 11-0809 ecru
2. 14-1210 shifting sand
3. 14-1311 evening sand
4. 13-4303 dawn blue
5. 13-0826 golden haze
6. 16-1328 sandstone
7. 16-4114 stone blue
8. 14-0217 seeding
9. 13-0711 putty
10. 19-1322 brown stone

未经漂色的本白色和来自地表作用的岩土、砂石色磨去尘嚣与浮华，还生活以本真，石蓝、幼绿、黎明蓝平衡了米灰色系娇嫩、敏感的气质，让人们感到镇静和安抚，这组呈现细腻的粉质感官、让人倍感舒适的暖色系奶油色调继续发挥疗愈的作用，帮助人们消除敏感、缓解伤痛，提升睡眠质量。

织物

织物关键点：舒适触感 精致细节

打造健康实用的品质家居生活，需要优质的天丝、羊毛、天然、长绒棉以及椴国桑的天然纤维实现舒适的触感和亲肤的外观，轻薄材质的桑蚕丝、排性透气的天然亚麻和膨松透感的蚕丝绒国桑也为舒适的家使用了保暖，同时精湛的工艺和精致的细节也是必不可少的环节。

细节成就经典，品质铸就永恒。

图案

图案关键点：原始纹理 律动感

时尚精致的万物的天然纹理，处理经的有石材的新纹理、地裂、枕木年轮、椴物标本素材的纹理，注重天然风化纹素带西案布极简主义风格，向门质经时代的静谧，赋予人们以经久弥香，历久弥新的永恒之感。

家居空间

万象森语

城市人口和能源消耗持续攀升，环境污染也愈演愈烈。森林面积锐减、冰川消融、外部自然环境不断恶化使人们开始陷入反思，越来越多的人们开始加入倡导可持续发展的队伍，以实际行动来弥补城市发展给生活环境造成的伤害。人们渴望拥抱森林山川，与包罗万象的森林秘境低语。人类必须敬畏自然、尊重自然，重新建立与大自然的联系。

色彩

1. 13-0757 calendula
2. 17-0336 peridot
3. 17-0836 ecru olive
4. 16-1340 brandied melon
5. 15-1912 sea pink
6. 19-1429 smoked paprika
7. 17-5734 viridis
8. 19-5230 forest biome
9. 18-4004 poppy seed
10. 19-4203 moonless night

生机勃勃的户外森林色系将在本季重磅回归，为沉寂已久的"凛冬"带来一抹春光。翠绿、橄榄等富有代表性的绿色让人直接联想到森林秘境，帮助人们快速放松，传递乐观的情绪。沉稳的野生中性色系作为基色散发着浓郁、深邃的气质，跳跃的金盏花和海石竹色让整组搭配有了惬意的氛围，他们汇集在一起，共同带你进入丰富的原始森林。

织物

织物关键点：自然保迪　取自自然

来源于自然的环保有机材质，如生态纤维：有机棉、大麻、黄麻、亚麻、牛奶蛋白纤维、椰壳纤维等；保时未经工业化生产的天然质朴质感，如棉籽、棉绒、麻节、手工编织、毛边等，促进生态福林的再生循环计概念。他们聚集在此，以植物染和环保染进行着色，完成梦想的和谐统一。

2021/2022中国家用纺织品行业发展报告

图案

图案关键点：自然元素、植物图案

无论是宏观的自然元素，如叶子、树枝、花朵，到局部收缩，还是微观的植物图案，或者从自然界中提取的涂象图案，半调散光下的植物大在……不对称、有机状态呈现出明显的特征，让我们尽情地沉浸打开绿色之中。

赛博魅影

时代的弄潮儿们体内总是充斥着饱满、有激情的反叛精神。一些缓解压力、逃避现实的方法，都能够在虚拟世界中得到解答——它们是放松和解锁未来生活方式的密码。本季趋势，数位科技、人工智能、新型纤维的强势进发将伴随着时尚的浪潮一同席卷而来。

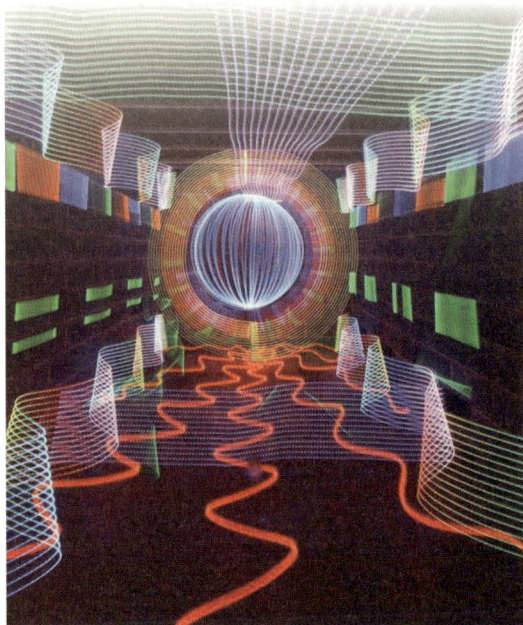

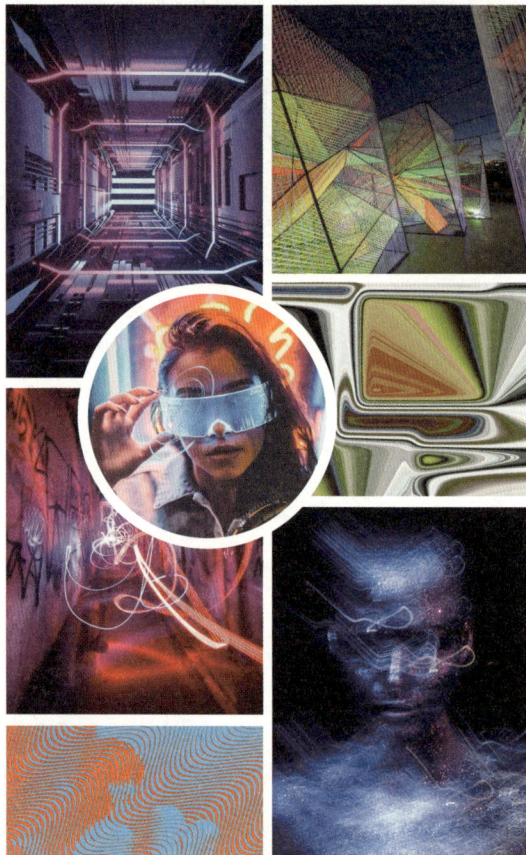

色彩

1. 14-4514 atomizer
2. 11-4800 blanc de blanc
3. 13-0751 high visibility
4. 16-1364 vibrant orange
5. 14-0115 foam green
6. 17-4129 wave ride
7. 18-1559 red Albert
8. 19-3638 tillandsia purple
9. 15-4307 tradewinds
10. 18-0306 gunmetal

酷炫冷峻的枪色、商务灰，铁兰紫、浪潮蓝作为基底色，完美契合了赛博的科技感。强烈而醒目的高饱和度炫目黄、活力橙作为强调色大大提升了整组色彩的视觉刺激，同时拉响了的玩世不恭红色警报。大胆的霓虹色彩妆点着低调隽情的中性色，镝润点燃了令人躁动、振奋的活力和激情，他们共同牵手，迈向家居色彩的时尚先锋。

织物

织物关键点：创新科技 交互体验

融合时代发展和科技感的激光切割、3D打印倍加流行；满足人们切身需求的功能性产品，如防辐射纺织物、防水织物、感应纤维、自发热纤维等大放光彩。同时，有着虚拟外观的炫彩反光、3D操纵、发光纤维等也切中了消费现实，颠覆传统的主旨。在微妙又简……这里最新卫的织物图案，处处都散发着未来主义的魅力。

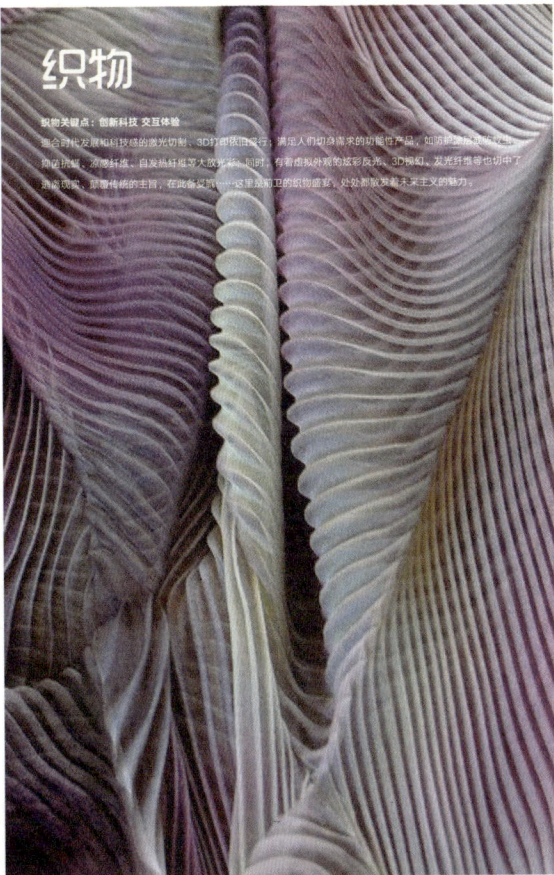

图案

图案关键点：找性结构 趣味图案

趋势美学放大：数字电波、交织的线条等找性结构被广泛应用在家居产品的各个领域，设计师们也打破传统的束缚，在新奇领域不断探索，捕捉出众多偏为细密的趣味图案，如几何发现、抽象艺术、富有韵律的波纹、条纹、水波纹纹等；种种看似天马行空的构思在这里成就了对虚拟世界的无限遐想。

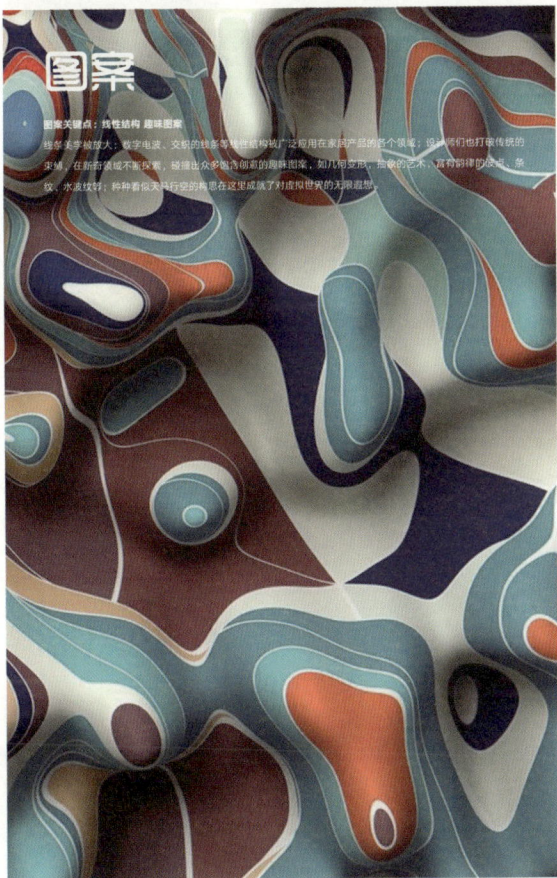

家居空间

玩酷异彩

古典艺术再次复兴，与不同地域、不同环境的文化汇集在一起，多元文化意识开始觉醒，新艺术风格就此诞生。这种跨越身份与种族、阳春白雪与下里巴人的融合使人们产生共鸣，每个特立独行的人都能在其间找到归属感，这个盛大的文化派对处处彰显浪漫而梦幻的复古情怀！

色彩

1. 15-1526 blooming dahlia
2. 17-1046 golden oak
3. 19-0230 garden green
4. 19-2434 festival fuchsia
5. 19-1528 windsor wine
6. 17-0839 golden palm
7. 18-3340 charisma
8. 18-4631 exotic plume
9. 19-0309 thyme
10. 19-4025 mood indigo

花园镜像的浓郁的复古花园系色彩营造出强烈的艺术氛围：百里香、情绪起蓝与花园绿为基底色，神秘的紫色调传递着智慧与特立独行的个性，而绽放大丽花粉和温莎葡萄酒红以低调情愫的魅力诱惑着人们为之沉迷，撞色搭配往往能带来意想不到的惊喜。最后，复古金色调点缀是必不可少的关键要素。

图案

图案关键点：经典复古 融合混搭

无论是整体还是细节，灵感都来自在繁花盛放的绚丽花卉，经典复古的印花……们在文化融合的时代探索……日的怀旧，他们热烈、奔放，争相凸显不凡的生命力和旺盛生命力……

织物

织物关键点：精致成熟 华美细节

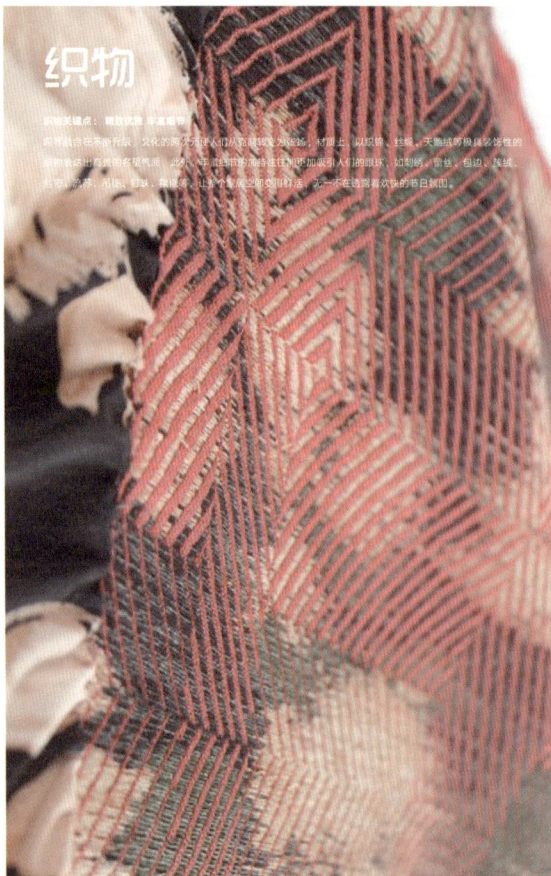

家居空间

2022 中国布艺流行趋势
2022 China Fabric Fashion Trends

2022
TRENDS

重塑 & 新生

重塑 & 新生

2021 年，新冠肺炎疫情虽被有效控制，但其所带来的消极影响仍在持续蔓延，成为推动全球社会环境变革的强力引擎。新形势下，机遇与挑战并存。虽然在疫情完全结束之前，世界仍面临很大的不确定因素，但随着疫苗接种率大面积覆盖和国际往来陆续恢复，国内社会和经济已逐步恢复正常。

受疫情影响，消费模式和生活方式发生了翻天覆地的革新与突变，人们的思维方式也开始扭转，创新能力被激发出无限潜能，纺织行业开始迈入高质量发展的新局面。

"2022 中国布艺流行趋势"通过"精质""亘野""幻动"将布艺发展路径娓娓道来，他们打破桎梏，"重塑"未来，蓄势待发地迎接"新生"！

Reinvention

In 2021, although COVID-19 was effectively controlled, its negative impact is continuing, and it has evolved as a powerful engine to drive the global social and environmental changes. Amid the new situation, both opportunities and challenges coexist. Although the world is still suffering many uncertainties before the COVID-19 ends, the domestic society and economy is getting back to order with the widespread coverage of vaccination rates and the continuous recovery of international exchanges.

Affected by the epidemic, great innovations and mutations have made in consumption patterns and lifestyles. One's thinking patterns have also begun to reverse, and the innovation capabilities have been stimulated with unlimited potential. The textile industry has stepped into a new situation featured by high-quality development.

The "2022 China Fabric Fashion Trends" narrates the development path of fabric art through "essence", "wildness" and "illusion". They break the shackles, "reshape" the future, and are ready to welcome the "new life" !

精质 ESSENCE

家是疗愈的港湾，在后疫情时代极大地保护了人们内心的安全感。人们纷纷专注于营造舒适温馨的家居空间，对家居环境及生活品质的要求激增，更加注重材质、触感、细节和品质，同时开始崇尚地球塑造的魅力——以岩石、河流、山川等天然肌理为元素，通过全新的设计视角，打造回归本真、追寻品质的精致格调。

As a healing harbor, home greatly protects one's inner security in the post-pandemic era. People have focused on creating comfortable and warm home space, and their requirements for home environment and quality of life have increased sharply. They attached more importance to materials, touch, details and quality, and they began to advocate the charm of the earth taking natural textures such as rocks, mountains and rivers as the elements, to create an exquisite style that returns to the original and pursues quality from a new design perspective.

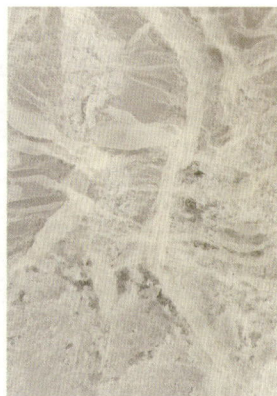

色彩

未经加工的嫩白色拉近了与人之间的距离，细腻的中性色非常受欢迎；灰度和硬度适中的日晒褪色色调能带来极强的视觉舒适度，增加暖意。从尘土、沙地、岩石和大理石等当中提取的色彩能创造出优雅、宁静的基调。沉静的蓝灰色调不仅有安抚情绪的作用，还能在放松身心的同时给家居空间增添洁净感，营造舒适雅逸的家居空间。

Color

Unprocessed tender white brings the distance closer to the human, delicate neutral color, grayscale and moderate-contrast sun fade tone can bring great visual comfort, increase warmth. Colors extracted from dust, sand, rock and marble create an elegant, serene tone. Quiet blue-grey tone not only has the role of calming emotions, but also relax at the same time to add a sense of cleanliness to the home space, creating a comfortable and elegant home space.

图案 Pattern

沙石、煤炭、岩石、大理石、树木年轮等美妙的原始印记和肌理都是来自然与时间的馈赠，这些地质的灵魂古老而神秘。绵延的山丘、起伏的波浪、流动的线条让原始之美持续发酵，在极简主义的基础上创造一个原始而独特的基础美学。

The wonderful primitive marks and texture of sand, coal, rock, marble, tree rings are all gifts from nature and time, and the souls of these geology are ancient and mysterious.The rolling hills, rolling waves, and flowing lines allow the primitive beauty to continuously ferment, creating a primitive and unique basic aesthetic on the basis of minimalism.

织物 Fabric

能拉近与人之间距离的天然有机材质，以粗细不均的纱线、多种材质混纺织造出高低起伏的肌理；以及具有毛绒质感的雪尼尔、毛圈织物，通过精妙的触感、精湛的工艺、精细的处理、精致的细节还原材质的原生高级感。除良好的感音体验之外，还特别强调原材料溯源及品质的认证。

Natural organic material which can shorten the distance between people can be blended and woven to create undulating textures with uneven thickness of yarn, a variety of materials; coupled with the plush chenille, the loop fabric. It uses exquisite touch, exquisite craftsmanship and exquisite details to present the original advanced sense of raw materials. Apart from a sound sensory experience, special emphasis is placed on raw material traceability and quality certification.

亘 野 WILDERNESS

盲目追求经济快速增长所带来的环境、气候危机已经严重威胁着人们的生活环境和生存质量，疫情的到来让人们开始警醒，更加青睐环保和具有人道主义的产品，也倾向通过自然元素的纹理和图案在家居空间再现生机勃勃的户外景致。未来，践行绿色可持续仍是时尚趋势发展的核心走向，并将始终贯穿社会发展的全程。

Blind pursuit of rapid economic growth brought about by the environment, climate crisis has seriously threatened people's living environment and quality of life, the arrival of the epidemic let people start to wake up, more favor environmental protection and humanitarian products, but also tend to through the texture and patterns of natural elements in the home space to reproduce the vibrant outdoor scenery. In the future, practicing green sustainability is still the core trend of fashion trend development, and will always run through the whole process of social development.

色彩

森林色系的中性色有逃离现实之感，墨绿和橄榄绿等带有自然联想属性色彩加入其中，帮人们赶走城市中的喧嚣与疲惫。高饱和度的孔雀蓝不乏神秘感，作为点缀色效果极佳。除了倾向于自然色调的色彩之外，还大胆使用明亮的互补色进行搭配，顺应了消费者对生活积极、乐观的追求。

Color

The neutral color of the forest color system has a sense of escapism, ink green and olive green with natural association of the color to join it, help people drive away the hustle and bustle of the city and fatigue. High saturation peacock blue is no lack of mystery, as a decorative effect is excellent. In addition to the natural color, but also bold use of bright complementary colors to match, in line with the consumer's positive and optimistic pursuit of life.

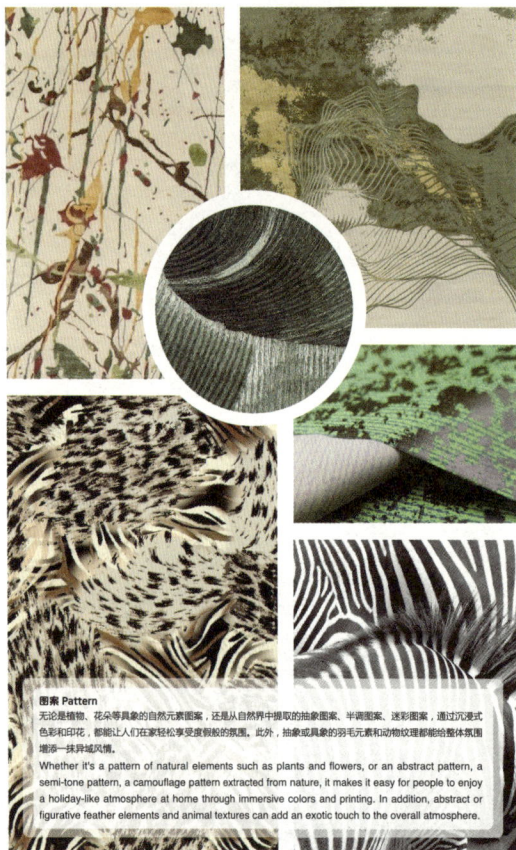

织物 Fabric

原朴的棉麻等天然纤维、采用高科技萃取的新型植物抗菌纤维、促进生态循环的再生循环纤维等，保留自然表面，放大材质的未加工感，以色织、编织、提花等工艺完成对敬畏自然的完美诠释。

Natural fibers such as plain cotton and linen adopt new plant antibacterial fibers extracted by high technology, which promotes the regeneration and recycling fiber of ecological cycle, retains the natural surface, magnifies the raw sense of material, and perfectly explains the respect for nature by yarn-dyed, weaving, jacquard and other technologies.

图案 Pattern

无论是植物、花朵等具象的自然元素图案，还是从自然界中提取的抽象图案、半调图案、迷彩图案，通过沉浸式色彩和印花，都能让人们在家轻松享受度假般的氛围。此外，抽象或具象的羽毛元素和动物纹理都能给整体氛围增添一抹异域风情。

Whether it's a pattern of natural elements such as plants and flowers, or an abstract pattern, a semi-tone pattern, a camouflage pattern extracted from nature, it makes it easy for people to enjoy a holiday-like atmosphere at home through immersive colors and printing. In addition, abstract or figurative feather elements and animal textures can add an exotic touch to the overall atmosphere.

幻动 ILLUSIONARY

疫情加速了数字时代的来临，数字化、信息化已成为未来社会发展的必经之路。现实世界与虚拟世界的边界逐渐开始模糊，人工智能、虚拟体验等随着高速发展的社会进程进发而来。数字科技的时尚灵感被唤醒，在不同材料、图案和技术之间交相"幻动"。

The epidemic has accelerated the advent of the digital age, and digitalization and informatization have become the only way for social development. The boundary between the real world and the virtual world has gradually begun to blur, and artificial intelligence and virtual experience have sprung up along with the rapid development of the society. The fashion inspiration of digital technology is awakened, and it makes a "Phantom movement" between different materials, patterns and technologies.

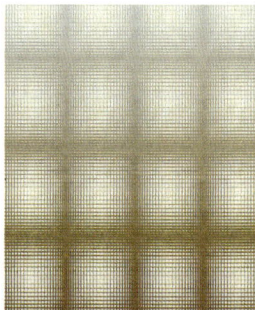

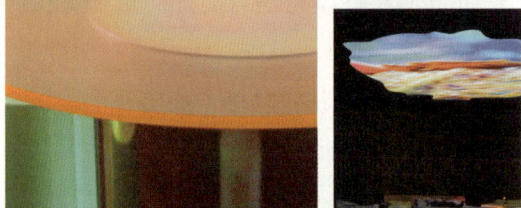

色彩

黑白灰作为基底色，搭配具有时尚前卫感和科技感的柠檬黄、活力橙、深空蓝、奇异果绿、浆果紫等振奋人心的活力色彩，组成了具有反叛精神的鲜明色调，他们联合起来，拨开持续已久的沉闷迷雾，用色彩的力量为战胜未来的不确定因素增强信心。

Color

Black and white gray as the base color, collocation with fashion avant-garde sense and technology sense of lemon yellow, vitality orange, deep space blue, exotic fruit green, berry purple exciting vitality color, formed the rebellious spirit of distinct tone, they unite, open the long-lasting dull fog, with the power of color to overcome the future uncertainty to enhance confidence.

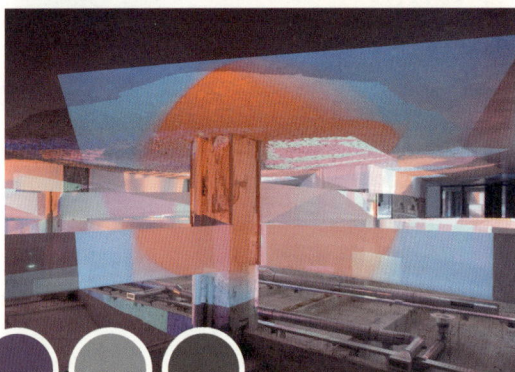

图案 Pattern

几何图案与数字科技相得益彰：跳跃色块、玩味几何、数字电波、线性结构等映射了当下的数字化趋势；此外趣味图案、抽象图案、富有韵律的波点、柔焦效果、像素化图案、渐变霓虹等也反映出人类与时尚未来的联系与思考；种种颠覆传统的新奇造型在这里成就了对虚拟世界的无限遐想。

Geometric patterns and digital technology complement each other; jumping color blocks, playful geometry, digital waves, linear structures, etc., reflect the current digital trend; In addition, interesting patterns, abstract patterns, rhythmic wave points, soft focus effects, pixelated patterns, gradient neon etc. also reflect the connection and thinking between human beings and fashion in the future; All kinds of novel styles that subvert the tradition have achieved unlimited reveries of the virtual world here.

织物 Fabric

激光切割、3D打印等依旧盛行；带有涂层的防护性产品、满足人性化需求的功能性产品在此备受关注。同时，有着炫彩效果的新型工艺、3D视幻、发光纤维等也吸引着人们的眼睛，他们都带有时尚和前卫的自我属性，为未来产品注入丰富的数字化外观。

Laser cutting, 3D printing is still popular; the protective products with coating, functional products to meet the needs of humanization have attracted much attention here. At the same time, the new process, 3D dazzling color effect, vision and luminous fiber also attract people's attention, they have fashion and avant-garde self-attributes, injecting rich digital appearance into the future products.

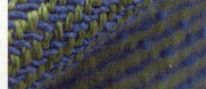

2021/2022中国纤维流行趋势发布报告

杨涛　靳高岭

化纤工业是我国具有国际竞争优势的产业，是纺织工业整体竞争力提升的重要支柱产业，也是战略性新兴产业的重要组成部分。为了打造"中国纤维"品牌，提升"中国纤维"在国际市场的整体形象和竞争力，2012年，由工信部牵头，中国化学纤维工业协会、东华大学、国家纺织化纤产品开发中心共同组织的"中国纤维流行趋势"活动拉开序幕。历经八年的培育和发酵，对纤维流行元素及应用进行了系统调研分析，深刻阐释中国纤维的发展内涵，逐渐形成了具有中国特色的纤维品牌建设推进体系。时至今日，中国纤维流行趋势已然成为化纤行业发展的风向标，引领着中国纤维产业在科技创新、绿色发展、匠心精神等诸多方面实现全方位提升，使产业链整体竞争能力不断增强。

中国纤维流行趋势2021/2022的主题是"激荡与领航"，围绕该主题，发布了"纤·溯绿源""纤·筑安心""纤·致风尚""纤·创未来"四个篇章及入选入围纤维。本文重点解读中国纤维流行趋势2021/2022发布的主题、篇章及发布产品。

一、趋势主题：激荡与领航

（一）激荡

化纤行业40年沧海桑田，经历风雨变换，在激荡冲击中发展与壮大。第一次金融危机之时，中国化纤人慧眼识机，聚酯熔体国产化技术快速发展；第二次金融危机，我国化纤行业逆势上扬，提质增效，差别化品种快速发展。新冠肺炎疫情暴发，中国化纤为战"疫"提供原料保障，为中国人民保驾护航。中国化纤面临着前所未有的复杂局面，产业转型与升级、国内外产业链市场都面临着艰巨挑战。

1. 产业结构，激荡中升级

化纤产业发展进程中，中国化纤工业抓住国际产业梯次转移、国内市场需求释放以及加入世贸组织的发展红利等重大机遇，进入了纤维产业发展的"快车道"，迎来了"黄金期"。随着原材料涨价、劳动力成本上升，下游纺织产业链向东南亚等国家和地区转移，中国化纤披荆斩棘，在智能、绿色、互联网科技上融合创新，迎来了纤维产业的高质量内涵式发展。

2. 产业链条，激荡中延伸

随着化纤产能的集聚和利润空间的压缩，化纤龙头企业系统整合资源，向上拓展到炼化，向下延伸至终端消费品，横向拓展要素支撑能力，打造全产业链竞争优势。中小型化纤企业错位竞争，精准对接终端需求，整合上下游客户渠道，在细分领域和市场发挥灵活优势，游刃有余，营造专精特新优势。

3. 市场格局，激荡中相变

中国化纤已成为世界上品类最全、产业链条最完整的产业。伴随经济结构的调整、新中产的崛起、传播方式的改变，新消费形态的诞生，来自国内巨大的消费能力必将促进化纤产业加速形成以国内大循环为主体、国内国际双循环相互促进的新发展格局。

（二）领航

中国化纤企业以不息为体，日新为道，不停地追求上进、革故鼎新。中国化纤坚守主业，将做大做强与做精做细相结合；包容开放，对国内外装备、助剂技术引进吸收再创新，挑战极限；不断革新，紧跟时代步伐，与国际接轨，将传统行业打造成优势竞争产业；展现中华民族坚忍不拔的特质，在制造模式、资本融合、产品开发等方面不断迭代更新，铸就新一轮领航趋势。

1. 聚焦三品，领航纤维新视界

中国化纤品种百花齐放，涤纶、锦纶、循环再利用化学纤维、生物基纤维、超高分子量聚乙烯纤维等品种规模、品质名列前茅；海藻纤维、壳聚糖纤维自主开发，独占鳌头。中国化纤秉承利国计民生的情怀，打造精湛匠艺、讲好品牌故事，创造多元应用。在战"疫"中为医护人员保驾护航，在环境保护中默默担当，在土工建筑、国防军工中顶天立地。

2. 责任担当，领航低碳新生活

中国化纤产业积极构建绿色技术创新体系、清洁生产评价体系、安全高效能源体系，加速推广先进节能减排技术和装备，实现制造方式的绿色转型。中国再生循环技术水平及创新能力跻身世界前列、聚酯清洁生产水平居国际领先水平。打造"绿色纤维"品牌，推进化纤行业的绿色发展和绿色生态文明建设。

3. 勇立潮头，领航竞争新优势

中国化纤产业规模和效益增长态势良好，化纤制造向着柔性化、智能化、定制化与服务化转型，资源整合向跨领域、网络化协同转变。大型化纤企业不断与资本融合，向上下游延伸，继续领跑化纤行业，亮相世界排名。2020年，3家化纤相关企业入围世界500强企业榜单，7家化纤相关企业挺进千亿俱乐部，16家化纤相关企业入选中国企业500强榜单。

二、发布篇章及发布纤维

（一）纤·溯绿源

溯本清源，山青水碧。随着人们对自然环境、生态健康的关注，纤维制造从消耗资源环境到与环境和谐永续共存。如今，中国纤维采用可再生、可循环利用的原料，利用先进的纤维加工技术、生态绿色的产品理念，从纤维设计、节能工艺反哺环境，全方位为消费者提供优质绿色产品和可持续环保的解决方案，构筑绿色产业链，打造生态时尚新业态。

1. 生物基化学纤维（表1）

采用可再生的生物质原料、先进的清洁生产技术，实现纤维的自然再生、品种再造，解决原料供应与环保问题，尽享人与自然的和谐共生。创建高光纯乳酸原料国产化基础，实现高品质聚乳酸纤维的华丽转身；开发以竹为原料的新型莱赛尔品种，拓展莱赛尔在卫材领域的定制化应用；突破生物基聚酰胺56纤维细旦化技术，成就高品质生物基锦纶的精致印象。

表1　生物基化学纤维推荐品种及品牌

推荐品种	品牌	推荐品种	品牌
聚乳酸纤维	丰原绒	竹莱赛尔纤维	绿纤
卫材专用莱赛尔纤维	元丝	细旦生物基聚酰胺56纤维	泰纶

（1）聚乳酸纤维。

①推荐理由。基于可再生的生物质原料打造可降解的生物基纤维，实现玉米秸秆等农作物到乳酸、丙交酯再到聚乳酸纤维的生产过程。

②制备技术。在玉米、木薯、高粱等农作物中提取出淀粉，再经淀粉酶水解制成葡萄糖；或从秸秆中提取纤维素和半纤维素，再通过物理和化学方法转化成葡萄糖。葡萄糖经发酵生成乳酸，乳酸脱水制得丙交酯，再经开环聚合生成聚乳酸，经熔融纺丝工艺制成聚乳酸纤维（图1）。

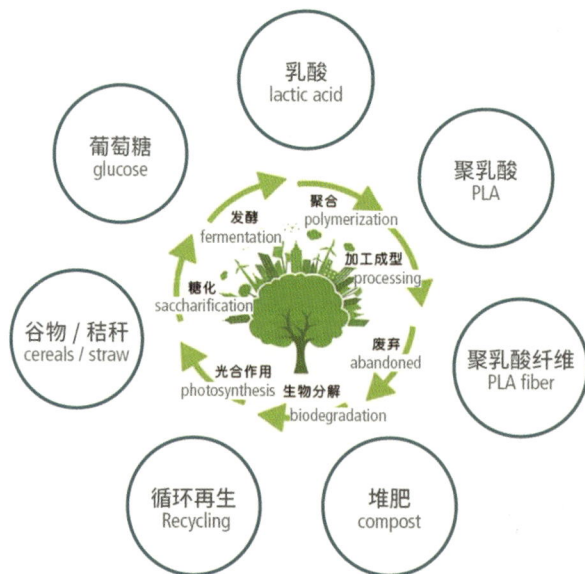

图1　聚乳酸纤维生态循环示意图

③主要规格。短纤，1.33~6.66dtex×38~51mm，中空和实芯，本色和有色；长丝，

83.33~166.67dtex/72~144F。

④性能及制品特点。

• 生物基原料，绿色环保；

• 亲肤、保暖、透气、回潮率低；

• 具有良好的生物相容性，可生物降解；

• 抑菌、抗螨、抗过敏；

• 本质阻燃、燃烧无黑烟。

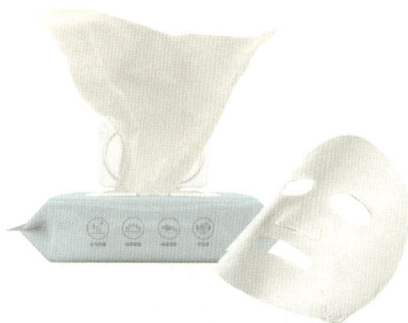

图2　聚乳酸纤维的应用

⑤应用领域。休闲服、运动服、家居服、贴身内衣、袜子等服装领域；床上寝具、窗帘、地毯、填充物等家用纺织品；汽车内饰、医护用品、卫生纺织品、清洁用品、过滤产品等产业用纺织品。见图2。

（2）卫材专用莱赛尔纤维。

①推荐理由。绿色原料、绿色溶剂、绿色工艺制备的全绿色生物基纤维，实现在卫材领域的应用拓展。

②制备技术。将再生纤维素溶解于NMMO/水溶剂体系中，制成再生纤维素溶液，经干喷湿法纺丝制备莱赛尔纤维，短切至特定的长度规格。

③主要规格。短纤，1.0~6.0dtex×12~20mm。

④性能及制品特点。

• 生物可降解，绿色环保；

• 力学性能优异，干、湿强度高、干湿强相差小，后加工适应性强；

• 无纺制品吸湿透气，具有良好的可冲散性能；

• 织物手感柔软、可染性好、易上色，耐水洗。

图3　莱赛尔纤维在服装领域的应用

⑤应用领域。休闲服、家居服、牛仔、贴身内衣、羽绒服等服装领域（图3）；床上寝具、地毯、填充物等家用纺织品；电池隔膜、医用纺织品、卫生纺织品、清洁用品等产业用纺织品。

（3）竹莱赛尔纤维。

①推荐理由。以天然竹材为原料，制备竹材莱赛尔纤维。纤维力学性能优异，生产工艺绿色环保，对环境与人体友好。

②制备技术。以天然竹材为原料，以NMMO为纺丝溶剂，通过干喷湿法纺丝制备纤维素纤维。见图4。

③主要规格。短纤，1.3dtex×38mm。

④性能及制品特点。

- 生物质、生产过程绿色环保；

- 干、湿强度高，吸湿透气，亲和舒适；

- 天然抑菌；

- 纤维含有微量叶绿素铜钠，具备天然紫外线吸收能力；

- 抗原纤化性能较好，在外力作用下不易起毛起球；

- 织物抗拉伸和抗压缩性较好，蓬松、柔软、滑爽、服用飘逸性和动态垂悬性好。

⑤应用领域。家居服、贴身内衣、衬衣等服装领域；军用纺织品、面膜等产业用纺织品。

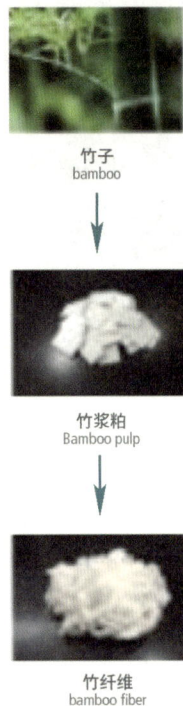
图4　竹莱赛尔纤维制备过程

（4）细旦生物基聚酰胺56纤维。

①推荐理由。关键单体生物基戊二胺为我国自主知识产权产品，主要原料为生物质，不受石油供应影响，缓解国家能源紧缺问题。纤维细旦化，品质稳定性，提升了生物基聚酰胺纤维的精致印象。

②制备技术。将玉米淀粉经酶水解制成葡萄糖，经生物技术转化成精戊二胺，控制聚合条件制备高品质生物基聚酰胺，经熔融纺丝制备细旦生物基聚酰胺56纤维（图5）。

③主要规格。长丝，44dtex/51F。

④性能及制品特点。

- 低温易染，上色速度快，色牢度高，不易褪色；

- 耐磨、抗静电、织物手感柔软；

- 本质阻燃、抑菌、吸湿排汗。

⑤应用领域。休闲服、运动服、家居服、工

图5　细旦生物基聚酰胺56纤维

装等服装领域；地毯、毛巾等家用纺织品。

2. 循环再利用化学纤维（表2）

以废旧纺织品、废旧聚酯瓶、废丝为原料，物理法、化学法技术全覆盖，助力再生资源重获新生。循环再利用化学纤维品质媲美原生纤维，品质稳定的同时，可进一步实现高透气、超高弹等功能，助力纤维高值化发展，创新诠释循环再利用化学纤维无限可能。

表2　循环再利用化学纤维推荐品种及品牌

推荐品种	品牌	推荐品种	品牌
高透气性循环再利用聚酯纤维	桐昆	循环再利用聚酰胺6纤维	中纤
弹性循环再利用聚酯纤维	Green Circle		

（1）高透气性循环再利用聚酯纤维。

①推荐理由。符合绿色发展理念，丰富了循环再利用纤维差别化品种，拓展了应用领域和市场空间。

②制备技术。以再生聚酯切片为原料，经过干燥、预结晶，采用"十字型"喷丝板，通过熔融纺丝工艺后卷绕成型。见图6。

图6　高透气性循环再利用聚酯纤维制备流程图

③主要规格。长丝，180dtex/144F（POY）。

④性能及制品特点。

• 绿色环保、品质接近原生；

• 十字型截面、纤维内部稳定、蓬松；

• 低旦多孔、吸湿排汗、透气性好。

⑤应用领域。运动服、鞋材等服装领域。

（2）弹性循环再利用聚酯纤维。

①推荐理由。绿色环保，实现纤维—纤维的闭环循环。化学法循环再生技术缔造更多可能，实现循环再利用聚酯纤维的差别化及高值化开发。

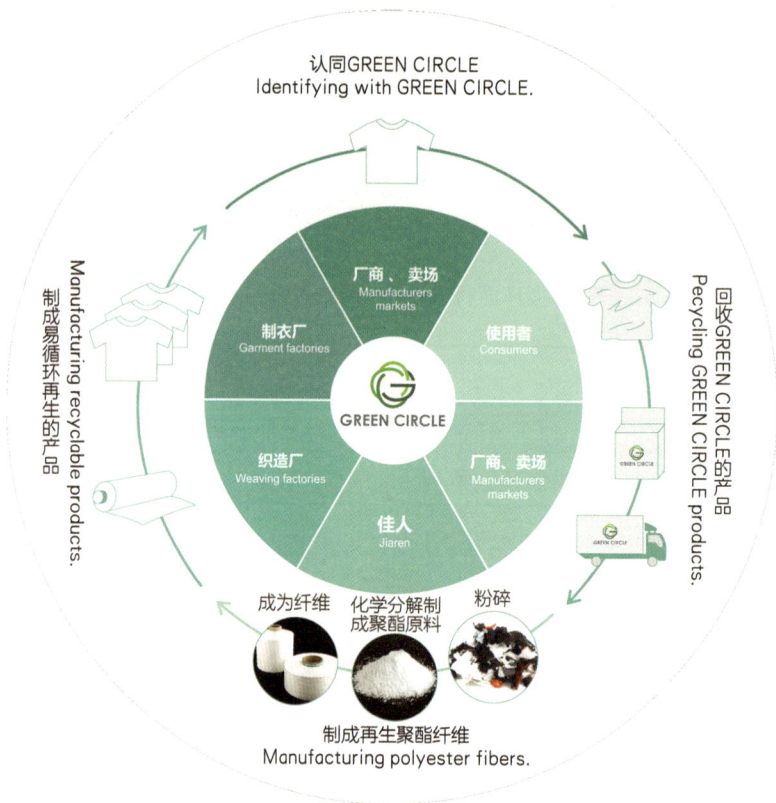

图7　弹性循环聚酯纤维循环图

②制备技术。以废旧纺织品为原料，利用先进的化学法循环再生技术，经熔融纺丝工艺制备，再通过调整后处理工序的工艺参数，赋予纤维优良的弹性性能。见图7。

③主要规格。长丝，82.5dtex/72F（DTY）。

④性能及制品特点。

• 化学法循环再生，实现资源再利用；

• 高弹性、卷曲收缩率高；

• 产品品质稳定，接近原生纤维。

⑤应用领域。休闲服、运动服等服装领域（图8）。

（3）循环再利用聚酰胺6纤维。

①推荐理由。变废为宝，将纺织废弃物回收并转化为聚酰胺6纤维，纤维品质媲美原生纤维。

②制备技术。纺丝或织造过程中的产生的废丝、废料块、边角料，通过物理法再生技术，经破碎、熔融、过滤、冷却、切粒、

图8　弹性循环再利用聚酯纤维的应用

干燥得到再生切片，经熔融纺丝制备。

③主要规格。短纤，1.33dtex×38mm、1.67dtex×38mm、3.33dtex×（38~88）mm。

④性能及制品特点。

• 物理法再生，减轻环保压力；

• 强度高、耐磨性好；产品稳定性高。

⑤应用领域。休闲服、运动服、工装等服装领域；床上寝具、填充物等家用纺织品；汽车内饰等产业用纺织品。

3. 原液着色化学纤维（表3）

采用先进的原液着色技术，赋予纤维色彩属性，打造纤维"天生丽质"，勾勒出千变万化的时尚个性，演绎充满活力的创趣风格。原液着色纤维减少后道印染环节，坚守了纺织产业链的绿色生态价值，创造了更优的经济效益。

表3　原液着色化学纤维推荐品种及品牌

推荐品种	品牌	推荐品种	品牌
原液着色细旦超黑聚酯纤维	桐昆	原液着色高耐日晒户外专用聚酯纤维	恒运
原液着色循环再利用空变聚酯纤维	百川	原液着色细旦聚丙烯纤维	蒙泰丝

（1）原液着色细旦超黑聚酯纤维。

①推荐理由。攻克高浓度均匀添加，实现原液着色超黑与细旦异形的结合，减少后道印染过程，纤维外观鲜亮，手感柔软。

②制备技术。通过在线添加，结合动静态共混方式，将高浓度色母粒熔融注入聚酯熔体管道中，实现母粒均匀性分散，设计三角形细旦纤维用喷丝板，经熔融纺丝工艺制备。

③主要规格。长丝，140dtex/144F（POY特黑丝）。

④性能及制品特点。

• 色彩鲜亮、色牢度高；

• 三角形截面，纤维手感滑爽，柔软亲肤。见图9。

⑤应用领域。运动服、婴儿服、贴身内衣等服装用纺织品。

（2）原液着色循环再利用空变聚酯纤维。

①推荐理由。融合循环再利用与原液着色绿色工艺属性，迎合多色系、多风格、快反应

图9　原液着色细旦超黑聚酯纤维产品

的市场需求。

②制备技术。以100%废弃饮料瓶为原料，加入多色系的无机颜料，通过熔融共混，制备多色原液着色循环再利用聚酯纤维。经过不同的超喂比，通过高压空气无序扰乱，实现特殊的外观风格和手感。见图10。

③主要规格。长丝，333~2000dtex/96~576F。

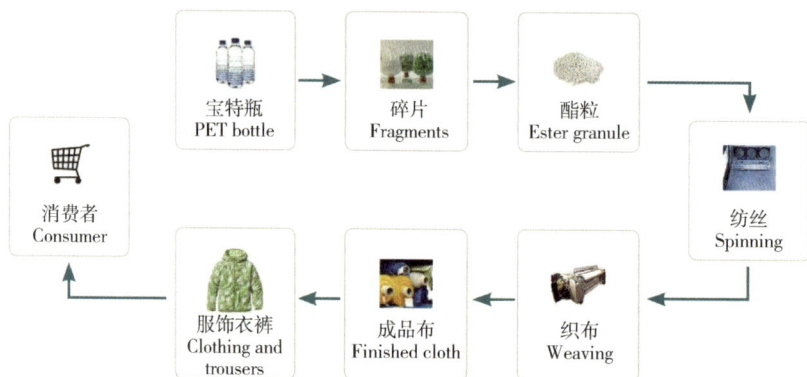

图10　原液着色循环再利用空变聚酯纤维制备流程图

④性能及制品特点。

- 减少染整能耗、绿色环保；
- 多色系、色彩丰富、色牢度高；
- 仿毛、仿麻、仿棉效果；
- 小批量、高品质、快反应。

⑤应用领域。牛仔、毛衣、帽子等服装用纺织品（图11）；窗帘、地毯、沙发布等家用纺织品；汽车内饰、体育用品、军用纺织品、过滤产品、户外用品等产业用纺织品。

（3）原液着色高耐日晒户外专用聚酯纤维。

①推荐理由。是原液着色聚酯纤维的功能性延伸，实现节能环保的同时，赋予纤维良好的耐日晒、抗紫外等性能，为户外用品提供专属选择。

②制备技术。将色母粒、抗紫外抗老化母粒采用共混改性技术添加到聚酯切片中，再通过熔融纺丝工艺制备，经卷绕成型、加弹等工艺形成低弹丝。

③主要规格。长丝，82~165dtex/48~144F（DTY）。

④性能及制品特点。

图11　原液着色循环再利用空变聚酯纤维的应用

- 色牢度高、色彩丰富；

- 耐日晒、耐磨、耐热；

- 强度高、有弹性。见图12。

⑤应用领域。箱包等服装用纺织品；户外用品等产业用纺织品（图13）。

（4）原液着色细旦聚丙烯纤维。

①推荐理由。采用原液着色技术，绿色环保。聚丙烯纤维单丝细度小，在提高手感舒适性的同时，增强单向导湿的功能，应用于高端运动服。

②制备技术。采用聚丙烯切片，结合原液着色技术，通过熔融纺丝工艺及调节喷丝孔径比，实现原液着色细旦聚丙烯纤维的制备。

③主要规格。长丝，33dtex/48F。

④性能及制品特点。

图12　原液着色高耐日晒户外专用聚酯纤维

图13　原液着色高耐日晒户外专用聚酯纤维的应用

- 原液着色、色牢度高、绿色环保；

- 单丝细度小，细度达到0.68dtex；

- 织物具有柔软、舒适、透气、导汗、导湿、快干的特点。

⑤应用领域。休闲服、运动服、家居服等服装用纺织品；户外用品等产业用纺织品。

（二）纤·筑安心

屏障构筑，安全守护。中国纤维科技聚焦消费升级，不断超越自我，围绕抑菌主题，绽放舒适健康属性，走进千万中国家庭；中国纤维致力于为消费者的健康舒适提供解决方案，打造环保阻燃、高强、抗老化等纤维，构筑安全防御的"保护锁"，让消费者拥有健康安心的品质生活。中国纤维追本溯源，实现从供应链下游至上游的双向流通，提升整体产业链透明度。

1. 健康防护纤维（表4）

新冠肺炎疫情席卷全球，让人们重新开始审视生活中的健康需求。纤维融入健康元素，采用锌离子、银离子、银/锌复合等抑菌剂打造健康防护属性，高透气小孔径PTFE（聚四氟乙烯）微孔薄膜实现口罩和防护服的高效低阻及可重复性使用性。由外到内、由日常服用到医疗防护，纤维与健康防护共升级，满足人们对安心生活的新期待（图14）。

表4　健康防护纤维推荐品种及品牌

推荐品种	品牌	推荐品种	品牌
锌系抑菌聚酯纤维	锌力康	银/锌复合抑菌聚酰胺6纤维	达洁纶
银离子抑菌氨纶	奥神	PTFE微纳纤维膜	禾海

图14　健康防护纤维在防护用品中的应用

（1）锌系抑菌聚酯纤维。

①推荐理由。融合锌系抑菌、异型截面设计和原液着色技术的聚酯纤维，带给消费者兼具颜色艳丽、导湿快干和安全有效的抑菌体验。

②制备技术。以锌系抑菌剂作为改性剂，对聚酯进行共混添加改性，设计独特的四T型异型截面，采用原液着色技术经熔融纺丝制备。见图15。

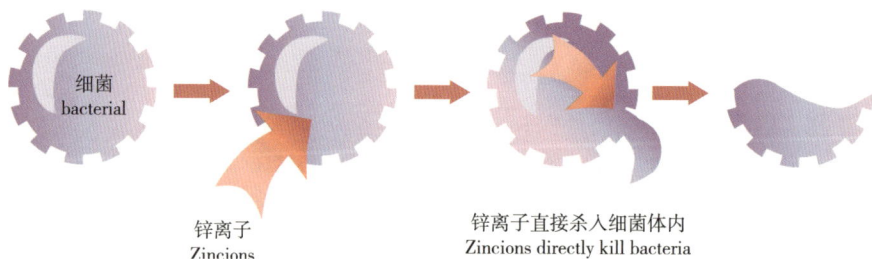

图15　锌离子进入菌体抑制病菌繁殖

③主要规格。短纤，1.33~6.67dtex×32~102mm。

④性能及制品特点。

- 有效抑制纤维表面细菌、真菌的繁殖；
- 具有良好的防霉功能、防止异味；
- 纤维四T型截面赋予制品导湿快干功能；
- 采用原液着色技术，低碳环保。见图16。

⑤应用领域。家居服、婴儿服、贴身内衣等服装用纺织品；床上寝具、窗帘、沙发布等家用纺织品；汽车内饰等产业用纺织品。

（2）银离子抑菌氨纶。

①推荐理由。兼具氨纶的优势，并赋予氨

图16　锌系抑菌聚酯纤维产品

纶优异的非溶出型抑菌功效，安全可靠、抑菌效果持久，具有良好的市场认可度。

②制备技术。在连续聚合干法纺丝的生产工艺流程上，采用共混技术，将银离子抑菌剂加入氨纶纺丝原液中，实现柔性稳定生产。

③主要规格。长丝，15~150旦。

④性能及制品特点。

• 兼具氨纶的弹性与抑菌功能，菌种抑菌圈宽度为0，非溶出；

• 织物耐洗涤性优异，对金黄色葡萄球菌、大肠杆菌和白色念珠菌的抑菌率达99%以上，达FZ/T 73023—2006 AAA级。

⑤应用领域。贴身内衣、袜子等服装用纺织品；医用纺织品等产业用纺织品。见图17。

图17　银离子抑菌氨纶的应用

（3）银/锌复合抑菌聚酰胺6纤维。

①推荐理由。针对医护人员贴身着装领域开发的功能复合纤维，兼具抑菌与温湿调控功能。

②制备技术。采用银/锌复合抑菌剂在线添加，与聚酰胺6切片共混，经熔融纺丝制备。

③主要规格。44.4~77.7dtex/12~68F（FDY、DTY）。

④性能及制品特点。

• 兼具聚酰胺6纤维自身特点，同时具有高效抑菌特性，对金黄色葡萄球菌、大肠埃希氏菌、白色念珠菌抑菌率均约95%；

• 面料通过AATCC-100的抑菌性能测试，亲肤舒适，适合贴身穿着。

⑤应用领域。医用纺织品，产业用纺织品。见图18。

图18　银/锌复合抑菌聚酰胺6纤维的应用

（4）PTFE微纳纤维膜。

①推荐理由。可作为熔喷材料的应急产品，制作的口罩可实现重复使用，并可拓展在空气过滤领域的应用。

②制备技术。融合树脂共混改性、异型截面设计、高剪切挤出技术及共牵伸工艺，实现了不同孔径、不同微孔形状、不同高孔隙率的PTFE全纤维膜的制备。

③主要规格。厚度0.2mm，幅宽1600mm，长度5000m。

④性能及制品特点。

• PTFE微纳粗纤维直径0.5~1μm，PTFE微纳细纤维17~26nm；

• 粗纤维（微米级纤维）比例为8%，细纤维（纳米级纤维）比例为92%；

• PTFE微纳纤维膜厚度10~15μm，孔径小于0.1μm，膜阻38Pa，具有高效低阻，过滤性能持久稳定的特点。

⑤应用领域。儿童口罩、民用防护口罩、医用口罩和FFP2/FFP3类别口罩。见图19。

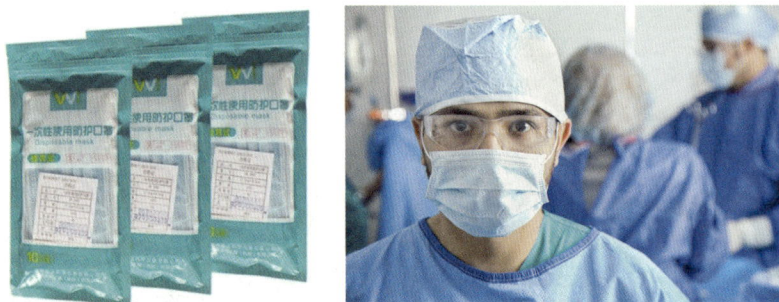

图19　PTFE微纳纤维膜的应用

2. 安全防护纤维（表5）

安全防护纤维以人为本，安全为先，复配与再生、聚合与萃取，由繁至简、由好到精，不断打磨纤维的内在价值，构筑生命安全屏障。环保阻燃、抗熔滴、抗老化、高强耐磨等性能亮点精锐尽出，在工装防护、装备防护等领域发挥着举足轻重的作用。

表5　安全防护纤维推荐品种及品牌

推荐品种	品牌	推荐品种	品牌
阻燃抗熔滴聚酯纤维	葛伦森	抗老化阻燃循环再利用聚酯纤维	鹭安丝
一步法高强聚酰胺6纤维	恒申		

（1）阻燃抗熔滴聚酯纤维。

①推荐理由。经特殊阻燃改性后的聚酯具有良好的可纺性，制得的纤维具备高阻燃、高残炭量以及一定的抗熔滴性能。

②制备技术。通过熔体混合反应的方式，在低聚物熔体段注入反应型高分子磷系阻燃剂，制得阻燃抗熔滴聚酯切片，再经熔融纺丝制得阻燃抗熔滴纤维。

③主要规格。短纤，1.67dtex×38mm、2.22dtex×51mm。

④性能及制品特点。

- 无卤阻燃、成炭性好，符合RoHS、REACH无卤环保；
- 燃烧残炭量高，具有良好自熄性，抗熔滴效果好。

⑤应用领域。安全防护服等服装用纺织品，军用纺织品、消防用品等产业用纺织品。见图20。

（2）一步法高强聚酰胺6纤维。

①推荐理由。高强聚酰胺纤维强度远高于常规锦纶，可用于军用纺织品及户外用品。

图20　阻燃抗熔滴聚酯纤维的应用

②制备技术。采用两段式聚合和切片多段萃取技术，制备低聚物含量低的高性能锦纶切片；利用高效冷却、多倍牵伸、高效热定型、长纺程、慢冷却纺丝技术，保证熔体从喷丝板喷出后缓慢冷却，防止形成皮芯结构，制得高强度聚酰胺6纤维。

③主要规格。长丝，16.5~88.8dtex/5~24F（FDY）。

④性能及制品特点。

- 强度高、耐磨性好；
- 吸湿性好；
- 织物的弹性及弹性回复性优异。见图21。

⑤应用领域。运动服、安全防护服、鞋材等服装用纺织品；军用纺织品等产业用纺织品。见图22。

（3）抗老化阻燃循环再利用聚酯纤维。

图21　一步法高强聚酰胺6纤维产品

图22　一步法高强聚酰胺6纤维的应用

①推荐理由。功能复合纤维，兼具力学性能的同时，集阻燃、抗紫外、抗老化、再生环保性于一体，提升了产品的附加值。

②制备技术。将聚酯瓶片、废料等经过物理法回收切粒得到再生切片，然后与阻燃母粒、抗老化剂等改性剂共混，经熔融纺丝制备。

③主要规格。长丝，167dtex/48F。

④性能及制品特点（表6）。

表6 抗老化阻燃循环再利用聚酯纤维性能

紫外线指数/UV index	暴晒级数/exposure level
0~2	最弱/weakest
3~5	弱/weak
6~7	中等/medium
8~10	强/strong
>11	低强/very strong

- 物理再生，实现资源再利用；
- 抗紫外老化性好，使用寿命长；
- 磷氮系阻燃，低烟无毒。

⑤应用领域。工装、床上寝具、窗帘（图23）、沙发布、汽车内饰等。

3. 可追溯性纤维（表7）

采用分子追踪技术，即使纺织加工、后道印染，历经千变万化，仍可在终端产品中识别出纤维的前世今生。再生纤维素纤维追溯体系的建立，实现从供应链下游至上游的双向流通，提升整体产业链透明度及可持续发展水平。

图23 抗老化阻燃循环再利用聚酯纤维的应用

表7 可追溯性纤维推荐品种及品牌

推荐品种	品牌
可追溯性再生纤维素纤维	唐丝

①推荐理由。纤维制备过程中加入示踪技术，实现从原材料到终端品牌整体产业链的透明。

②制备技术。采用可分子追踪的特殊成分，与纤维素纺丝溶液共混形成均匀分散体系，经湿法纺丝制备。

③主要规格。短纤，1.33dtex×38mm。

④性能及制品（图24）特点。

图24 可追溯性再生纤维素纤维产品

- 采用特殊成分的分子追踪技术，即使通过纺织品加工过程后，仍可在终端应用中识别原料来源；
- 纤维具有吸湿性好，易于染色，不易起静电，有较好的可纺性特点；
- 织物柔软光滑、透气性，穿着舒适，染色后色泽鲜艳、色牢度好。

⑤应用领域。羽绒服、家居服、婴儿服、毛衣等服装用纺织品；填充物等家用纺织品；卫生纺织品等产业用纺织品。

（三）纤·致风尚

风尚所领，至臻至美。中国纤维洞察消费者的身心感受，捕捉风尚潮流趋势，将极致、专注、创新融入产品的每一个环节，通过点、线、面、体、色彩等多维度的技术设计，表达纤维弹性仿真效果。通过静态与动态美学设计结合，满足多场景下多姿伸展的极致需求，让服装与运动同步，开启形随心动的舒适轻松体验；吸取自然灵感，利用仿真技术，超越真实体验，满足消费者追求时尚的同时，提供最佳伦理选择，开启消费新时代。

1.弹性纤维（表8）

设计异材质、异截面、异收缩、异功能等多元组合，以复合纺丝、混纤、加弹等工艺为支撑，打造功能性弹性纤维；突破PBT纤维熔体直纺技术，提品创效。无氨纶弹性纤维开启随心所欲的运动舒适体验、低熔点氨纶打造随心裁时尚面料……让消费者身随意动，型随心动。

表8 弹性纤维推荐品种及品牌

推荐品种	品牌	推荐品种	品牌
异组分异收缩全消光聚酯纤维	舒棉弹	熔体直纺原液着色PBT纤维	海洋天丝纤维
凉感PET/PTT双组分并列复合纤维	桐昆	低温易黏合氨纶	千禧

（1）异组分异收缩全消光聚酯纤维。

①推荐理由。复合纺丝、混纤与加弹技术的创新结合，提高了纤维的差异化水平，纤维棉感优异，市场热度颇高。

②制备技术。弹性复合纤维与全消光聚酯纤维同时喂入罗拉，经过特殊加弹、变形、定型、卷绕等工序制备。

③主要规格。长丝，60~167dtex/53~152F。

④性能及制品特点。

- 具有优异的弹性，其面料弹性好；
- 光泽柔和，触感温暖，仿棉效果优异；
- 织物组织紧密、染色均匀。

⑤应用领域。休闲服、运动服等服装用纺织品（图25）。

图25 异组分异收缩全消光聚酯纤维的应用

（2）凉感PET/PTT双组分复合纤维。

①推荐理由。该复合纤维的PTT组分采用生物基原料，具有可再生性和环保性。纤维具有优异的弹性回复性，抗皱性、易染性和接触凉感性能，竞争优势明显。

②制备技术。采用PET、PTT两种组分，并在线添加一定比例的凉感母粒，经复合纺丝技

术制成的弹性凉感纤维。由于两种组分不同的收缩性能，使纤维形成永久性的弹簧状卷曲。见图26。

图26 凉感PET/PTT双组分复合纤维制备流程图

③主要规格。长丝，55~83dtex/32F。

④性能及制品特点。

- 生物基原料，绿色环保；
- 极佳的卷曲弹性，弹性永久；
- 接触凉感；
- 易上染，色彩鲜艳；
- 面料蓬松柔软、耐污、抗皱、挺括、易打理。

⑤应用领域。休闲服、运动服、家居服、贴身内衣等服装用纺织品。

（2）熔体直纺原液着色PBT纤维。

①推荐理由。率先在国际上实现了PBT纤维熔体直纺技术，纤维产品品质优良稳定、条干不匀率明显下降、节能降耗效果突出、经济和社会效益显著。

②制备技术。以对苯二甲酸和1,4-丁二醇为原料，采用钛系催化剂，优化催化剂加入量和加入方式，调控酯化釜回流比，控制酯化率，开发熔体输送系统实施动态协同控制技术，降低熔体黏度的波动，增加在线添加混合系统，实现熔体直纺原液着色PBT纤维的制备。见图27。

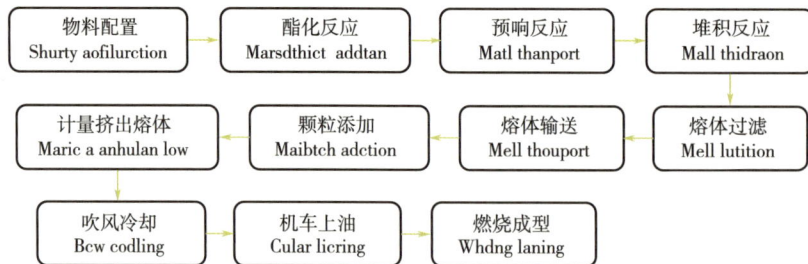

图27 熔体直纺原液着色PBT纤维制备流程图

③主要规格。长丝，56~110dtex/24~48F。

④性能及制品特点（图28）。

图28　熔体直纺原液着色PBT纤维产品

- 良好的染色性能、色泽鲜艳饱满、耐氯性优良；
- 优良的耐化学药品性、耐光性和耐热性；
- 色级控制精准、色牢度高，免染整废水排放，绿色环保；
- 纤维卷曲性、拉伸弹性和压缩弹性极好且弹性不受湿度的影响；
- 制品手感柔软、尺寸稳定性好、耐磨性好、易打理。

⑤应用领域。牛仔、袜子、泳衣（图29）、专业运动服等服装用纺织品；医用纺织品等产业用纺织品。

（4）低温易黏合氨纶。

①推荐理由。具有低温熔融黏着特点，在织物中形成黏结点，增加终端制品的强度。

②制备技术。使用特殊的聚合原料及功能助剂，对聚合工艺、纺丝工艺进行创新性改变，降低氨纶熔点，使其具有低温熔融特点。

③主要规格。长丝，18旦。

④性能及制品特点。

图29　熔体直纺原液着色PBT纤维的应用

- 弹性优异，伸长率高，应力低；
- 熔融温度低，氨纶丝的编织相交点易形成黏结点；
- 提高织物使用寿命和美观度。

⑤应用领域。休闲服、运动服、贴身内衣、袜子等服装用纺织品（图30）。

2. 仿真纤维（表9）

仿真纤维从视觉、触觉等多角度无限接近

图30　低温易黏合氨纶的应用

自然属性，演绎棉花触感、皮草视感、羊毛暖感等，材料的科技创新为时尚服装、舒馨家纺、多元产业用等领域提供最佳伦理选择，点缀时尚的灵动与活力，刷新消费者体验。

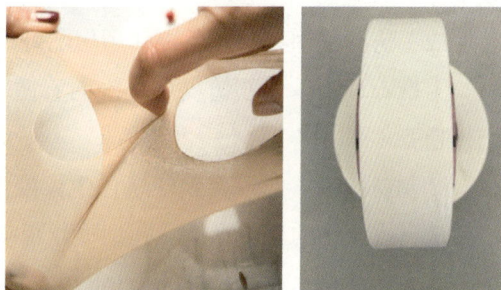

表9　仿真纤维推荐品种及品牌

推荐品种	品牌	推荐品种	品牌
全消光聚酯仿棉纤维	凤逸棉	仿马海毛聚丙烯腈纤维	马海腈纶
仿皮草用异形循环再利用聚酯纤维	龙杰	原液着色仿毛PBT/PET复合纤维	旷达

（1）全消光聚酯仿棉纤维。

①推荐理由。采用原位聚合技术，实现高浓度TiO_2的均匀、稳定添加，从手感、光泽上实现仿棉。

②制备技术。采用原位共聚和熔体直纺技术，卷绕采用高速纺丝工艺（3400m/min以上），一步法生产低伸长、高强度POY全消光产品。

③主要规格。长丝，72dtex/72F（POY）。

④性能及制品特点。

- 强度高、低伸长；
- 光泽柔和，触感似棉。

⑤应用领域。家居服、贴身内衣、衬衣等服用纺织品（图31）；床上寝具、填充物等家用纺织品。

图31　全消光聚酯仿棉纤维的应用

（2）仿皮草用异形循环再利用聚酯纤维。

①推荐理由。引领仿皮草纤维向着循环再生、节能环保方向发展，符合目前环保概念的流行趋势（图32）。

②制备技术。以废弃聚酯瓶再生聚酯为原料，经筛料、预结晶、干燥、熔融、计量等工序后从自主设计的鱼骨形特殊孔型喷丝板喷出，再经过侧吹风冷却、上油、卷绕制得。

③主要规格。长丝，83dtex/36F、72dtex/24F。

④性能及制品特点。

- 再生资源，绿色环保；
- "鱼骨状"截面，纤维具有持久的弹性；
- 仿真度高、光泽柔和、手感顺滑；

图32　仿皮草用异型循环再利用聚酯纤维的应用

•耐磨、抗拉伸性能好，织物清洁、保养方便、易打理。

⑤应用领域。家居服、围巾、高端成衣等服装用纺织品；地毯、玩具等家用纺织品；汽车内饰等产业用纺织品。

（3）仿马海毛聚丙烯腈纤维。

①推荐理由。腈纶仿马海毛，风格独特，可部分替代马海毛，供高端服饰选用。

②制备技术。采用DMAC湿纺两步法，利用特殊工艺生产具有马海毛特性的腈纶。

③主要规格。短纤，12.2dtex×102mm。

④性能及制品特点。

•表面光滑，光泽闪亮；极强的回弹性和蓬松感；

•卷曲数少，酷似幼羔马海毛，仿天然马海毛风格；

•染料亲和力强，色彩鲜艳（图33）。

图33　仿马海毛聚丙烯腈纤维

⑤应用领域。家居服、围巾、高端成衣等服装用纺织品（图34）；地毯、玩具等家用纺织品；汽车内饰等产业用纺织品。

（4）原液着色仿毛PBT/PET复合纤维。

①推荐理由。粗旦仿毛双组分复合纤维，结合原液着色技术，开发汽车内饰专用定制化产品。

②制备技术。采用原液着色在线添加技术，将熔点较低的PBT与PET材料先经复合纺丝，再结合空气变形后纺工艺及芯纱加湿工艺制备而成。

③主要规格。长丝，556~1111dtex/146~288F。

④性能及制品特点。

图34　仿马海毛聚丙烯腈纤维的应用

•三维立体卷曲，具有很强的延伸性，蓬松性好；

•采用原液着色技术，色牢度高，绿色环保；

•织物柔软蓬松、弹性适中的手感，极具装饰效果。

⑤应用领域。家居服、毛衣、休闲服等服装用纺织品；汽车内饰等产业用纺织品（图35）。

（四）纤·创未来

创领未来，品质塑造。中国纤维勇攀高峰，挑战装备加工和纤维性能极限。突破超高强度碳纤维高品质制备技术，中模高强碳纤维预浸料制备工艺更加成熟稳定。

图35　原液着色仿毛PBT/PET复合纤维的应用

高性能碳纤维材料全方位渗透到民用大型飞机、无人机、固体发动机等领域，为工程制造提升革命性动力。聚酯工业丝、高强高模维纶性能与功能更上一层楼，为交通防护、特殊用纸领域注入新活力。中国纤维用科学、智慧、创新引领未来。

1. 产业用高强纤维（表10）

没有最强，只有更强。在固相增黏、凝胶纺丝工艺方面升级，挑战纤维的加工及性能极限，提高纤维强度、韧性、耐候性、耐晒性，使纤维性能与功能更上一层楼，对接交通防护、证券用纸等领域新应用。

表10　产业用高强纤维推荐品种及品牌

推荐品种	品牌	推荐品种	品牌
原液着色黑色高强工业丝	尤夫	细旦高强高模聚乙烯醇纤维	皖维

（1）原液着色黑色高强工业丝。

①推荐理由。兼顾高强聚酯工业丝的力学性能、尺寸稳定性、柔韧性、耐环境性和耐紫外老化性，在安全防护产品的减重轻量化方面具有突出优势。

②制备技术。通过固相增黏改进技术制备熔体分子量分布均匀、分子链排列整齐的高黏聚酯切片，然后与原液着色黑色抗紫外母粒共混，经熔融纺丝制备。

③主要规格。工业丝，1100~3300dtex/192~384F。

④性能及制品特点。

• 强度高；耐环境性、抗紫外老化性能良好；

• 原液着色技术、色牢度高、绿色环保。见图36。

⑤应用领域。军用纺织品、户外用品、建筑增强、缆绳、航空航天、织带等产业用纺织品（图37）。

（2）细旦高强高模聚乙烯醇纤维。

①推荐理由。差异化小品种，竞争力强，通过技术革新，与下游市场精准对接。

②制备技术。采用含硼凝胶湿法纺丝工艺，经纺丝原液配制、凝固成型、湿热拉伸、干燥定型制成。

③主要规格。短纤，0.56~1.1dtex×3~12mm。

④性能及制品特点。

• 细旦纤维，比表面积大；

• 纸张的柔软性、湿抗强度提高；

图36　原液着色黑色高强工业丝

图37　原液着色黑色高强工业丝的应用

· 整体品质提升。

⑤应用领域。证券用纸、药品包装。见图38。

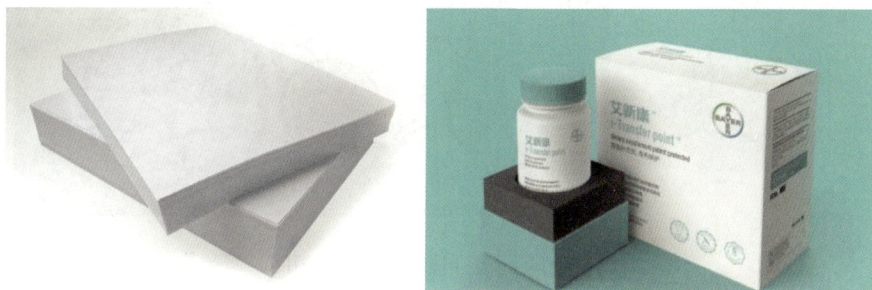

图38 细旦高强高模聚乙烯醇纤维的应用

2.高性能碳纤维（表11）

碳纤维为复合材料之"芯"，大国之重器。企业自主研发全套国产化技术与装备，突破高品质超高强度碳纤维制备技术，强度达6400MPa以上，整体水平达到国际先进；中模高强碳纤维预浸料制备技术更加成熟，满足大尺寸、曲面复合材料主承力结构要求。高性能碳纤维为航空航天、固体发动机壳体等提供国产化原料支撑，也为进一步实现轻量化提供解决方案。

表11 高性能碳纤维推荐品种及品牌

推荐品种	品牌	推荐品种	品牌
超高强度碳纤维	神鹰、拓展	中模高强碳纤维预浸料	恒神

（1）超高强度碳纤维。

①推荐理由。企业自主开发技术，超高强度碳纤维力学性能、工艺性能均与国外同类产品相当，实现国产替代。

②制备技术。先制备出高分子量、高特性黏度、高均一性的聚合原液，然后采用干喷湿纺纺丝技术制备出T1000G级超高强度碳纤维原丝，最后通过预氧化和碳化纤维结构精细控制技术制备出超高强度碳纤维。

③主要规格。HF30F-12K、HF30F-24K。

④性能及制品特点。

· 超高强度、超高模量；

· 可加工性好、纤维利用率高；

· 复合材料转化率及其拉伸性能优异。见图39。

⑤应用领域。体育用品、航空航天、发动机壳体等（图40）。

图39 超高强度碳纤维产品

图40 超高强度碳纤维的应用

（2）中模高强碳纤维预浸料。

①推荐理由。中模高强碳纤维预浸料具有比强度、比模量高和耐疲劳等的特点，可应用于复合材料主承力结构部件，进一步实现在航空航天等领域的轻量化。

②制备技术。在一定的压力和温度下，把树脂胶膜和相应的纤维或织物经过热熔浸胶进行辊压浸渍，所制备出来的材料为热熔预浸料。

第一步：涂膜，在涂膜设备上完成胶膜的制备，树脂面密度控制在±2%；

第二步：含浸，将制备好的胶膜转移至含浸设备与碳纤维进行复合，树脂在温度和压力的作用下完成对碳纤维的浸润，最后冷却收卷。预浸料面密度控制在3%。

③主要规格。EH918-35%-12KHF40-U-145gsm-1000、EH918-T-33%-12KHF40-U-133gsm-300。

④性能及制品特点。

• 碳纤维预浸料的强度可以达到钢材的6~12倍，密度只有钢材四分之一；
• 可塑性好，可根据模具形状做成任何形状，成型容易，便于加工；
• 黏性寿命长，能够满足大型航空航天制件的铺贴周期要求；
• 抗冲击性能优异，单向预浸料冲击后压缩性能（CAI）大于300MPa。

⑤应用领域。民用大型飞机结构部件、无人机（图41）。

图41 中模高强碳纤维预浸料的应用

附件1：中国纤维流行趋势2021/2022 入选产品

篇章	分类	入选纤维	企业名称	品牌中文
纤·溯绿源	生物基化学纤维	聚乳酸纤维	安徽丰原生物纤维股份有限公司	丰原绒
		卫材专用莱赛尔纤维	保定天鹅新型纤维制造有限公司	元丝
		竹莱赛尔纤维	中纺院绿色纤维股份公司	绿纤
		细旦生物基聚酰胺56纤维	上海凯赛生物技术股份有限公司	泰纶
	循环再利用化学纤维	高透气性循环再利用聚酯纤维	桐昆集团股份有限公司	桐昆
		弹性循环再利用聚酯纤维	浙江佳人新材料有限公司	Green Circle
		循环再利用聚酰胺6纤维	恒天中纤纺化无锡有限公司	中纤
	原液着色化学纤维	原液着色细旦超黑聚酯纤维	桐昆集团浙江恒盛化纤有限公司	桐昆
		原液着色循环再利用空变聚酯纤维	福建省百川资源再生科技股份有限公司	百川
		原液着色高耐日晒户外专用聚酯纤维	浙江恒远化纤集团有限公司	恒运
		原液着色细旦聚丙烯纤维	广东蒙泰高新纤维股份有限公司	蒙泰丝
纤·筑安心	健康防护纤维	锌系抑菌聚酯纤维	上海德福伦化纤有限公司	锌力康
		银离子抑菌氨纶	连云港杜钟新奥神氨纶有限公司	奥神
		银/锌复合抑菌聚酰胺6纤维	广东新会美达锦纶股份有限公司	达洁纶
		PTFE微纳纤维膜	浙江理工大学	禾海
	安全防护纤维	阻燃抗熔滴聚酯纤维	四川东材科技集团股份有限公司	葛伦森
			苏州联畅特种纤维有限公司	
		一步法高强聚酰胺6纤维	长乐恒申合纤科技有限公司	恒申
		抗老化阻燃循环再利用聚酯纤维	厦门翔鹭化纤股份有限公司	鹭安丝
	可追溯性纤维	可追溯性再生纤维素纤维	唐山三友集团兴达化纤有限公司	唐丝
纤·致风尚	弹性纤维	异组分异收缩全消光聚酯纤维	盛虹集团·国望高科	舒棉弹
		凉感PET/PTT双组分复合纤维	桐昆集团股份有限公司	桐昆
		熔体直纺原液着色PBT纤维	无锡市兴盛新材料科技有限公司	海洋天丝纤维
		低温易黏合氨纶	华峰化学股份有限公司	千禧
	仿真纤维	全消光聚酯仿棉纤维	新凤鸣集团股份有限公司	凤逸棉
		仿皮草用异形循环再利用聚酯纤维	苏州龙杰特种纤维股份有限公司	龙杰
		仿马海毛聚丙烯腈纤维	吉林奇峰化纤股份有限公司	马海腈纶
		原液着色仿毛PBT/PET复合纤维	旷达纤维科技有限公司	旷达

篇章	分类	入选纤维	企业名称	品牌中文
纤·创未来	产业用高强纤维	原液着色黑色高强聚酯工业丝	浙江尤夫高新纤维股份有限公司	尤夫
		细旦高强高模聚乙烯醇纤维	安徽皖维高新材料股份有限公司	皖维
	高性能碳纤维	超高强度碳纤维	中复神鹰碳纤维有限责任公司	神鹰
			威海拓展纤维有限公司	拓展
		中模高强碳纤维预浸料	江苏恒神股份有限公司	恒神

附件2：中国纤维流行趋势2021/2022入围产品

品类	产品名称	企业名称
安全防护纤维	白色抗静电聚酯纤维	江苏中杰澳新材料有限公司
	碳黑导电聚酰胺6纤维	海宁泰尔欣新材料有限公司
弹性纤维	低温定型熔纺氨纶	河北邦泰氨纶科技有限公司
	瑜伽服专用高伸低模氨纶	杭州邦联氨纶股份有限公司
定制化纤维	单组分双捻抗皱聚酯纤维	桐昆集团浙江恒通化纤有限公司
	抗起球喷织磨毛布专用聚酯纤维	桐昆集团浙江恒腾差别化纤维有限公司
	细旦多孔灯芯绒专用弹性聚酯纤维	桐乡市恒基差别化纤维有限公司
仿真纤维	消光仿棉聚酰胺6混纤	福建永荣锦江股份有限公司
	仿棉弹性双组分混纤	淮安三联新材料有限公司
功能复合纤维	遮光用聚酯复合纤维	浙江恒优化纤有限公司
	原液着色功能复合聚酰胺6纤维	浙江金旗新材料科技有限公司
	石墨烯改性异形聚酰胺6纤维	常州恒利宝纳米新材料科技有限公司
	石墨烯原位聚合改性细旦聚酰胺6纤维	杭州高烯科技有限公司
	太极石改性高强高模再生纤维素纤维	太极石股份有限公司
	非六方氮化硼（h-BN）改性再生纤维素纤维	南通强生石墨烯科技有限公司
健康防护纤维	艾草改性聚酯纤维	青岛百草新材料股份有限公司
	超低纤度锌系抑菌聚酰胺6纤维	江苏文凤化纤集团有限公司
	锌系抑菌聚酰胺6纤维	博富科技股份有限公司
	胶原蛋白改性聚酰胺6纤维	长乐恒申合纤科技有限公司
	铜系抑菌竹莱赛尔纤维	上海里奥纤维企业发展有限公司
	青蒿素改性再生纤维素纤维	新乡化纤股份有限公司
	消臭抑菌再生纤维素纤维	上海正家牛奶丝科技有限公司
	PE（PHBV）/PP双组分皮芯复合纤维	南京禾素时代抑菌材料科技有限公司

品类	产品名称	企业名称
生物基化学纤维	抑菌莱赛尔纤维	山东金英利新材料科技股份有限公司
	三维卷曲PLA/PTT双组分高弹性纤维	苏州金泉新材料股份有限公司
舒感纤维	异组分异规格异收缩棉感聚酯纤维	徐州斯尔克纤维科技股份有限公司
	一步法异形涤锦复合纤维	凯泰特种纤维科技有限公司
	低熔点聚酰胺6纤维	福建漳平协龙高新化纤有限公司
	小麦蛋白改性再生纤维素纤维	杭州优标科技有限公司
	超高收缩聚丙烯腈纤维	中国石油大庆石化公司腈纶厂
	一步法易染阳涤包覆纱	桐昆集团浙江恒盛化纤有限公司
循环再利用化学纤维	循环再利用再生纤维素纤维	赛得利集团
原液着色化学纤维	原液着色超黑聚酯纤维	浙江华欣新材料股份有限公司
	原液着色高蓬松聚酯纤维	桐乡市中洲化纤有限责任公司
	原液着色异形截面混纤BCF	江苏凯普特新材料科技有限公司

附件3：性能图标

易上染
Easy-dyable

抗静电
Anti-static

纺前着色
Dope dyed

高强度
High-strength

弹性持久
Durable Elastic

隔热
Heat Insulation

远红外
Far infrared

色彩丰富
Enriched colors

易打理
Ease-care

色彩持久
Durable Color

电绝缘
Electric insulation

悬垂性好
Good Drapability

柔软
Soft

阻燃
Flame Retardant

耐化学药品
Chemical resistance

生物质
Biomass

吸湿速干
Fast Dying

抑菌
Anti-bacteria

温度调节
Warmth & Cooling

循环再生
Recycling & Regeneration

抗起球
Anti-pill

耐高温
Heat-resistant

防紫外线
Anti-UV

均匀稳定
Good Stability

透气
Breathable

抗皱
Anti-wrinkle

易加工
Easy Processability

抗拉强度高
High Tensile Strength

绿色环保
Green & Environmental Protection

耐老化
Anti-aging

部分替代原生纤维
Virgin Fiber Replacement

耐酸碱
Acid & Alkali Endurance

分散性好 Dispersion	无重金属析出 No Heavy Metal	高耐(电)压 High (Electricity) Pressure Resistant	抗蠕变 Creep Resistance
婴儿级纺织品 infant textile products	挺括 Structured	生物降解 Biodegradability	无毒 Non-toxic
耐腐蚀 corrosion resistance	防透视 Anti-perspective	仿真丝 High imitation silk	低烟 Low toxicity
高模量 High Modulus	耐高低温 High and Low Temperature Resistant	可追溯性 Traceability	强辐射 Anti-drip
仿棉 Cotton-like	低模量 Low Modulus	耐污 Stain-resistant	单丝纤度 Fineness monofilament
染色鲜艳 Durable Color	高伸长 High Stretch	低熔点 Low melting-point	抗熔滴 Anti-drip
吸收光源 Absorption from light sourcet	低应力 Low Stress	使用寿命长 Long service life	光泽好 Good luster
保暖 Heat Preservation	质量轻 Lightweight	蓬松 Fluffy	亲肤 Skin Friendliness
吸湿发热 Absorbing Moisture and Emitting Heat	防泼水 Water-repellent	纤度细 Small fineness	仿真 Imitated
异形截面 Specially Shaped Section	凉感 Cool feeling	抗冲击性 Impact-resistance	密度小 low-density
耐磨 Wear Resistance	除臭 Deodorizing function	可冲散 flushability	可塑性好 Plastic
效率高 High productive efficiency	驱蚊 Mosquito repellent	耐洗涤 Washing-resistant	

相关产业

2021年中国棉纺织行业运行及发展

中国棉纺织行业协会

摘要：2021年，我国棉纺织行业克服了原料价格波动、疫情多头反复、局部限产限电等因素所带来的不利影响，在行业共同努力下，"双循环"的市场格局初步显现，实现全年经济效益水平稳定增长。2022年，面对新的机遇与挑战，我国棉纺织行业将更加坚定信心，以科技创新寻求突破发展，积极适应新业态，为实现行业高质量发展的目标而奋斗。

一、2021年棉纺织行业运行情况

（一）纱、布产量稳中有升

2021年，我国棉纺织行业生产效率不断提升，纱、布产量稳中有升。据中国棉纺织行业协会调研会商统计，2021年我国纱、布产量分别较2020年同比增长10%和6%左右，如图1所示。

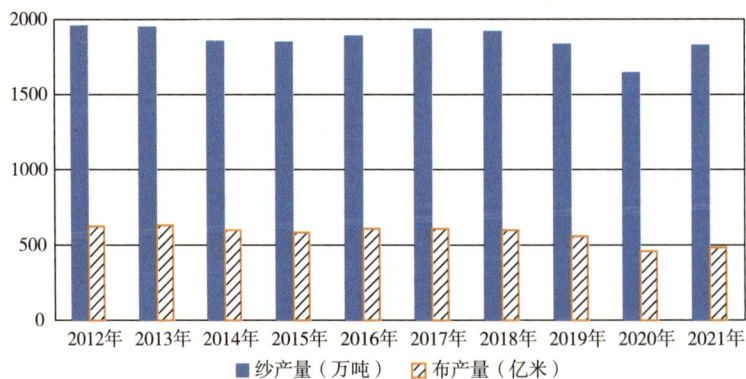

图1　2012~2021年我国棉纺行业纱布产量情况
数据来源：中国棉纺织行业协会

从用途上看，家用纺织品行业作为棉纺织行业与终端消费市场链接的纽带，2021年，约四分之一的纱、布产品作为原料进入家用纺织品供应链中，随着人民生活水平提高，所占比重持续提高。受疫情影响，终端消费者对家用纺织品的关注度加大，许多棉纺织企业根据家纺产品市场需求进行了定向开发。

（二）市场价格波动明显

2021年，纺纱原料市场价格波动较为明显，可大致分为三个变化阶段，见图2。1~3月，纤维价格整体上涨，黏胶价格涨幅最大；棉花与黏胶短纤价差逐步缩小，甚至出现黏胶价格高于棉花价格的情况；涤纶短纤价格出现了本年度第一个小高峰。4~9月，棉花价格稳步上升、黏胶价格有所下降，棉花与黏胶短纤价差逐步扩大，涤纶短纤价格保持平稳状态。9月底开始，原料价格出现了阶梯式上涨；棉花价格创近十年新高，出现了"惜售"现象，后期虽有所回落但仍保持在较高水平；在棉花的带动下，非棉纤维价格同步迎来波峰，年底有所回归。

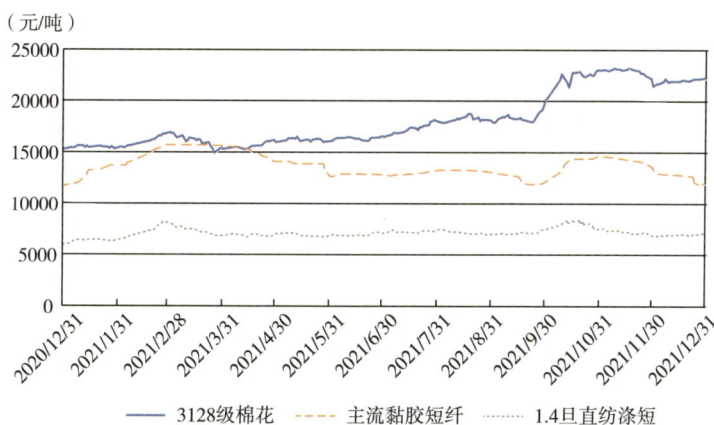

图2　2021年主要棉纺织原料价格走势
数据来源：TTEB 中国棉纺织行业协会

2021年，纱、布价格同样迎来较明显的变化，如图3所示，与原料一样呈现三个变化阶段。在原料成本迅速攀升带动下，纱、布价格分别于10月中旬迎来29600元/吨、6.6元/米的价格新高峰，市场价格氛围高涨。

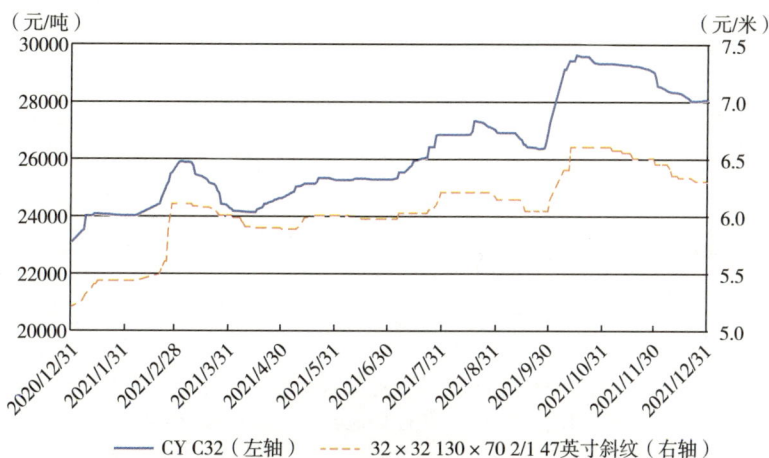

图3　2021年主要棉纺织产品价格走势
数据来源：TTEB 中国棉纺织行业协会

2021年与2020年的原料、产品年度均价见表1。对比来看，2021年各主流原料、产品价格均较2020年上涨明显，但坯布价格涨幅低于纱线，价格向产业链下游传导不畅。

表1　2020~2021年市场价格变化情况

项目	3128级棉花（元/吨）	主流黏胶短纤（元/吨）	1.4旦直纺涤短（元/吨）	CY C32（元/吨）	32×32 130×70 2/1 47英寸斜纹（元/米）
2020年均价	12992	9357	5838	19767	4.7
2021年均价	18045	13574	7020	26269	6.1
增幅	38.89%	45.07%	20.25%	32.89%	29.79%

数据来源：TTEB 中国棉纺织行业协会

此外，2021年，内外棉价差持续处于高位，全年平均价差为1938元/吨，最高时达到4500元/吨左右，远超我国棉纺织行业在国际竞争中能够正常承受的水平，国际竞争压力增大。

（三）经济效益创新高

2021年，我国棉纺织经济效益达到近十年较好水平。据中国棉纺织行业协会对重点企业的跟踪统计，2021年我国棉纺织行业营业收入较2020年增长18.4%，利润总额较2020年增长44.2%，棉纺织行业亏损企业数较2020年同比下降47.5%。从图4可以看出，全年重点企业营业收入和利润总额累计同比数始终为正值，全年表现出经济活动不断恢复、盈利水平不断向好的特点。2020年第一季度国内经济指标数据水平较低，使得该阶段2021年同比增幅处于较高水平。

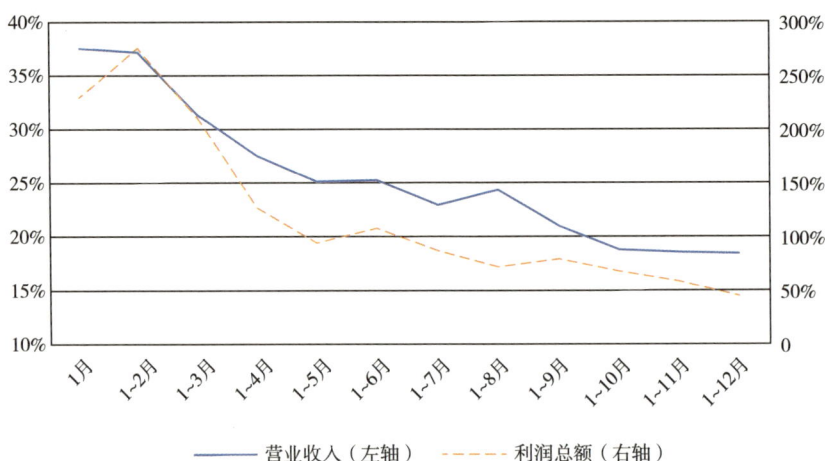

图4　2021年跟踪重点企业营业收入和利润总额累计同比变化
数据来源：中国棉纺织行业协会

经济指标数据明显好转，除了受前一年度基数较低影响，原材料价格持续走高、国内疫情防控形势率先好转及全球贸易回暖等都是拉动效益增长的主要原因。

（四）进出口市场明显回暖

2021年，进出口市场大幅回暖，产销活跃度上升，国内、国际"双循环"的市场格局初步显现，产销灵活性大大提高。

棉花进口方面。2021年，我国棉花进口量为214.4万吨，较2020年下降0.6%，变化不大。在进口来源国中，美国、巴西和印度分列前三。受益于中美第一阶段经贸协议的继续执行，我国进口的美棉数量较上年虽有所下降，但仍以38.7%的比例成为最大的棉花进口来源。见表2。

表2　2021年我国棉花进口情况

项目	数量（万吨）	同比（%）	2021年占比（%）	2020年占比（%）
总量	214.4	−0.6	100.0	100.0
美国	82.9	−15.1	38.7	45.3
巴西	64.4	4.2	30.0	28.6
印度	41.1	62.4	19.2	11.7
澳大利亚	3.5	70.3	1.6	5.4

数据来源：中国海关总署

棉纱进口方面。2021年，我国棉纱线进口量为211.8万吨，较2020年增长11.4%。其中主要原因：一是2021年棉花价格处于高位，企业进口棉纱代替棉花；二是内需市场表现较好，对纺织品的需求增加；三是与国产纱相比，外纱价格存在优势。分析进口来源可以看到，亚洲地区是我国进口棉纱的主要来源地，占比高达90%，其中越南一直稳居首位，其次是印度和巴基斯坦。见表3。

表3　2021年我国棉纱进口情况

项目	数量（万吨）	同比（%）	占比（%）
总量	211.8	11.4	100.0
越南	94.8	7.2	44.8
印度	31.8	29.7	15.0
巴基斯坦	27.8	8.8	13.1
乌兹别克斯坦	25.9	37.6	12.2
印度尼西亚	9.5	−14.8	4.5

数据来源：中国海关总署

进口增长的同时，棉纱、棉布出口也呈现增长态势。2021年，我国棉纱、棉布出口量同比均增长7.8%。棉纱出口方面，除对中国香港出口同比大幅下降30.1%外，我国对主要市场出口同比均大幅增长。棉布出口方面，对菲律宾和越南出口同比分别下降19.9%和1.7%，除此之外，对其他主要市场出口均出现增长，其中对孟加拉国和柬埔寨出口增长明显，特别是对孟加拉国出口同比增长32.4%，主要是因为随着孟加拉国内外经济活动的恢复，其服装出口量强劲回升，对棉布的需求增长。见表4。

表4 2021年我国棉纱、棉布出口情况

项目	棉纱出口量（万吨）	同比（%）	项目	棉布出口量（亿米）	同比（%）
总量	29.5	7.8	总量	73.6	7.8
巴基斯坦	5.0	1.1	孟加拉国	10.1	32.4
孟加拉国	4.3	21.3	尼日利亚	7.1	10.6
越南	4.3	29.1	越南	6.3	-1.7
中国香港	2.9	-30.1	菲律宾	4.9	-19.9
韩国	1.3	25.1	柬埔寨	2.1	19.3

数据来源：中国海关总署

据海关总署统计，2021年，我国纺织品服装出口额为3154.7亿美元，同比增长8.4%。新冠肺炎疫情对以南亚、东南亚等地区的棉纺织产业链影响较大，同时，在我国新冠肺炎疫情防控取得重大战略成果的形势下，我国棉纺织行业凭借强大的产业链和供应链，吸引了部分订单的回流。

二、2021年棉纺织行业发展特点

（一）运行质效整体向好

中国棉纺织行业协会每月发布的景气指数显示，2021，棉纺织全年景气指数在50荣枯线上下震荡波动，如图5所示。2月受春节假期影响为全年最低值47.97，3月复工后情况明显好转达到全年最高值52.46；5~8月市场情绪较稳定，连续多个月景气程度持续向好发展；而后，在原料价格起落明显，市场观望情绪越发浓重影响下，景气程度连续多个月低于荣枯线。

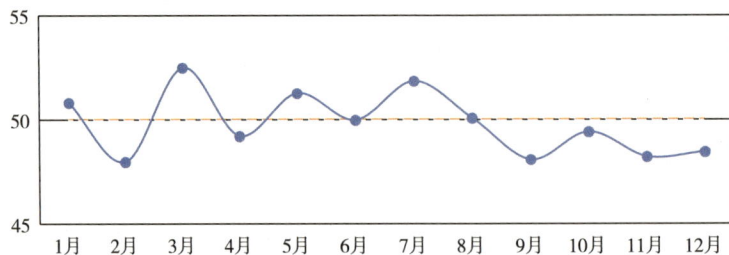

图5 2021年棉纺织景气指数
数据来源：中国棉纺织行业协会

生产方面，截至2021年12月底，中国棉纺织行业协会重点跟踪企业纺纱设备利用率为

94.15%，环比下降1个百分点，织造设备利用率为92.99%，环比增加0.6个百分点，其中，纺纱、织造设备利用率高于85%的企业占比分别为90%和86%，环比均增加1个百分点。

（二）非棉纤维应用占比继续上升

非棉纤维的发展一定程度上弥补了我国用棉缺口。与棉花相比，非棉纤维市场化程度较高，受政策影响较小，在数量和质量方面有一定的优势，近年来在棉纺生产中的使用的比重不断上升，与棉花供需形成互补关系，如图6所示。

分年度来看，2011~2013年收储期间，棉花价格处于高位，非棉纤维在棉纺用纤维中的比重快速上升。2016~2018年，在棉花储备、配额、目标价政策的多重引导下，棉花价格和品质均较为平稳，非棉纤维应用比重虽小幅下降，但基本保持平稳。2019年，受中美贸易摩擦影响，棉花价格出现波动，非棉纤维应用比重再次提高。2020年，受新冠肺炎疫情影响，纤维消耗量整体下降，非棉纤维应用比重延续上升趋势，占棉纺织行业纤维消耗总量的65.3%，同比上升1.2个百分点。2021年，棉花价格波动明显，市场风险加大，非棉纤维价格虽同样波动，但幅度相对较小，企业对非棉纤维的选用热情持续增加，其应用占比继续上升。

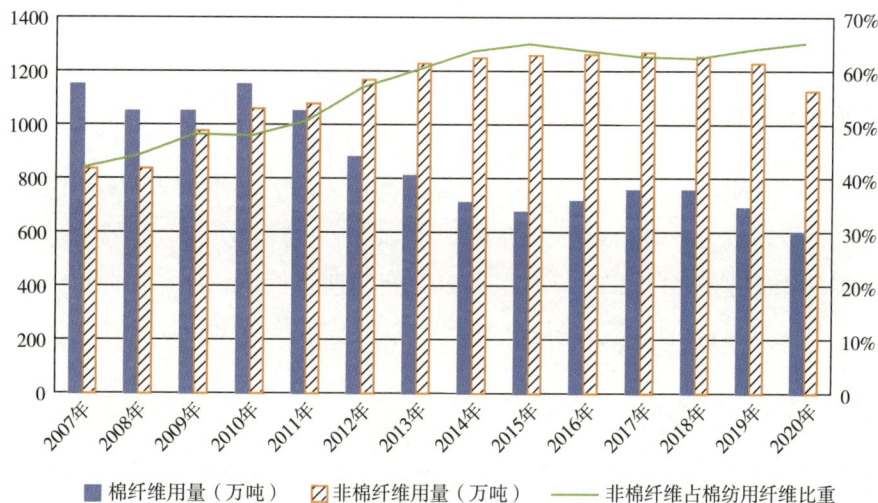

图6　2007~2020年非棉纤维在棉纺领域应用情况
数据来源：中国棉纺织行业协会

由此可见，非棉纤维在棉花价格较高或不稳定时，对缓解棉纺企业原料成本风险具有重要作用，而且非棉纤维标准化程度高，原料批次之间更加稳定，减轻了企业质量控制的压力。

（三）科技水平不断提高

科技成果方面。2021年，我国棉纺织企业积极投入到关键技术研发与产业化的进程中，取得了较大的发展成就，共13项棉纺织技术上榜"纺织之光"2021年度中国纺织工业联合会科技进步奖，较2020年增长8.3%，其中科技进步奖一等奖2项，科技进步奖二等奖11项。从具体获奖项目来看，主要分为两大类：一类是推动数字化、智能化发展建设；另一类是产品技术攻关与优化，代表了当前行业科技创新的两大方向。

产品研发方面。2021年，由中国棉纺织行业协会作为主办单位之一的2022/2023中国纱线流行趋势活动参与企业数、产品数明显提升，产品质量同样有所提高。由此可见，市场情绪波动幅度较大时，企业为保持竞争力，研发热情进一步提升。

（四）节能发展引发更多思考

2021年下半年，全国多地开始"限产限电"，企业正常生产节奏受到不同程度的影响，由此引发企业更加关注低碳环保和节能减排技术的研发。近年来，中国棉纺织行业协会在行业内持续开展节能减排技术推荐活动，推介在行业节能减排创新工作方面表现突出的企业，鼓励棉纺织企业重视节能降耗、绿色发展。截至2021年，活动已发布九批《中国棉纺织行业节能减排技术及创新应用目录》，征集技术280余个，主要包含设备升级与改造、能源/动力系统改造、循环利用技术、生产工艺创新和智能化生产五个方面，为推动棉纺织产品单位产出综合能耗下降，进一步实现可持续发展助力。

三、2022年棉纺织行业发展面临的机遇与挑战

（一）棉花价格高位震荡，原料风险仍未减弱

以棉花为代表的棉纺织原料价格仍处于历史高位。原料成本约占棉纺织生产总成本的70%，原料价格涨跌成为牵动企业心弦的重要因素之一，与行业利润水平紧密相连。2022年第一季度，3128B棉花均价为22702元/吨，较2021年同期增长44.0%。一方面企业期待价格回归正常水平，另一方面价格风险引发行业担忧，市场观望情绪浓重。

（二）差别化产品占比不断提高，带来发展新空间

随着消费者对消费体验的多样性需求不断增加，多种纤维混纺交织已经成为纺织产业时尚化、功能化的主流，为棉纺织产品创新、纺纱织造技术进步奠定了基础。2021年，棉纺织行业非棉纤维应用比例继续提高，差别化纱线、面料的比重同步提升，为棉纺织行业带来新的发展空间，"差别化"已成为棉纺织行业高附加值产品的代名词之一。

另外，差别化产品具有一定的特定性和专一性，需要一定的技术、材料、人才基础，企业转型发展中，需要根据企业自身及所在地区优势做好研判工作。

（三）全球经济下行风险增大，淡旺季有所淡化

从企业心态看，2021年9月下旬起，市场价格持续走高，行业外部因素带来的影响程度上升，国际政治、贸易局势引发多层震荡，棉纺织市场淡旺季已不再像以往那样有明显的规律可循。许多企业对淡旺季的依赖开始减弱，如何通过加强自身抗风险能力保持全年效益处于平稳状态，成为2022年企业发展的机遇所在。

从年度走势看，2021年，经过疫情洗礼后全球经济逐步开放，贸易活动逐步复苏。2022

年，俄乌战争暴发，推高全球通胀，全球经济下行风险增大，油价上涨拉动原材料继续上涨，减缓了全球经济复苏速度。2022年，我国棉纺织主要外需市场不稳定、不平衡风险增大，内需市场受疫情影响波动性同样加大。

（四）智能化发展程度不平衡，技术瓶颈待突破

近年来，智能制造已成为行业转型升级的方向，棉纺织行业设备自动化、智能化水平以及企业管理信息化程度明显提高，但仍有很大深化空间，纺纱、织造智能化发展水平仍存在差距。

当前，纺纱全流程智能化生产线技术已在国内多家纺纱企业得到应用，自动化传输为减轻工人劳动强度、改善工人劳动环境、缓解企业用工压力等发挥重要作用。建立完善、高效的在线监测、数据采集、分析系统成为纺纱环节智能化发展方向与机遇。

织造环节全流程自动化生产还未真正取得产业化应用，生产过程中的关键节点还未打通，因此近年来其智能化发展进程得到更多关注，拥有更大发展空间，早日突破技术瓶颈，对行业科技进步具有重要意义。

（五）可持续发展理念不断深化，焕发行业新风采

可持续发展是行业发展的综合性话题，包括人才建设、绿色发展、产品创新、品牌建设、发展布局等内容，是企业保持活力、焕发风采的重要因素，为企业发展带来机遇。人才建设方面，要加强一线技术人员培养、扩大新生代人才比重、加强现有员工的凝聚力。绿色发展方面，加强绿色节能技术的研发与应用，将环保理念融入企业发展的各个角落。产品竞争力方面，坚持增品种、提品质、创品牌"三品"专项行动。发展布局方面，做好企业发展短、中、长期发展规划，顺应时代发展，设立正确发展目标，做好研判工作。

撰稿人：杨秋蕾

2021年中国化纤行业运行分析与2022年运行预测

中国化学纤维工业协会

2021年，全球经济逐步复苏，中国经济也实现了持续恢复发展，经济增速居全球前列。中国纺织品服装内外需求回暖，完整产业体系优势得到充分发挥。这一年，我国化纤行业发展与"双循环"、消费升级、能耗"双控"、产业安全等相伴而行，行业运行呈现可喜的特点：得益于供给侧结构性改革的深入推进，行业供需格局改善；随着炼化一体化发展，产业链配套更趋完善，产业链利润分配更趋均衡；一体化龙头企业的竞争力、抗风险能力显著增强；行业产品开发持续加强，产品的差异化和高品质已能够满足国内国际市场需求……2021年，我国化纤行业进入"后疫情"时代的恢复阶段，整体表现出价格涨、利润增、库存稳的局面，实现了"十四五"良好开局。但值得注意的是，随着2020年低基数效应逐渐减弱，行业增长势头逐渐放缓，主要经济运行指标增速呈现明显的"前高后低"走势。

一、2021年化纤行业运行基本情况

（一）生产情况

2021年化纤产量6524万吨，同比增长8.29%（表1）。其中，除黏胶长丝、腈纶产量分别同比减少2.42%、11.87%外，其他主要产品的产量均实现正增长，尤其是涤纶长丝同比增长10.77%、氨纶同比增长10.08%。

表1 2021年中国化纤产量完成情况

产品名称	2021年产量（万吨）	同比（%）
化学纤维	6524	8.29
其中：黏胶纤维	403.1	1.93
涤纶	5363	8.94
锦纶	415	8.00
腈纶	48.5	-11.87

产品名称	2021年产量（万吨）	同比（%）
维纶	8.7	4.44
丙纶	42.8	3.83
氨纶	86.8	10.08

资料来源：中国化学纤维工业协会

（二）进出口情况

2021年，化纤行业国际贸易基本恢复正常，化纤产品进、出口数量均呈增长态势。化纤进口量为83.45万吨，同比增加9.92%，但与2019年相比仍减少9.10%。除涤纶短纤进口量同比减少12.68%外，其他主要产品的进口量均同比增加（表2）。化纤出口量为519.91万吨，同比增加11.55%，已经恢复到疫情前2019年的水平。其中，除黏胶短纤、腈纶出口量分别同比减少13.16%、26.98%外，其他主要产品的出口量均实现正增长。

表2　2021年化纤主要产品进出口情况

产品名称	进口量			出口量		
	2021年（吨）	去年同期（吨）	同比（%）	2021年（吨）	去年同期（吨）	同比（%）
化学纤维	834545.7	759222.8	9.92	5199134.2	4660622.1	11.55
其中：涤纶长丝	122881.6	87358.4	40.66	3050754.5	2743378.7	11.20
涤纶短纤	163703.2	187481.0	−12.68	947139.4	806468.7	17.44
锦纶长丝	68704.1	63145.9	8.80	335840.4	248971.3	34.89
腈纶	74851.5	67798.7	10.40	22703.6	31052.2	−26.89
黏胶长丝	4035.9	3545.1	13.84	118111.2	73472.1	60.76
黏胶短纤	212962.7	151155.5	40.89	328612.9	378414.9	−13.16
氨纶	36805.9	29425.7	25.08	95975.4	78498.5	22.26

资料来源：据中国海关数据整理

从出口市场来看，我国对东盟及"一带一路"沿线主要国家出口化纤增长明显（表3）。越南仍是我国化纤最大的出口目的地，对越南出口53.26万吨，同比增长6.74%；对印度出口43.53万吨，同比大增92.60%，占出口份额的8.37%，同比增加3.52个百分点；对孟加拉国出口28.31万吨，同比增加50.58%，占出口份额的5.45%，同比增加1.42个百分点。前十大市场中，出口量增幅最大的依次是印度、孟加拉国、巴基斯坦、印度尼西亚，反映出其纺织业开始复工复产，对原料的需求增加。

表3　2021年我国化纤出口市场分布情况

出口市场	出口量（吨）	同比（%）	占出口市场份额（%）	同比（百分点）
总计	5199134.2	11.55		
越南	532617.8	6.74	10.24	−0.47
巴基斯坦	498990.5	19.53	9.60	0.64
印度	435314.4	92.60	8.37	3.52
土耳其	413674.7	−12.04	7.96	−2.13
巴西	315554.1	−3.89	6.07	−0.97
埃及	305668.4	−3.24	5.88	−0.90
孟加拉国	283148.5	50.58	5.45	1.42
韩国	269990.4	4.66	5.19	−0.34
印度尼西亚	246511.6	10.54	4.74	−0.04
美国	203704.3	7.09	3.92	−0.16

资料来源：据中国海关数据整理

（三）市场情况

2021年，在成本支撑和需求向好的逻辑下，化纤市场总体价格重心恢复至疫情前的水平（图1~图5）。涤纶方面，虽然市场价格呈震荡上行趋势，但涨幅不及原料，12月末相比年初，原料PTA涨幅为34%，涤纶长丝（POY）和涤纶短纤涨幅分别为21%和17%；锦纶方面，12月末相比年初，原料CPL涨幅为22%，锦纶（POY）涨幅为18%；黏胶短纤方面，市场价格3月初达到峰值，之后回落明显，至9月下旬下探到约11800元/吨，基本回落至年初水平，四季度虽小幅上涨但很快回落，至12月底价格基本维持在12000元/吨的水平；氨纶方面，市场价格涨幅最为明显，40旦产品由年初的39000元/吨快速上涨至3月初的65000元/吨，再上涨至8月初的80000元/吨，之后虽稍有回落，但整体仍保持在75000元/吨左右。

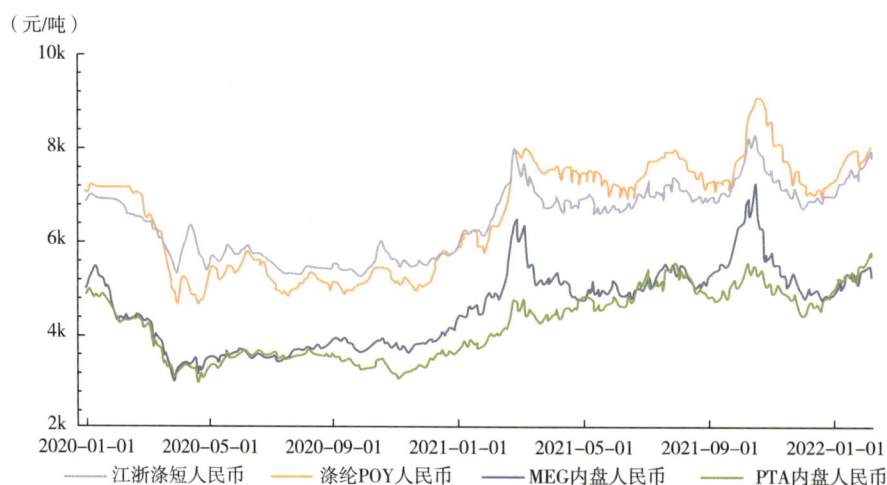

图1　2020~2021年涤纶及其原料价格走势图
资料来源：中纤网

（元/吨）

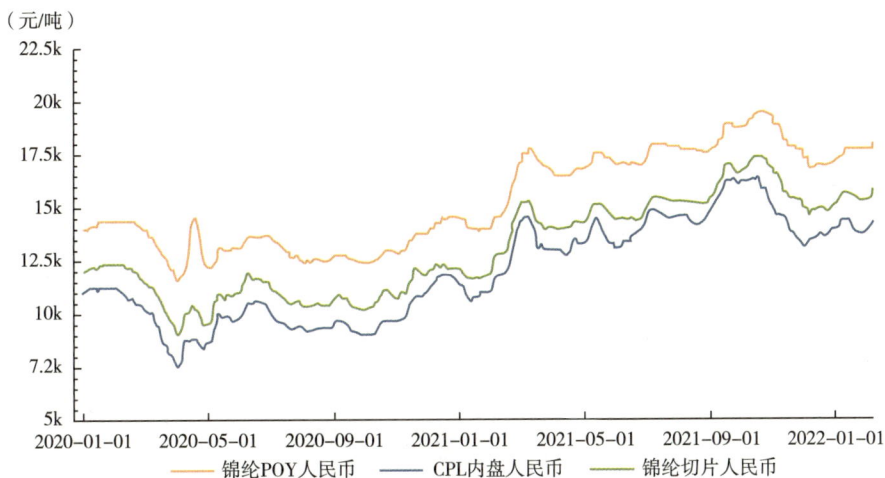

图2　2020~2021年锦纶及其原料价格走势图

资料来源：中纤网

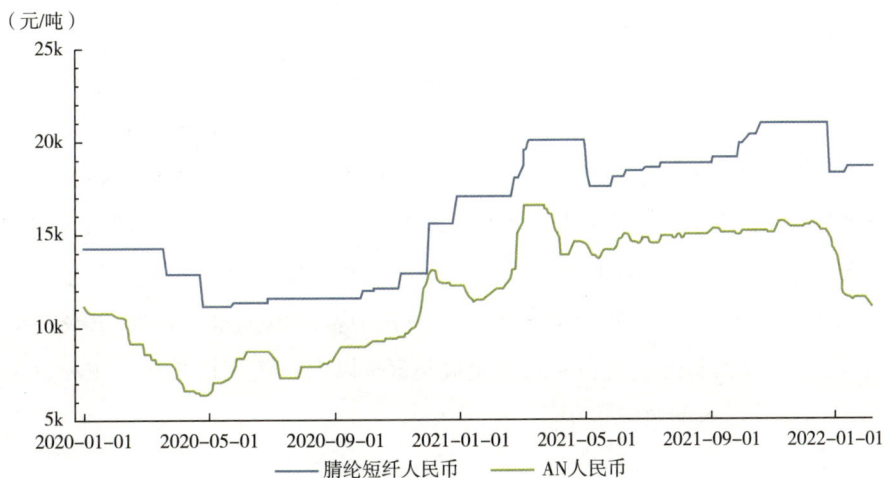

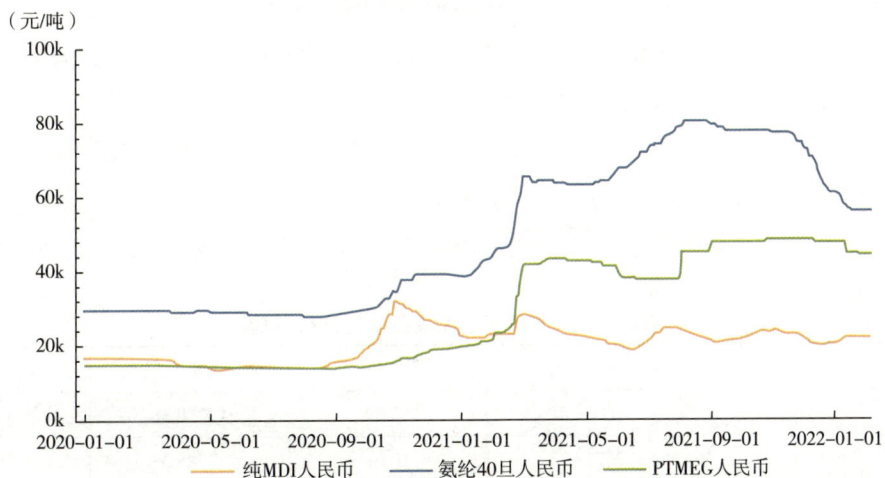

锦纶POY人民币　　CPL内盘人民币　　锦纶切片人民币

（元/吨）

图3　2020~2021年腈纶及其原料价格走势图

资料来源：中纤网

腈纶短纤人民币　　AN人民币

（元/吨）

图4　2020~2021年氨纶及其原料价格走势图

资料来源：中纤网

纯MDI人民币　　氨纶40旦人民币　　PTMEG人民币

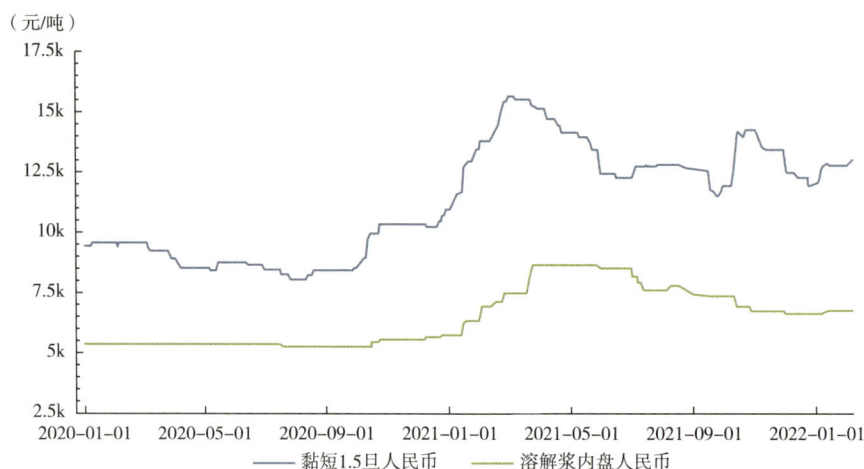

图5 2020~2021年黏胶短纤及其原料价格走势图

资料来源：中纤网

氨纶涨幅明显主要有两方面原因。从成本端来看，PTMEG是氨纶的最主要原料，约占氨纶原料用量的80%。其原料BDO的另一个应用领域PBAT（一种可降解材料）在"限塑令"政策利好下需求大幅增长，导致BDO价格暴涨，进而推动PTMEG、氨纶价格上涨。从需求端来看，随着氨纶行业的技术进步和产品开发，氨纶已不仅仅是一种弹性材料，其还可以带来面料风格的改变，应用场景和用量大幅增加。受疫情影响，居家服、运动服、弹力面料、医用氨纶等需求增加，并且部分面料中氨纶含量比例提高，氨纶已从纺织产品中的"味精"变成了一种主要原料。例如，部分瑜伽服运动服面料中氨纶添加量从10%~20%，部分提高到15%~25%，甚至部分运动内衣面料氨纶含量高达50%以上，超越锦纶成为主料；疫情时期口罩、防护服等用氨纶需求的贡献也很大。

（四）运行质效

2021年，化纤行业经济效益同比大幅增加。国家统计局数据显示，化纤行业营业收入首次跨入万亿元级别，为10262.83亿元，同比增加27.83%；实现利润总额628.9亿元，同比大增149.19%，化纤行业贡献了纺织全行业近25%的利润；行业亏损面17.3%，较2020年收窄11.42个百分点，亏损企业亏损额同比减少8.84%（表4）。

化纤行业利润总额增速居纺织全产业链之首，两年平均增速达到45.5%，明显高于疫情前水平。分行业来看，涤纶和氨纶行业分别贡献了化纤利润总额的40%和22%。此外，碳纤维行业经过十几年的积淀，技术水平提升，2021年国产碳纤维产销量突破万吨，全行业实现赢利。

表4 2021年化纤及相关行业经济效益情况

行业	营业收入（亿元）	同比（%）	营业成本（亿元）	同比（%）
纺织行业	50800.42	12.09	44258.38	11.68
其中：纺织业	25714.23	10.01	22585.33	10.31
纺织服装、服饰业	14823.36	6.51	12597.13	6.38
化学纤维制造业	10262.83	27.83	9075.92	24.13

行业	利润总额（亿元）	同比（%）	亏损企业亏损额（亿元）	同比（%）
纺织行业	2599.79	25.06	309.44	−8.57
其中：纺织业	1203.07	4.13	119.76	−21.18
纺织服装、服饰业	767.82	14.41	109.89	11.01
化学纤维制造业	628.90	149.19	79.79	−8.84

资料来源：国家统计局

注 表中纺织行业数据为三项合计

2021年，化纤行业运行情况逐步修复，运行质量指标较2020年明显好转（表5）。盈利能力有较大提升，营业收入利润率为6.13%，同比增加2.83个百分点，为2008年经济危机以来的第二高点（图6）；发展能力提振，营业收入增长率同比增长38.24个百分点；营运能力较2020年同期有所改善，除产成品周转率同比微降外，应收账款周转率、流动资产周转率及总资产周转率均同比有所提升；三费比例均同比下降，其中管理费用同比下降0.31个百分点。

表5 2021年化纤行业运行质量情况

项目		2021年	去年同期	同比
偿债能力	资产负债率（%）	57.67	58.51	−0.84
	产权比率（%）	136.25	141.01	−4.76
营运能力	应收账款周转率（次）	15.48	14.64	0.85
	产成品周转率（次）	15.85	16.34	−0.48
	流动资产周转率（次）	2.30	2.06	0.23
	总资产周转率（次）	1.01	0.89	0.12
盈利能力	营业收入利润率（%）	6.13	3.14	2.98
	成本费用利润率（%）	6.62	3.28	3.34
	总资产报酬率（%）	6.19	2.78	3.41
	净资产收益率（%）	14.62	6.71	7.92
发展能力	营业收入增长率（%）	27.83	−10.41	38.24
	总资产增长率（%）	12.04	5.85	6.19
百元销售收入三项费用	销售费用（元/百元）	0.8756	1.0125	−0.1369
	管理费用（元/百元）	2.1243	2.4377	−0.3134
	财务费用（元/百元）	1.1851	1.4298	−0.2447

资料来源：据国家统计局数据整理

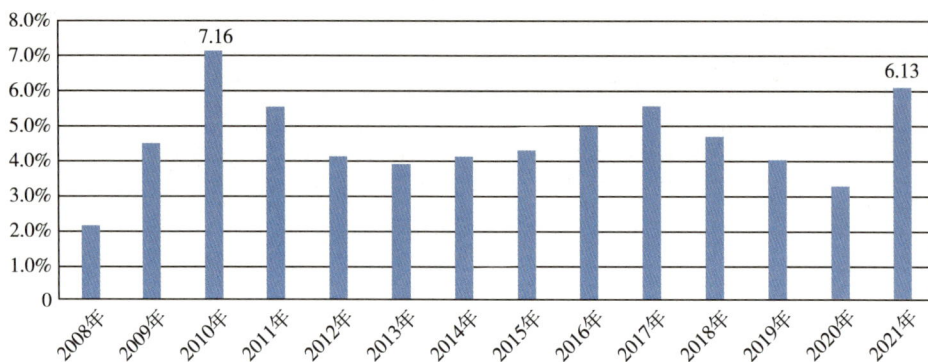

图6 2008~2021年化纤行业营收利润率变化

资料来源：据国家统计局数据整理

（五）固定资产投资

企业效益情况好转带动投资信心逐步恢复。根据国家统计局数据，2021年，化纤行业固定资产投资额同比增加31.8%（图7）。行业企业积极围绕技术装备升级、延伸产业链条和区域布局调整开展投资活动，固定资产投资额两年平均增速3.1%，投资规模已超过疫情前水平。

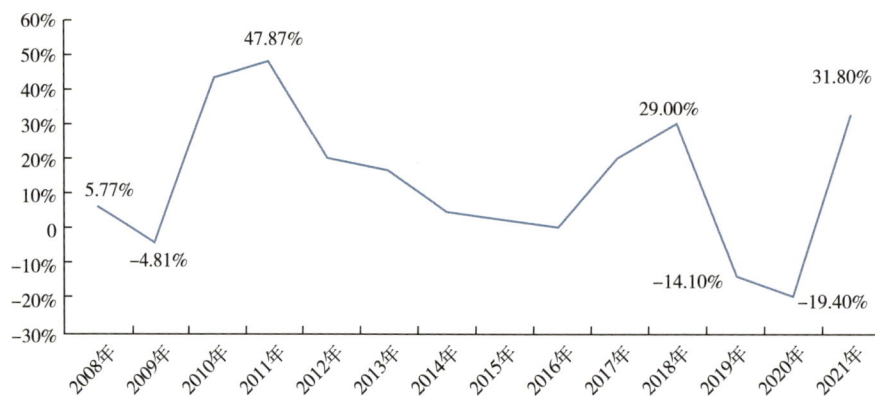

图7 2008~2021年化纤行业固定资产投资增速变化

资料来源：国家统计局

二、2022年化纤行业运行展望

（一）行业运行背景

2022年，新冠肺炎疫情发生已是第三年，全球经济的持续复苏面临多重挑战。由于奥密克戎变异毒株迅速传播，许多国家重新采取措施限制人员流动，劳动力供给短缺现象加剧。供给扰动仍在拖累经济活动，在强劲需求和食品、能源价格高企之外，给通胀带来了更多压力。此外，创纪录的债务和不断上升的通胀限制了许多国家应对更多扰动的能力。IMF于

2022年1月发布的《世界经济展望》预测2022年全球经济将增长4.4%，美国经济将增长4.0%中国经济将增长4.8%，均比之前的预测值低。

目前俄乌紧张局势仍在持续，不可避免对世界经济和金融、大宗商品市场带来深刻影响。经济合作与发展组织（OCED）指出，如果影响持续下去，预计今年全球经济增速将比冲突前的预期减少1个百分点以上，整体通胀率则可能比冲突前升高至少2.5个百分点。

对于2022年的中国经济来说，外部环境依然复杂多变，外需增长或将放缓，国内消费恢复也依然面临诸多困难，经济下行压力增大，但我国经济韧性强、长期向好的基本面不会改变。2022年，中央经济工作坚持稳字当头、稳中求进，宏观政策将围绕经济稳定运行展开。面对多年未见的需求收缩、供给冲击、预期转弱的三重压力，中央经济工作会议作出了七大政策部署。其中，在宏观政策中的财政政策部分提出"积极的财政政策要提升效能""实施新的减税降费政策""适度超前开展基础设施投资"；在货币政策中提出"稳健的货币政策要灵活适度，保持流动性合理充裕；引导金融机构加大对实体经济特别是小微企业、科技创新、绿色发展的支持"。这些政策皆表示出经济中"有形之手"将大幅提升扩大内需的效力。近期，召开的国务院常务会议，确定实施1.5万亿元增值税留抵退税的政策安排，并部署综合施策稳定市场预期，为稳定宏观经济大盘提供强力支撑。

（二）行业运行预测

2022年一季度，化纤行业运行已经遭遇了重重困难。受新冠肺炎疫情影响，化纤产业集聚地局部物流受阻，下游需求低迷，叠加国际油价持续走高，化纤成本居高不下，且难以顺利向下游传导，化纤行业开工率有所下降，经济效益大幅缩水。展望全年，化纤行业运行压力和风险增加。从供应端来看，随着产业一体化程度的提升，为消化炼化产能的增长，下游配套项目继续大幅扩产，因此原料和化纤依然处于产能扩张期；从终端市场来看，我国纺织品服装市场预期降低，内销整体可能保持低速平稳增长，外需在"弱需求、高基数、订单外流"的因素影响下，增速将逐渐回落。因此，2022年化纤行业供需格局预期转弱，同时能耗"双控"或将长期存在，行业整体开工率预计基本维持或略走低。原油的宽幅震荡和走势的不确定性，将增加化纤市场风险。此外，2021年的高基数对2022年化纤行业各项指标增速有抑制效应。

2022年是贯彻落实"十四五"规划的重要一年，伴随着政策面的调整与经济结构的转变，科技创新对经济的贡献度将逐步提升，"专精特新"也将快速发展。化纤企业要把握这一发展机遇，继续加强自主创新，增强企业核心竞争力。同时，化纤企业也要坚持走绿色可持续发展之路，大力推进节能降碳技术推广应用，积极推动清洁生产改造，广泛开展绿色工厂、绿色产品、绿色供应链建设，加强废旧资源综合利用，加快低碳转型与产业发展相互促进、深度融合。

撰稿人：吴文静　宁翠娟　刘莉莉　靳高岭

2021年中国印染行业发展报告

中国印染行业协会

2021年是"十四五"开局之年，也是全面建设纺织强国、加速奔向2035年远景目标的新起点。对印染行业来说，这一年依然是充满风险和挑战、激荡和变化的一年。百年变局下，疫情交织中，大国博弈和地缘政治持续演进，主要原材料价格高位波动，国际物流成本高涨，部分地区实施限电限产政策，企业正常运营面临诸多现实压力。面对复杂严峻的发展环境，印染行业在国家政策的引导下，积极调整发展战略，多措并举化解外部冲击，全年行业经济运行保持总体平稳、稳中有进的发展态势。在市场需求逐步回暖拉动下，行业生产形势保持良好，出口规模稳步增长，运行质效持续改善，主要经济指标在2020年较低基数的基础上实现反弹回升，行业展现出强大的发展韧性和活力，实现了"十四五"良好开局。

一、2021年印染行业经济运行情况

（一）生产形势保持良好

根据国家统计局数据，2021年，印染行业规模以上企业印染布产量605.81亿米，同比增长11.76%，两年平均增长6.15%（两年平均增速是以2019年相应同期数为基数，采用几何平均的方法计算的增速，下同），印染布产量和增速均创近十年新高，见图1。

一季度，在各地政府和企业出台多项政策措施鼓励员工就地过年的情况下，春节后企业较快恢复正常生产，产能逐步释放。二、三季度面临疫情、汛情的多重冲击，叠加原材料价格大幅上行、部分省份实施能耗双控政策等因素，印染企业生产受到一定影响，但印染布产量仍保持在相对较高水平。四季度随着限电限产政策的调整及国内外重要节假日对消费市场的拉动，印染企业生产企稳回升，产量逐月走高。

2021年，印染布产量累计同比增速随着2020年同期基数的抬升逐步回落，两年平均增速则呈现波动态势，上半年在波动中走高，下半年在波动中趋于平稳，见图2。从月度数据来看，2021年，规模以上企业印染布当月产量均保持在50亿米以上，延续了2020年9月以来的良好生产态势，但同样随着基数效应减弱，当月产量同比增速在波动中逐渐走低，见图3。

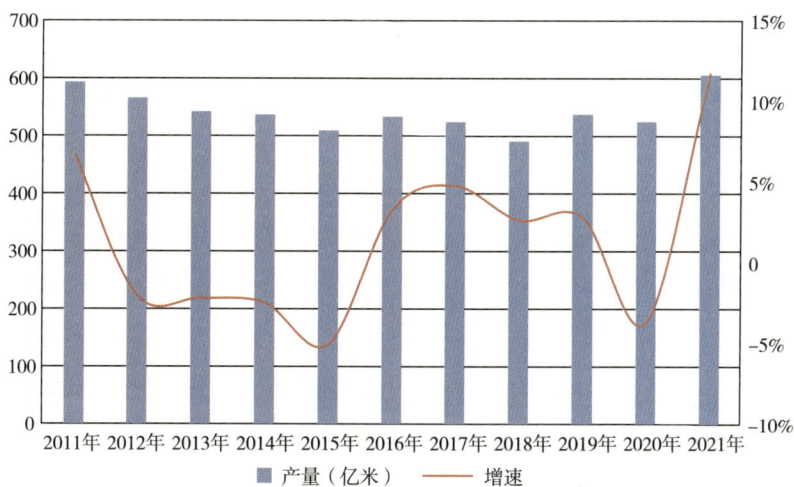

图1 2011~2021年规模以上企业印染布产量及增速
资料来源：国家统计局

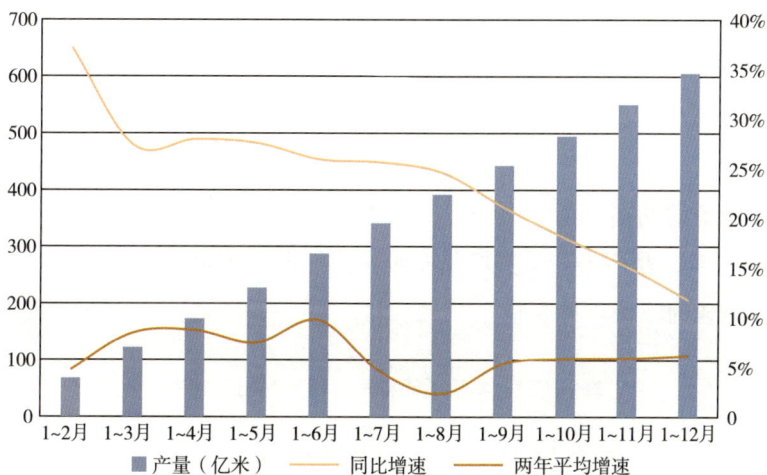

图2 2021年规模以上企业印染布产量及增速
资料来源：国家统计局

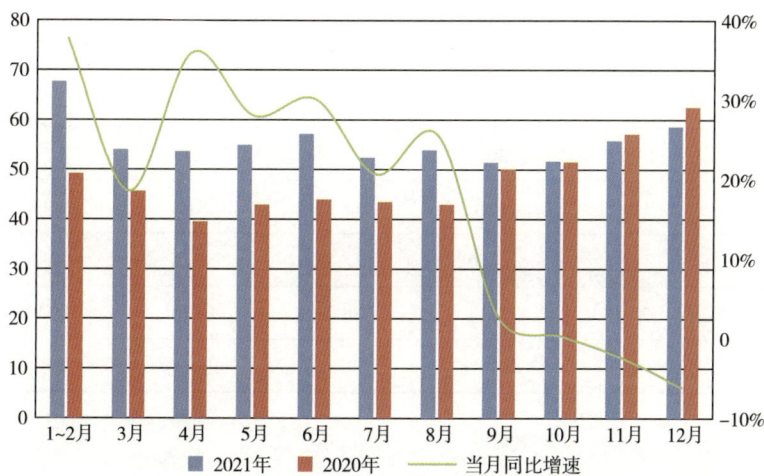

图3 2021年规模以上企业印染布当月产量及增速
资料来源：国家统计局

（二）出口实现较快增长

2021年，随着新冠疫苗接种率的不断提高，全球经济活动逐步恢复，市场消费活力持续释放，我国印染行业主要产品出口呈现"量价齐升"态势，全年出口规模超过2019年同期水平。根据中国海关数据统计，2021年，我国印染八大类产品出口数量282.30亿米，同比增长22.11%，两年平均增长2.59%；出口金额287.43亿美元，同比增长28.83%，两年平均增长2.39%；出口平均单价1.02美元/米，同比增长5.50%，较2019年微跌0.39%，印染产品直接出口实现较快增长。2021年，我国家纺产品出口金额479.26亿美元，同比增长29.36%，两年平均增长10.77%；服装及衣着附件出口金额1702.63亿美元，同比增长24%，两年平均增长7.7%，创2016年以来同期服装出口规模新高，反映出我国印染行业通过服装、家纺等产品的间接出口也表现良好。

1. 主要产品出口情况

2021年，我国印染八大类产品出口数量和出口金额均实现正增长，且出口金额增速均高于出口数量增速，见表1。其中，合成长丝织物出口数量193.01亿米，占印染八大类产品出口总量的68.37%，同比增长30.81%，高出印染八大类产品平均增速8.70个百分点，对行业出口增长的贡献率达88.92%；棉混纺染色布、棉混纺印花布、涤纶短纤织物三类产品出口数量均实现两位数的增长。出口单价方面，棉混纺产品附加值较高，其出口单价明显高于其他产品，为出口平均单价的两倍以上；涤纶短纤织物出口单价同比提高16.99%，增幅较2020年同期扩大14.40个百分点，是印染八大类产品中唯一连续两年单价提高的产品，反映出国际市场对该类产品的需求较为旺盛。见表1。

表1　2021年我国印染八大类产品出口情况

品种	出口数量（亿米）	同比（±%）	出口金额（亿美元）	同比（±%）	出口单价（美元/米）	同比（±%）
纯棉染色布	15.21	4.32	30.30	17.53	1.99	12.66
纯棉印花布	15.78	4.23	19.17	10.43	1.21	5.95
棉混纺染色布	3.92	14.96	8.34	29.50	2.13	12.65
棉混纺印花布	0.63	21.15	1.29	22.86	2.05	1.41
合成长丝织物	193.01	30.81	171.30	37.45	0.89	5.07
涤纶短纤织物	11.86	10.12	11.53	28.83	0.97	16.99
T/C印染布	13.48	4.25	17.47	17.25	1.30	12.46
人纤短纤织物	28.41	8.11	28.03	16.79	0.99	8.04
合计	282.30	22.11	287.43	28.83	1.02	5.50

资料来源：中国海关

2. 主要出口市场情况

2021年，我国印染八大类产品对主要市场的出口情况见表2。尼日利亚、越南、孟加拉国、印度尼西亚和巴西是2021年我国印染八大类产品出口前五大市场，占出口总量的30.24%，对各市场出口规模较2020年明显扩大，出口数量均在10亿米以上，同比增速除越南外均超过20%。其中，对孟加拉国和印度尼西亚出口数量同比分别大幅增长46.71%和49.40%，反映出这两个国家对我国印染产品需求增长强劲；对巴西出口数量同比增长27.27%，巴西超过巴基斯坦成为我国印染八大类产品出口第五大市场。从出口金额看，越南仍是我国印染产品出口金额最大的市场，多年来稳定保持在30亿美元以上。作为全球第二大服装出口国，越南对我国印染面料需求较大，我国印染产品对越南的出口平均单价居主要出口市场之首。

日本和美国是我国印染行业传统出口市场，2021年对这两个市场的出口表现截然不同。对日本出口呈现明显复苏态势，出口数量和出口金额同比分别增长15.30%和26.36%，出口规模已超疫情前同期水平。对美国的出口则延续近两年的下滑态势，全年对美国出口数量同比下滑19.52%，较2019年大幅减少34.37%；出口金额同比下滑7.99%，较2019年减少19.51%。对美国市场出口持续下滑，与近年来美国发起的中美贸易摩擦及2021年美国通过的涉疆法案禁止新疆产品进入美国市场有关。2021年，我国纯棉染色布、纯棉印花布、棉混纺染色布、棉混纺印花布和T/C印染布五大类棉相关产品对美国的出口数量同比分别大幅减少50.05%、61.31%、28.66%、19.35%和56.06%。

表2　2021年我国印染八大类产品主要出口市场情况

国家	出口数量（亿米）	同比（±%）	出口金额（亿美元）	同比（±%）	出口单价（美元/米）	同比（±%）
尼日利亚	26.32	20.11	18.86	25.11	0.72	4.16
越南	20.97	4.52	34.80	14.72	1.66	9.76
孟加拉国	15.40	46.71	22.37	57.60	1.45	7.43
印度尼西亚	12.01	49.40	11.76	58.25	0.98	5.92
巴西	10.67	27.27	7.68	36.58	0.72	7.32
美国	3.93	−19.52	4.57	−7.99	1.16	14.32
日本	1.74	15.30	1.40	26.36	0.80	9.59

资料来源：中国海关

（三）发展质效稳步提升

2021年，随着国内外市场供需关系逐步改善，印染行业主要运行质效指标持续修复，部分指标已好于2019年同期，各指标增速整体呈现"前高后低"的走势。

1.运行质量逐步修复

根据国家统计局数据，2021年，全国规模以上印染企业三费比例6.68%，同比降低0.13个百分点，其中，棉印染精加工企业为6.52%，化纤染整精加工企业为7.86%；产成品周转率18.31次，同比提高0.46次；应收账款周转率8.22次，同比提高0.23次；总资产周转率1.04次，同比提高0.10次。与2019年相比，2021年印染行业规模以上企业三费比例降低0.04个百分点，产成品周转率和总资产周转率分别降低3.41次和0.06次，应收账款周转率提高0.05次，见表3。

表3　2021年印染行业主要运行质量指标

主要指标	数值	同比增减	较2019年变化
三费比例（%）	6.68	-0.13（百分点）	-0.04（百分点）
产成品周转率（次）	18.31	0.46（次）	-3.41（次）
应收账款周转率（次）	8.22	0.23（次）	0.05（次）
总资产周转率（次）	1.04	0.10（次）	-0.06（次）

资料来源：国家统计局

2021年，随着全球经济活动逐步恢复，国际集装箱运输需求保持高位，多数出口型企业面临"一箱难求"的困境，全球疫情的反复进一步阻碍了供需两端的有效衔接，产品交货周期被迫延长。国家统计局数据显示，2021年全年印染行业规模以上企业存货达349.70亿元，同比增速逐月走高，累计同比增长12.78%，较2020年同期提高13.79个百分点。

2. 运行效益持续改善

2021年，全国1584家规模以上印染企业实现营业收入2949.87亿元，同比增长15.06%，两年平均增长2.07%；实现利润总额159.13亿元，同比增长25.60%，两年平均增长0.25%；成本费用利润率5.84%，同比提高0.54个百分点；销售利润率5.39%，同比提高0.45个百分点；亏损企业户数331户，亏损面20.90%，同比收窄6.36个百分点；亏损企业亏损总额17.48亿元，同比减少5.37%；完成出口交货值388.19亿元，同比增长12.30%，两年平均下降3.25%。与2019年同期相比，规模以上印染企业成本费用利润率降低0.22个百分点，销售利润率降低0.20个百分点，亏损面扩大1.98个百分点，亏损总额增长2.17%，见表4。

表4　2021年印染行业主要运行效益指标

主要指标	数值	同比（±%）	两年平均增速（±%）	较2019年（±%）
营业收入（亿元）	2949.87	15.06	2.07	4.18
利润总额（亿元）	159.13	25.60	0.25	0.49
出口交货值（亿元）	388.19	12.30	-3.25	-6.39
成本费用利润率（%）	5.84	0.54（百分点）	—	-0.22（百分点）
销售利润率（%）	5.39	0.45（百分点）	—	-0.20（百分点）
亏损面（%）	20.90	-6.36（百分点）	—	1.98（百分点）
亏损总额（亿元）	17.48	-5.37	—	2.17

资料来源：国家统计局

2021年以来，原材料价格持续高位波动，叠加国际物流不畅、货运价格高企等因素，印染企业经营成本明显增加。根据国家统计局数据，2021年，印染行业规模以上企业成本费用总额同比增长14.01%，成本的上升使得企业在盈利端承受较大压力，企业利润总额两年平均增速均低于同期营业收入两年平均增速，见图4。随着国家"六稳""六保"工作有序推进和一系列保民生、促消费、扩内需政策组合拳的持续发力，国内消费市场逐步回暖，同时全球经济复苏带动国际市场消费活力持续释放，印染行业主要经济指标逐步改善，企业盈利水平不断提升，全年规模以上印染企业营业收入两年平均增速较上半年、前三季度分别提高2.80、1.15个百分点，利润总额两年平均增速在年末实现由负转正，销售利润率较上半年、前三季度分别提高1.53、1.16个百分点。

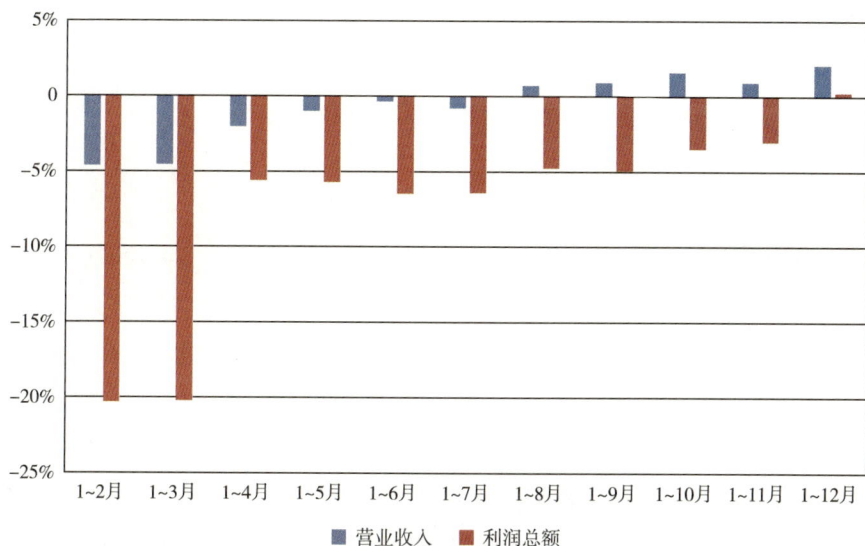

图4　2021年规模以上印染企业营业收入和利润总额两年平均增速
资料来源：国家统计局

二、2021年印染行业运行中存在的主要问题

（一）市场需求增长动力不足

市场需求不足是行业面临的现实压力。从内销市场看，受疫情局部散发影响，市场需求尚未完全恢复。2021年，我国人均衣着消费支出占人均消费支出的5.9%，较2019年下滑0.3个百分点；网上穿着类商品零售额增速较2019年下滑7.1个百分点。国家统计局12月公布的中国制造业采购经理指数（PMI）中的新订单指数自8月以来连续5个月位于收缩区间，反映出包括纺织品服装在内的国内市场需求总体偏弱。从国际市场看，三季度以来，新型变异毒株在全球范围内迅速蔓延，各国重新开始采取措施限制人员流动，导致下半年世界经济复苏进程受阻。在能源价格上涨和供给扰动的影响下，欧美及许多新兴市场面临严重的通胀压力，全球经济增长承压。国际货币基金组织（IMF）在2021年10月发布的《世界经济展望》中将2021年全球经济增长预期下调0.1个百分点至5.9%，将发达经济体经济增长预期下调0.4个百分点至5.2%，经济前景面临风险对市场消费能力和消费信心形成负面制约。

（二）企业整体盈利压力较大

2021年，印染企业在生产端的良好增长态势并未带动企业在盈利端的同步提升，全年规模以上印染企业利润总额两年平均增速低于印染布产量两年平均增速5.90个百分点，企业盈利能力偏弱主要是因为高成本难以向下游传导。国家统计局数据显示，2021年12月，工业生产者出厂价格中，生产资料上涨13.4%，其中原材料价格上涨19.7%，上游原材料价格普遍上涨推升了企业生产成本。疫情影响下，国际货运运力不足导致产品流通环节效率降低，企业物流成本上升。印染企业经营成本大幅增加，而加工费的涨幅不及综合成本涨幅，成本向下游传导不畅导致企业利润空间受到挤压。同时，2021年人民币兑美元的汇率仍处于上升通道，全年小幅升值2.3%，这也增加了出口型企业的结汇损失和订单风险。

（三）行业绿色低碳转型面临挑战

2021年，"能耗双控"对印染行业来说是一场较大的考验。9月，国家发改委印发了《完善能源消费强度和总量双控制度方案》，明确了能耗双控制度的总体安排、工作原则和任务举措，指出将进一步促进各地区各部门深入推进节能降耗工作。随后，浙江、江苏、山东、广东、福建等印染企业集中的省份陆续出台了"能耗双控"相关政策，对企业用电总量、用电时段等进行限制，印染企业正常生产短期内受到较大影响。10月下旬，地方政府逐步调整了相关政策，企业生产经营虽然逐渐恢复常态，但电力、蒸汽价格大幅提高，企业用能成本明显上涨。"能耗双控"政策对行业的深刻影响反映出当前在社会经济发展中，我国印染行业绿色低碳发展整体水平有待提高，印染行业绿色低碳转型面临较大压力。

三、2022年印染行业发展形势

展望2022年，印染行业发展面临的不确定不稳定因素依然较多。新冠肺炎疫情在一定时期内对企业正常生产经营活动仍会带来影响，地缘政治对产业的影响将更加深刻，发达经济体货币政策收紧将对新兴市场和发展中国家造成更大冲击，俄乌冲突对国际经济与政治格局带来新的不确定性。全球各种风险相互交织、相互作用，行业外部发展环境依然复杂严峻，但行业长期向好的基本面没有改变。一方面我国经济发展韧性强，宏观经济政策稳健有效，这为行业稳定发展提供了重要支撑；另一方面我国印染行业规模优势、技术装备优势及产业配套优势依然明显，产业链衔接高效顺畅，行业仍具备稳中向好的条件和基础。

（一）全球疫情形势仍面临不确定性

新冠病毒的变异与疫情的反复、疫苗的短缺与不均，增加了全球经济复苏的脆弱性，印染行业复苏前景面临诸多不确定性。据统计，截至2021年11月底，发达经济体和新兴市场经济体分别有70%和44%的人口完成疫苗接种，而低收入国家疫苗接种率仅为13%，疫苗接种和政策支持差异导致发达和发展中经济体增长前景分化。此外，不同国家在疫情防控政策上的分歧与差距，也在形成新的不确定性。目前丹麦、挪威、法国、英国等多个欧洲国家以及美国均已宣布取消全面防疫措施，2022年西方主要国家很可能在疫情防控上全面放开，这将对全球疫情防控带来新的挑战，同时也将引发全球产业链供应链的再调整。后疫情时代，越南、孟加拉国等东南亚国家的印染产能在逐步恢复，且2022年将会新增更多产能，在中美贸易摩擦持续演进的背景下，东南亚地区印染规模的扩张及其在人工成本、环保政策、税收政策等方面的比较优势，将在一定程度上削弱我国印染行业的国际市场竞争力。

（二）世界经济环境日趋复杂

疫情期间各国宽松的货币政策使得全球债务风险、信用风险不断累积，主要经济体面临的通胀压力不断上升，加息缩表预期逐渐加大，这将对全球供应链稳定、市场信心造成冲击。俄乌之间的地缘政治冲突正在通过能源、贸易、金融三大传导渠道对全球经济产生重大影响，石油、天然气等大宗商品价格突破前期高位，进一步增加了全球通胀风险。世界经济环境的错综复杂使行业出口面临的不确定性增加，国际市场竞争压力进一步加大。1月，国际货币基金组织将2022年世界经济增速预期下调0.5个百分点，世界经济复苏预期转弱将对市场消费产生抑制作用，对我国印染产品出口造成压力。同时，在2021年出口高基数的影响下，预计2022年我国印染产品出口增速将放缓，但整体将依然保持增长。

（三）国内宏观经济政策将促进行业平稳运行

2月，国家发改委等12部门联合发布《关于促进工业经济平稳增长的若干政策》，将从财政税费，金融信贷，保供稳价，投资和外贸外资，用地、用能和环境五个方面，以更大的力度、更有效的举措继续促进工业经济平稳增长。2022年政府工作报告也强调，要把稳增长放在更加突出的位置，要着力稳市场主体保就业，坚定实施扩大内需战略，增强内需对经济增长的拉动力。在国家一系列政策组合拳的作用下，印染企业经营压力将得到缓解，盈利水平有望逐步改善，行业经济稳定运行、质量提升的基础将进一步夯实。此外，区域全面经济伙伴关系协定（RCEP）已于2022年正式生效，其成员国中，东盟是我国印染行业最大的直接出口市场，日本、韩国、澳大利亚等是全球重要的纺织服装研发中心和消费市场，RCEP的落地实施将为我国印染行业扩大区域贸易规模、优化资源配置、稳定供应链提供机遇。

四、2022年印染行业重点发展方向

践行"双碳"战略，加快绿色低碳转型。碳达峰、碳中和是工业经济高质量发展的内在要求和硬约束，要坚定不移贯彻新发展理念，加快形成节约资源和保护环境的产业结构、生产方式、空间格局，促进行业发展全面绿色转型。充分认识"双碳"对高质量发展的支撑和引领作用，平衡好当前发展与长远发展，有序推进"双碳"工作。进一步加快绿色低碳技术的开发应用，优化能源结构，减少能源消耗和碳排放，推进绿色低碳发展。

坚持创新发展，着力提高质量效益。新一轮科技革命和产业变革蓄势待发，我国印染行业的发展条件、比较优势正在发生深刻变化，必须加快从要素驱动转向创新驱动，以创新把握机遇、以创新驱动发展。加快科技创新和技术改造，运用先进适用技术改造提升技术、装

备和管理水平，提高生产效率和产品质量，降低综合成本，提高经济效益。持续优化产品结构，以市场需求为导向，加快产品开发和结构优化，通过技术创新开发出能够满足需求和创造需求的新产品，持续提升产品附加值。通过深入实施创新驱动，着力培育行业发展新动能、拓展发展新空间，加快形成以创新为引领的产业体系和发展模式。

加快智能化转型，培育产业竞争新优势。数字化智能化是构建现代化产业体系的重要抓手和主要内容，将推动形成新的创新体系、生产方式和产业形态。5G、人工智能等新技术在印染行业的加速落地，助推行业驶入智能化发展的快车道。继续推进生产装备数字化改造，提高生产数控水平。进一步拓展ERP、MES等系统的应用场景，推进设计研发、生产制造、现场管理、运营决策等环节的智能化转型，将5G、工业互联网、人工智能等新技术融入生产和运营中，培育行业竞争新优势。

撰稿人：林琳

2021年中国缝制机械行业经济运行分析及2022年发展展望

中国缝制机械协会

2021年，是新冠肺炎疫情发生以来世界各国努力摆脱疫情影响、全球经济不断走向复苏轨道的重要一年。中国经济持续复苏，国际经济明显回暖，全球经济增长前景显著改善。行业企业把握需求回暖重要机遇，积极克服新冠疫情影响、原材料大幅上涨等内外部压力与挑战，充分发挥产业链优势，大力推进增产扩产，对接内外市场需求，行业经济实现恢复性中高速增长，效益持续改善，生产、销售、出口、效益等全面恢复到疫情前水平，经济发展呈现稳中向好、稳中加固的良好势头。

一、2021年行业经济运行概况

（一）景气指数持续过热，行业发展稳中向好

据中国轻工业信息中心数据显示（图1），2021年，我国缝制机械行业综合景气指数均维持在过热区间，显示了行业经济发展呈现强劲反弹、稳中加固的良好势头。12月，行业综合景气指数122.97，其中，主营业务收入景气指数136.78，出口景气指数113.40，资产景气指数109.98，利润景气指数108.64，四项指数中主营业务收入在过热区间，出口指数在渐热区间，资产和利润指数均在稳定区间。

（二）生产动力强劲，产能加速复苏

2021年，整零企业加快产能恢复，加大生产协同，持续保持较高负荷生产状态，取得了产出大幅增长的显著业绩。

据国家统计局数据显示，2021年，我国缝制机械行业规上企业工业增加值累计增速为26.8%。而从行业月度工业增加值增速指标来看，自2020年9月以来，该指标由负转正，2021年二、三季度该指标高至30%以上，明显超过全国工业规上企业同期均值，至四季度指标数据才有所回落（图2）。

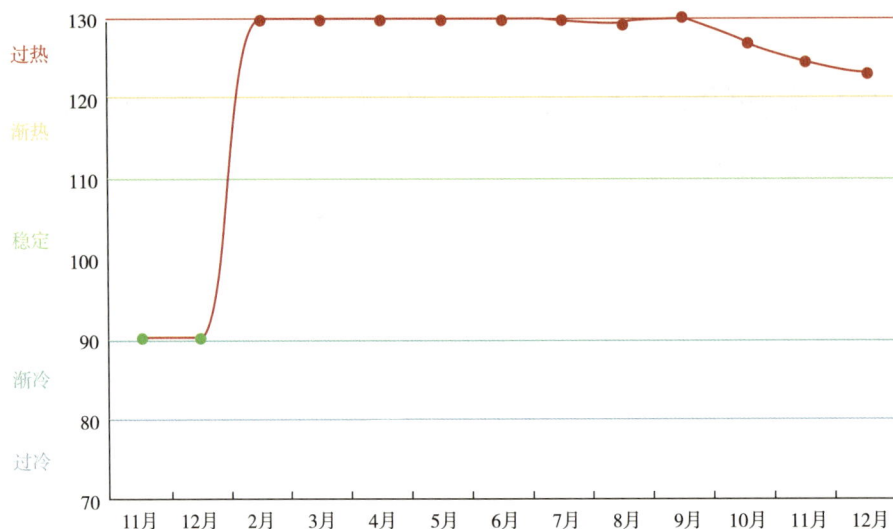

图1　2020年11月~2021年12月缝制机械行业综合景气指数变化情况

数据来源：中国轻工业信息中心

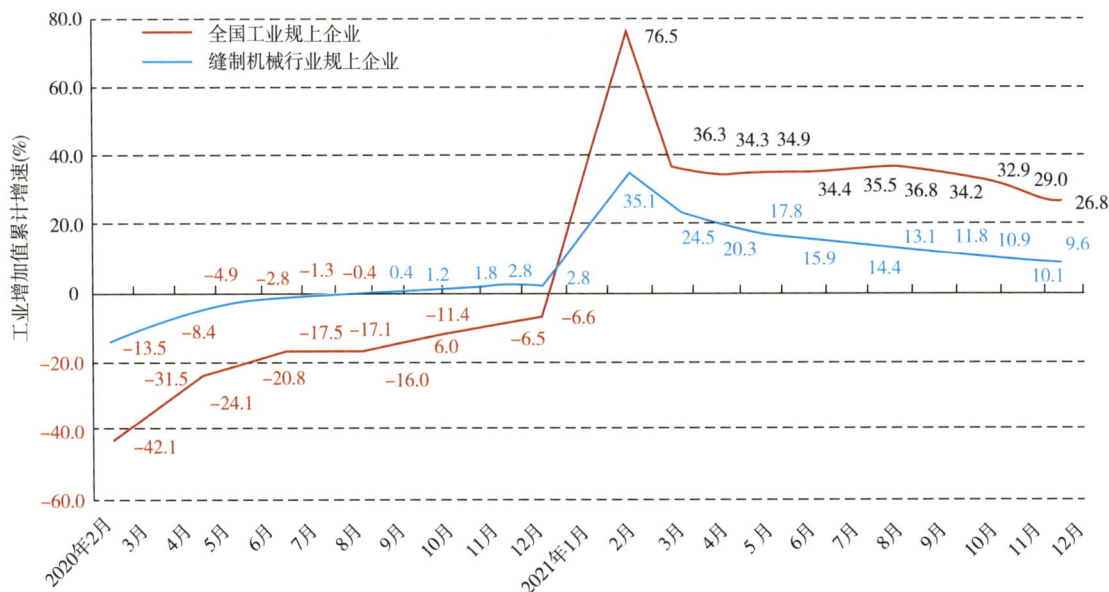

图2　近两年行业规上企业月度工业增加值累计增速走势图

数据来源：国家统计局

　　据初步估算，2021年，行业累计生产各类家用及工业用缝制设备（不含缝前缝后）约1500万台，同比增长42.8%。另据协会跟踪统计的百家整机企业数据显示，2021年，百家骨干整机企业累计生产缝制机械933万台，同比增长59.61%，百家产量比2019年同期增长51.79%，比2018年同期增长23.73%。12月，末行业百余家整机企业产品库存量约168万台，同比增长82.96%，达到历年来库存最高点，显示了企业产能的快速恢复和较强的补库动力。

　　1.工业缝纫机

　　据初步估算，2021年，全行业工业缝制设备总产量约1000万台，同比增长61.29%，产量创历史以来最高水平（图3）。

图3 2011~2021年我国工业缝制设备年产量变化情况（估算）
数据来源：中国缝制机械协会

2021年，协会统计的百余家骨干整机企业累计生产工业缝纫机652.90万台，同比增长71.25%，较2019年同期增长56.54%，较2018年同期增长19.99%。工业缝纫机月产量增速自2020年8月起由负转正，2021年月均产量在50万台以上。

从主要品种来看，2021年行业百余家骨干整机企业主导性产品平、包、绷缝机产量同比增长均在70%以上，特种工业缝纫设备产量同比增长42.37%，自动缝制设备产量同比增长115.95%，电脑刺绣机产量同比增长81.18%。

2. 家用缝纫机

受海外疫情逐渐缓解影响，2021年家用缝纫机需求较上年明显放缓。据初步估算，2021年我国家用缝纫机产量约500万台，同比增长16.27%，增速较上年下滑27个百分点。其中，普通家用缝纫机产量约为240万台，同比下降2.04%；多功能家用缝纫机产量约为260万台，同比增长40.50%（图4）。

图4 2015~2021年我国家用缝纫机（普通、多功能）年产量变化图
数据来源：中国缝制机械协会

2021年，协会统计的百家骨干整机企业累计生产家用缝纫机230.46万台，同比增长31.67%，较上半年增速下降近30个百分点。其中，多功能家用机产量122.61万台，同比增长

54.52%；普通家用机产量107.85万台，同比增长13.79%。

3. 缝前缝后设备

2021年，服装等下游行业较快回暖，对各类缝前缝后设备需求明显增长。据协会统计的11家缝前缝后设备整机企业显示，2021年累计生产各类缝前缝后设备（含裁床、拉布、整烫等）共49.68万台，同比增长74.01%。

（三）内销大幅回升，增势前高后低

2021年，在国内外经济强劲复苏和下游服装等行业需求释放的带动下，我国缝制设备销售同比大幅回升，内销已经恢复到2019年前水平。从国内下游市场来看，2021年，我国服装生产增长8.38%，服装出口增长24%，全国限额以上单位服装鞋帽、针纺织品零售额增长12.7%，网上穿类商品零售额增长8.3%；家纺行业营收增长7.69%，出口额增长26.5%；家具行业营收增长14.1%，鞋靴出口量增长19.3%，良好的市场环境为缝制设备旺销提供了有力支撑。

据协会统计数据显示，2021年协会统计的百余家骨干整机企业缝制设备内销额同比增长约73.65%。据协会统计测算，2021年行业工业缝纫设备内销约360万台，同比增长57.2%（图5）。同时，2021年国内市场还从国外引进各类工业缝制设备5.24万台，同比增长38.40%。

图5　2011~2021年工业缝纫机内销及同比情况
数据来源：中国缝制机械协会

从内销的增长轨迹来看，内销在上半年均保持了高速增长，但是从三季度开始，内销增速明显放缓，相比上半年降幅达到30%以上。虽然三、四季度我国服装等出口保持增长，东南亚疫情暴发推动国外订单回流中国，但是并没有给缝制设备内销带来明显持续拉动，一方面说明内销市场逐渐趋于饱和，新增需求明显减少；另一方面说明订单回流具有短期性，下游企业产能扩展谨慎，逐步陷入观望，在成本上涨的挤压下，对缝制设备购置意愿逐渐较低（图6）。

（四）进口小幅下滑，工业机需求增长

据海关总署数据显示（图7、表1），2021年，我国累计进口缝制机械产品9.63亿美元，同比下降1.03%。其中，工业缝纫机累计进口量5.24万台，进口额1.17亿美元，同比分别增长

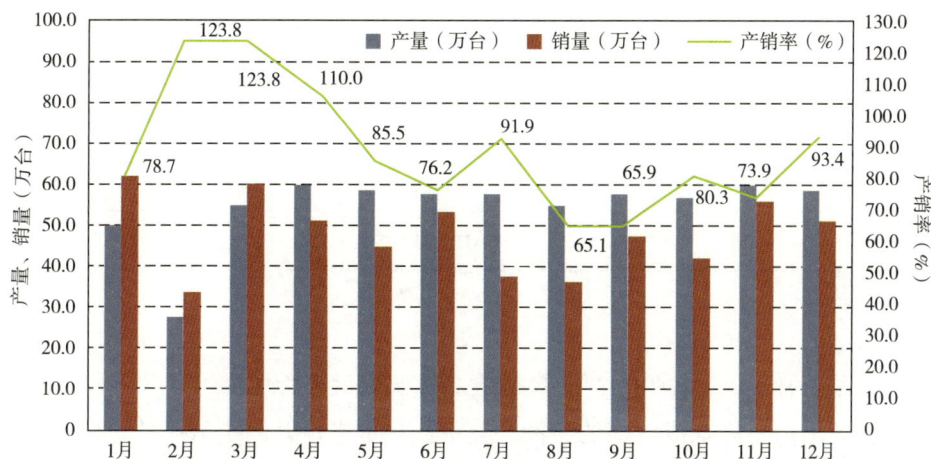

图6 2021年行业百家企业工业缝纫机月度产销情况
数据来源：中国缝制机械协会

38.40%和60.55%；缝前缝后设备进口量2.31万台，同比增长25.97%，进口额7.38亿美元，同比下降10.51%；家用缝纫机进口量8.97万台，进口额779万美元，同比下降12.51%和15.92%；刺绣机进口量849台，进口额1183万美元，同比增长42.21%和285.67%；零部件产品进口额8838万美元，同比增长40.26%。

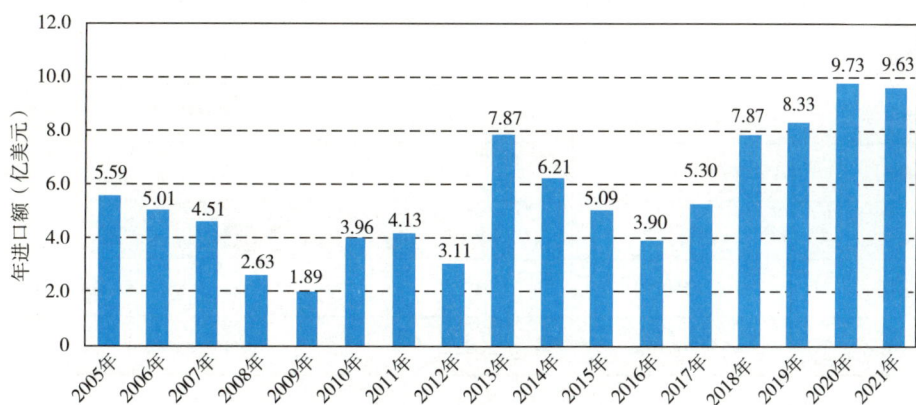

图7 我国缝制机械产品年进口额变化情况
数据来源：海关总署

表1 2021年中国缝制机械分产品进口情况

单位：台，公斤，美元，%

产品名称	进口量		进口额	
	数值	同比	数值	同比
家用缝纫机	89711	7794709	−12.51	−15.92
工业缝纫机	52434	116835656	38.40	60.55
刺绣机	849	11834818	42.21	285.67
缝前缝后设备	23125	738345701	25.97	−10.51

产品名称	进口量		进口额	
	数值	同比	数值	同比
缝纫机零部件	2333815	88377868	52.90	40.26
总计	—	963188752	—	−1.03

数据来源：海关总署

从进口国家来看（表2），2021年，我国缝制机械进口来源地依然以日本和德国为主，该两大市场占行业出口总额八成以上的份额。其中从日本进口缝制机械产品总额达4.4亿美元，同比下降9.34%，占行业进口比重的45.78%，比重较上年末下降4.20个百分点；从德国进口缝制机械产品总额3.50亿美元，同比下降1.11%，占行业进口比重的36.38%，比重较上年末下降0.03个百分点。此外，2021年，我国从中国台湾、越南、意大利、捷克等市场进口额均有明显增长。

表2　2021年中国缝制机械产品主要进口国家与地区情况

国家和地区	进口额（美元）	同比（%）	比重（%）	比重增减（%）
日本	440914619	−9.34	45.78	−4.20
德国	350398495	−1.11	36.38	−0.03
中国台湾	63743666	50.83	6.62	2.28
越南	38073545	38.94	3.95	1.14
意大利	28083999	65.52	2.92	1.17
捷克	12225029	37.27	1.27	0.35
法国	6826616	37.62	0.71	0.20

数据来源：海关总署

（五）效益明显回升，成本压力增大

2021年，随着企业生产的扩大和营收的全面增长，效益明显改善。据国家统计局数据显示（图8），2021年，缝制机械行业240家规上企业累计营业收入371.97亿元，同比增长46.03%；利润总额为24.48亿元，同比增长45.07%；企业资产总额同比增长17.96%，总资产周转率同比增长23.79%。

但是受原材料、汇率等持续上涨的影响，行业利润率有所下降，制造成本明显提升。据国家统计局数据显示（表3），2021年缝制机械行业240家规上企业毛利率17.97%，同比下降12.29%；营业收入利润率6.58%，同比下降0.66%。企业累计成本费用338.79亿元，同比增长45.31%；三费比重为9.05%，较上年同期下降2.97个百分点；百元营业收入成本82.03元，较上年同期增长2.52元，低于我国规模以上工业企业83.74元的均值。

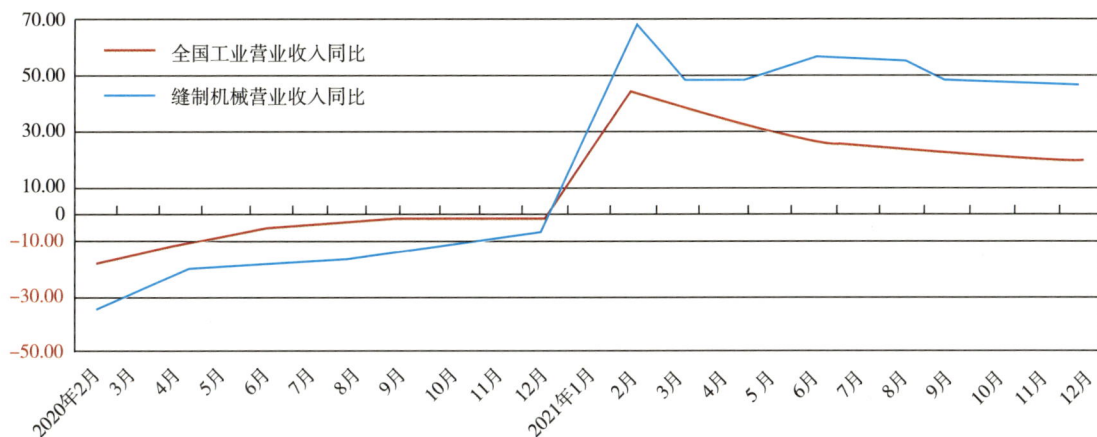

图8 2020~2021年规上企业月度累计营收同比增幅走势图

数据来源：国家统计局

表3 2021年我国规上缝制机械生产企业效益成本费用增长情况

指标名称	同比（%）	指标名称	同比（%）
成本费用（千元）	45.31	管理费用（千元）	6.16
营业成本（千元）	50.66	财务费用（千元）	−15.00
销售费用（千元）	22.71		

数据来源：国家统计局

二、2021年缝制机械行业运行特点

（一）骨干企业展现新发展，构建新格局

在新的发展格局下，骨干企业凭借强大的制造能力、完善的网络渠道、较强的运营能力和强大的品牌竞争力，凝聚了更多优势资源，发展势头明显领先中小企业，推动行业格局发生持续转变，展现了更大行业引领作用。主要表现如下。

一是产能继续向骨干企业集中。据协会百家整机企业统计数据显示，行业前10家整机企业占百家整机企业产量的比重占比达77%，较上年同期提高5个百分点，占百家企业产值的比重达61%，较上年提高9个百分点，行业集中度得到持续提升。多家骨干零部件企业如德鹰、华一、祥瑞、振盛等抢抓机遇，通过增加先进的技术装备，进一步扩大产能，产销增长创历史新高。

二是骨干企业经济发展好于行业平均水平。据协会百家整机企业数据显示，行业工业总产值平均增速57.16%，而杰克、中捷、美机、舒普、乐江、宝宇、信胜、富山、川田等23家骨干企业产值均超过70%，增速均高于行业平均增速，杰克、大豪、美机、琦星等多家骨干龙头企业2021年业绩均创历史新高。

三是骨干企业规模扩张势头不减。杰克子公司杰羽科技引入东莞名菱、海飞等合作伙伴，做大做强厚料机产业；琦星科技建筑面积8万平方米的智能产业园正式投入使用，智能生产线全面改造和升级；顺发建筑面积5万平方米的洪家新厂区顺利投产；美机投资2.5亿元启8万平方米的智能制造大楼建设；宝宇投资超过1.5亿元的2栋新厂房及相关新设备投入使用；中捷实施"高效智能缝制设备生产集成化改造项目"等。

四是骨干企业积极转型专精特新。缝制机械企业加快高质量发展，积极转型专精特新，发挥重要引领作用。舒普入选工信部第六批制造业单项冠军示范企业认定名单，舒普、信胜荣获国家级专精特新重点"小巨人"企业称号；美机、汇宝、宝宇、速普、多乐、衣拿、精上、TP、雅诺等多家企业分别获得2021年度省级"专精特新"中小企业称号；祥瑞、传祺、元一等入选市级专精特新培育企业。

（二）科技创新的支撑和引领作用持续增强

在协会的持续引导和行业企业共同努力下，科技创新已经成为行业高质量发展的主要推动力，创新体系日臻完善，创新成果持续涌现，科技创新对行业的支撑和引领作用持续增强。主要表现如下。

一是骨干企业创新投入持续增长。据不完全统计显示，行业骨干企业研发投入同比增长28.3%，研发投入占比达4.56%，继续保持较高强度投入。例如，大豪研发投入同比增长47.2%，创新投入占比达到9.9%；杰克前9月研发投入同比增长80.35%，创新投入占比达到5.46%。2021年，缝制机械行业申请各类专利同比增长19.3%，发明专利占比达到25.29%，杰克、广州科琪两家缝制企业荣获中国专利优秀奖。

二是新产品新技术持续涌现。在CISMA 2021主题产品评选中，共有76项主题示范产品入围。如智能验布机、个性化云刺绣定制应用解决方案、西服个性化定制智能混流生产管理系统、数控烫片刺绣一体机、优产物联工单系统组合生产线、三合一平台物联网智慧平缝机、全自动家纺生产线、牛子无人工作站、双头超声波焊接对字母拼接橡筋机、智能服装生产管理控制系统等，产品加快向数字化、智能化、单元化和成套化发展。

三是行业科技基础研究越来越深入。企业加大科技基础性研究，提升原创能力和科研软实力，经协会征集和评选，共有24个科技软课题入围2021年度"缝制机械基础理论及短板技术软课题研究"项目，研究方向包括"大幅面平面送料机构动力学建模""立体缝纫数据表示及轨迹生成方法""基于仿生软体机械手的服装裁片逐层抓取模型研究""智慧缝制工厂规划与设计"等，既有强化缝纫基础原理的研究，也有引领当今智能化、数字化工厂技术建设的前瞻性研究，不断强化行业科研创新体系和创新理论。

四是创新体系不断完善，产品技术升级加快。舒普、标准、美机、大族四家缝制企业获评第二批中国轻工业工程技术研究中心，琦星设立省级博士后工作站，雅诺设立广东省智能缝制设备工程技术中心，杰克携手下游企业盛泰集团成立联合创新研究院，百联承担"江苏省智能化服装生产设备工程技术研究中心"建设项目。各类工业缝纫机全面迈入步进技术时代，1500转/分钟的超高速多头刺绣机完全量产并加快存量产品迭代，自动缝制单元、自动缝制生产线等智能缝制设备占比继续提高约20%。

（三）数字化、智能化转型提升行业发展水平

面对百年未有之大变局，数字化、智能化已经成为行业实现弯道超车、转型升级和迈进强国第一阵营的重要手段和发展共识，行业企业加快数字化、智能化创新进程，有效提升行业的竞争力和发展水平。主要表现如下。

缝制设备行业智能工厂建设加快。德鹰公司耗资上千万，继续引进上百台五轴加工中心和抛光机械手，工厂智能化生产水平持续提升；上工申贝黄岩智能制造基地大量使用机器人、AGV小车等智能装备，实现了机壳的无人化加工和多品种小批量的柔性化、智能化生产；"浙江大豪科技缝制针织电控设备数字化车间"被认定为2021年浙江省智能工厂（数字化车间）；杰克、上工、TP等多家企业的制造工厂基本实现了生产的自动化、数字化和信息化看板管理。

下游智能缝制方案应用扩大。围绕赋能下游服装等行业骨干企业的数字化、智能化转型，行业企业加快智能物联成套解决方案的研发和场景应用，积极拓展行业服务新价值。例如，杰克分别与乐驼、易腾、盛宝丽、广东佳都、瑞华集团、杭州得体等分别签订战略合作，提供全系列物联缝制设备以及硬软件为一体的智能成套解决方案；大豪智能工厂项目成功签约罗莱家纺；瑞晟智能与雅戈尔、武汉凯骏、安踏等开展战略合作，打造数字智能车间；上工启动"蝴蝶共享工厂"新制造项目，依托柔性化缝制设备和工业互联网技术，搭建鞋服产能数字化共享平台，赋能下游产业。

产品智能化和服务网络化水平持续提升。机器人技术、图像视觉技术、智能缝制技术、设备物联技术、数据采集及云平台等技术的研究和应用在行业应用日渐深入，杰克正在探索开发从面料仓储到智能裁剪房、缝纫车间，到分解系统、成品仓储的五大模式智能制造成套解决方案和个性化定制方案；TP推出的枕套机、毛毯机、床单机等自动化生产线及家纺云平台，有效助力家纺智能工厂建设。通过线上直播的方式，杰克、舒普、富山、中捷等多家企业进行多场次的新品发布，并适时召开海外经销商大会，增进了对海外客户的联络及服务。

（四）内外部多因素挑战影响加剧企业经营压力

2021年，受内外部环境及形势变化影响，企业面临挑战压力加大。

一是新冠疫情影响持续。国内多点散发、国外不断反复，对企业招工和生产、供应链、产业链造成影响。例如，发黑、热处理、毛坯等协作生产因招工难，导致生产进度和供货缓慢，部分零部件生产一直紧缺；三季度东南亚疫情暴发，导致行业对越南等重点市场出口下滑；12月以来接连发生在宁波镇海区、北仑区的疫情，造成部分零部件供应链中断，产品出口受阻。

二是材料及能源涨价。受全球经济复苏、货币宽松、通胀以及双碳减排目标等影响，全年来与缝制设备行业密切相关的铜材、铝材、钢铁、塑料、芯片等大宗商品价格均大幅上涨，导致企业制造成本明显提升。据初步测算，整机企业制造成本普遍涨幅达5%，零部件企业制造成本普遍涨幅达10%。

三是人民币和海运费双升。全年人民币汇率累计涨幅接近7%，企业汇兑损失明显加大。

海运费翻倍增长，海运箱十分紧缺，海外主要港口拥堵，导致企业出口不畅、成本上涨，出口周期延长，企业正常交货回款的风险增大，企业出口利润平均下降约5~6个点。

四是行业库存量大幅增长，埋下价格战隐忧。因担心疫情、供应链等不确定性因素影响，企业主动备库的积极性较高，四季度在需求明显回落的同时，行业产能依然维持较高增速，据初步统计全行业工业机库存接近160万台，超历史纪录。行业产能、产量双过剩一方面占用了大量流动资金，另一方面为来年激烈的市场竞争埋下隐患。

三、2022年缝制机械行业形势展望及发展建议

2022年是新冠肺炎疫情冲击逐渐平复并结束大流行后，全球经济全面复苏、中国经济归于常态化的关键一年，对于"十四五"开局更具方向性意义。全行业应以习近平新时代中国特色社会主义思想为指导，坚定发展信心，坚持稳中求进，增强风险意识，加大技术创新，提升质量品牌，进一步激发内生增长动力，着力推动行业高质量发展。

（一）2022年市场需求尚有发展空间

1. 出口前景总体看好

2021年行业出口大幅增长的惯性有望延续到2022年，中美经贸关系有望趋向缓和，RCEP区域全面经济伙伴关系协定全面生效，全球服装供应链布局加快调整，服装制鞋等供应链进一步向靠近欧美市场的周边国家和地区转移，为缝制设备出口带来新的机遇。

2. 全球时尚业将持续复苏

随着全球经济复苏，预计美国、欧盟、日本、韩国和中国等大市场的纺织服装进口额将继续恢复到疫情暴发之前的水平。据麦肯锡估算，全球时尚销售规模增长势头预计2022年将随全球经济复苏步伐继续保持，全球时尚销售额将在2019年基础上增长3%~8%。我国规上服装企业连续两年处于低水平投资，随着国家扩内需的政策逐渐加码，特别是疫情后下游行业将加快智能制造发展布局，服装等行业投资有望在2022年不断改善。

3. 行业内生增长动力较强

缝纫机步进技术、自动缝制技术等发展日趋成熟，制造成本不断降低，有望不断激发下游缝制设备升级换代需求；在疫情减缓、经济复苏、信心不断恢复的背景下，预计全球上亿台的巨大缝制设备存量、每年近700万台的正常更新需求将持续释放，将为行业相对稳健发展提供基础性支撑；随着下游小单快反、提质增效、快速交货以及智能化生产等对服装生产模式提出的新要求，高品质、高性能的自动化缝制设备及智能整体解决方案的需求将不断增加。

（二）2022年行业发展趋势

综上分析及判断，预计2022年国际经济整体复苏力度将明显不及2021年。2022年上半年全球经济仍具有较大的不确定性和下行风险，大概率处于经济放缓后的触底及回升周期，下半年随着疫情明显缓解、俄乌冲突影响减缓、全球性通胀得到不断遏制，全球经济有望进入

稳定复苏态势。在此背景和趋势下，2022年我国缝制机械行业将呈现以下趋势。

1. 行业经济明显收缩

2022年，国外疫情防控基本趋于常态化，疫情对生产、生活、交通、消费节奏等影响大幅降低，疫情封锁和经济刺激带来的市场强劲反弹、报复性消费的红利已经结束，特殊时代背景下的海内外需求集中释放现象将不可能重现，全球经济增长将由强劲反弹转为常态复苏。

随着全球经济增速放缓、刺激政策陆续退出以及战争、通胀、加息等一些不确定性因素对经济的负面影响，全球的投资、消费、贸易等复苏步伐将放缓。行业在经历前期中高速增长后将整体收缩并步入常态化发展，基于2021年行业增长的高基数效应和市场需求转弱，特别是年初国内疫情反弹带来的短期重大影响，加速了上半年国内经济放缓和投资消费下行，使行业2022年经济发展总体较2021年下行态势加深，预计行业2022年营收将下降达15%~20%，经济将回落到2018~2019年的水平。

2. 国内市场明显下滑

2021年，我国缝制设备内销市场逐步走向饱和，下半年市场需求总体趋向疲软，下游中小服装企业预期转弱，压力增大，逐步陷入观望。2022年初以来，受国内疫情反弹和防疫限制影响，部分重点区域的服装企业被迫停工停产，全国服装销售业绩下滑，多个服装批发市场因疫情封控或关闭，服装企业普遍承受高库存和亏损压力，减产预期增强，大大加剧上半年缝制设备内销市场低迷。随着国内经济增速放缓、海外订单回流、疫情多点散发，加之消费信心不足、下游观望加大，预计服装、箱包等作为非刚性需求和消费难以实现较快复苏，工业缝纫机内销将面临较大的下行挑战。从疫情形势、市场需求、行业及产品周期规律的综合特征来判断，上半年内销总体低迷，下半年有望逐步恢复，预计2022年工业缝制设备内销将下降约25%~30%，总体差于2019年水平。

3. 中高端需求逐渐释放

疫情发生以来，我国规上服装企业投资持续低迷，说明规上服装企业总体还处于观望期，发展较为保守，需求被明显压制。2022年，政策走向和疫情形势将进一步明朗，双循环战略深入推进，扩内需政策进一步加码，规上企业的发展信心将不断恢复。从我国2022年1~2月投资数据来看，制造业投资同比增长20.9%，纺织业投资同比增长36.3%，投资呈现明显复苏回升趋势。从近期下游市场反应来看，国内外大型服装、制鞋等代工厂以及相关头部企业，订单较为火爆，对中高端缝制设备的需求正在逐步释放。预计下游规上服装、家纺、制鞋等企业将不断迎来复苏，其布局后疫情时代发展，加快数字化、智能化转型战略实施，将对高品质的缝纫设备，自动化、智能化的缝制单元、缝制产线和成套缝制解决方案等释放出越来越大的需求。

（三）发展建议

1. 调整产销规划，加快高质量发展

充分认识全球经济增速放缓和防疫措施、市场需求等趋向常态化的大趋势，认识到全球需求、企业产能都已经基本见顶，冲顶回落回归常态化发展已经是大势所趋。要加快推进结

构性调整，尽快将企业发展重心从关注量的增长，转移到关注质的提升和效益的改善，转移到关注技术创新、产品档次和附加值的提高上来，以高质量理念引领企业可持续发展。

2. 优化市场布局，构建新发展格局

针对全球经济发展和复苏的结构性分化，紧紧抓住今年内弱外强的市场新趋势，进一步细分国内市场，积极拓展东南亚等具有较大潜力的热点新兴市场，推动内外市场循环互补。同时，要全面科学布局中低端、中高端两个市场，积极向中高端市场渗透，特别是要不断打开中高端市场自动化、数字化、智能化转型的发展空间，开启第二经济增长曲线，拓展数字经济发展红利。

3. 加大技术创新，对接中高端需求

后疫情时代，下游大中型企业陆续复苏，将成为引领经济增长的主导性力量。要充分把握后疫情时代发展新机遇，加大技术创新投入，积极瞄准中高端需求，努力通过自身专业优势强化应用创新、集成创新和原始创新，推动企业产品结构转型和技术升级，以新产品新技术进一步激发市场需求，以技术创新和更高的附加值来提升对接中高端市场需求的能力及水平，加快企业向中高端迈进。

4. 聚焦品质提升，激发内生增长动力

面对全球纺织服装产业开启第五次全球性大转移，面对新兴市场国家服装加工行业的迅速崛起和民营经济的不断兴起等重要机遇，要坚持做精做强工业缝制设备单机，巩固企业未来长期赖以生存和发展的第一增长曲线，激发内生增长动力和市场竞争力。要在发展数字化、智能化的同时，集中资源持续深入开展的基础型产品质量提升，持续围绕产品的高品质、高可靠性进行打磨，尽快锤炼出行业精品和国际品牌。

附　录

附录一 2021年度中国纺织工业联合会奖项获奖名单

中国纺织工业联合会科学技术奖：科技进步奖（家纺）

一等奖

项目名称	主要完成单位	主要完成人
纳米碳素复合纤维与功能产品 产业化成套技术及应用	愉悦家纺有限公司、青岛大学、新材料与 产业技术北京研究院、山东黄河三角洲纺织科技研究院有限公司	房宽峻、伍丽丽、房磊、宗宪波、赵秀婷、李涛、刘迪、申春苗、高洪国、刘成禄、任燕飞、赵珍、于志辉、李田田、张国清

二等奖

项目名称	主要完成单位	主要完成人
生物质家纺面料功能化关键技 术的研究与应用	苏州大学、上海水星家用纺织品股份有限公司、东华大学、南通纺织丝绸产业技术 研究院	刘宇清、陈长洁、王钟、沈守兵、王国和、陈秀苗、梅山标、武亚琼、仇兆波、黄熠

第二批纺织行业"专精特新"中小企业（家纺）（排名不分先后）

地区	企业名称	特色产品
江苏	江苏豪申家纺布艺科技有限公司	生态温度自调节保健超柔纺织品
江苏	南通市怡天时纺织有限公司	微棉浴巾
江苏	江苏康乃馨织造有限公司	星级旅游饭店用纺织品
安徽	吉祥三宝高科纺织有限公司	仿鹅绒结构高保暖絮片
安徽	六安市海洋羽毛有限公司	精品羽绒被
湖南	岳阳宝丽纺织品有限公司	"漂亮宝贝"毛浴巾系列产品

中国纺织工业联合会产品开发贡献奖获奖企业（家纺）（排名不分先后）

山东魏桥嘉嘉家纺有限公司
上海水星家用纺织品股份有限公司

十大创新类纺织产品获奖名单（家纺）（排名不分先后）

申报品类	产品名称	企业名称
时尚创意产品	"芳园"欧式床品套件	无锡万斯家居科技股份有限公司
	"柿柿如意"数码印花床品套件	湖南梦洁家纺股份有限公司
	"丽兹之宴"全棉色织床品套件	宁波博洋家纺集团有限公司
	"氤氲墨雨"数码印花床品套件	华纺股份有限公司
	"花西子"刺绣床品套件	上海龙头家纺有限公司
	双面异花型巾被	孚日集团股份有限公司
	多功能鹅绒薄被	上海苗宅科技发展有限公司
	"佩妮"野餐系列产品	烟台明远创意生活科技股份有限公司
	"百穗"丝绸家居生活系列产品	吴江桑尚丝绸有限公司
	"海市蜃楼"仿绣花颗粒窗帘	烟台明远创意生活科技股份有限公司
非遗创新产品	多色纬大提花织绣床品套件	江苏悦达家纺有限公司
	"大观园"中式刺绣床品套件	浙江罗卡芙家纺有限公司
智能科技产品	弹性传感技术智能家纺产品	山东魏桥嘉嘉家纺有限公司，魏桥纺织股份有限公司，宁波韧和科技有限公司
	发热草本护颈枕	成都晓梦纺织品有限公司
	可水洗纯蚕丝被	杭州万事利丝绸文化股份有限公司
	儿童羊毛空调被	上海恒源祥家用纺织品有限公司
	"COOL系列"晶凉双重凉感夏被	罗莱生活科技股份有限公司
	抗菌防螨控温被	青岛邦特生态纺织科技有限公司
	纯棉夏凉被	四川安浪家纺有限责任公司
	"简素"亚麻色织条纹床品套件	青岛莫特斯家居品有限公司
	"布鲁斯"数码印花抗菌床品套件	南方寝饰科技有限公司
	竹浆莱赛尔抗菌床品套件	青岛纺联控股集团有限公司
	力学牵引护颈枕	湖南梦洁家纺股份有限公司
	蝶型枕	上海东隆家纺制品有限公司
	零压力惰性枕	陕西雅兰寝饰用品有限公司
	多组分丝织提花凉席	江苏苏丝丝绸股份有限公司

申报品类	产品名称	企业名称
运动功能产品	迷彩抗菌环保睡袋	山东阿克索纺织科技有限公司，天诺光电材料股份有限公司，烟台腾鑫纤维科技有限公司
医疗卫生用功能产品	零致敏婴童安护洗脸巾	河南逸祥卫生科技有限公司，塞德利（中国）纤维有限公司
	海藻纤维抗菌产褥垫	青岛格诚经纬生物科技有限公司，深圳市亚骏宇科技有限公司
易护理产品	"净舒·芯生活"抗菌防臭鹅绒被	上海水星家用纺织品股份有限公司
	3D透气分区可水洗床垫	愉悦家纺有限公司
	易打理植绒壁布	山东领潮新材料有限公司
安全防护产品	新型芳纶符合结构防爆毯	北京普凡防护科技有限公司
	海藻纤维抗菌产踏垫	青岛格诚经纬生物科技有限公司
健康保健产品	"康福之源"聚乳酸老年护理床品套件	江苏富之岛美安纺织品科技有限公司，上海德福伦化纤有限公司
生态环保产品	海藻纤维多功能地毯	阳信瑞鑫集团有限公司
	"遇见"一次成形仿絮片盖毯	山东魏桥嘉嘉家纺有限公司，魏桥纺织股份有限公司，山东魏桥特宽幅印染有限公司
	再生纤维快干便携巾被	孚日集团股份有限公司

附录二 "海宁家纺杯" 2021中国国际家用纺织品 创意设计大赛获奖名单

创意组获奖名单

金奖

序号	作品名称	姓名	单位名称
1			空缺

银奖

序号	作品名称	姓名	单位名称
2	江南印象	孔蓉蓉	苏州工艺美术职业技术学院
3	悠悠山水间	马超	宁波大学潘天寿建筑与艺术设计学院
4	融荣	税敏	成都纺织高等专科学校

铜奖

序号	作品名称	姓名	单位名称
5	韵·染	郝佳乐	鲁迅美术学院
6	十里景明	李依婷	浙江理工大学
7	榫卯	李云靖	湖南工业大学
8	黎韵	刘凤娇	内蒙古师范大学
9	吉庆	刘恋	北京服装学院

软装组获奖名单

金奖

序号	作品名称	姓名	单位名称
1	时·安	杨硕	北京服装学院

银奖

序号	作品名称	姓名	单位名称
2	厝	傅玉凤	中国美术学院
3	视觉·modern	宿轩鼎	鲁迅美术学院
4	悦来茶园室内陈设设计与运用	魏思怡	西南交通大学

铜奖

序号	作品名称	姓名	单位名称
5	见南山	傅冠群	鲁迅美术学院
6	日暮里	黄安琦	鲁迅美术学院
7	沙丘轶事	吕川平	中国美术学院
8	女主播的家	宿轩鼎	鲁迅美术学院
9	生·苼	张湄彬	鲁迅美术学院

附录三 "张謇杯"2021中国国际家用纺织品产品设计大赛获奖名单

金奖

作品名称	作者姓名	参赛单位
永恒之恋	陆大明	南通米梭纺织科技有限公司
3D梦幻渐变太空棉	周志泉	杭州尼特尔纺织有限公司
七里香	周晓君	烟台北方家用纺织品有限公司

银奖

作品名称	作者姓名	参赛单位
卉茵	帅纬	南通三威家纺科技有限公司
田田	帅纬	南通三威家纺科技有限公司
境·艺	金燕	江苏大唐纺织科技有限公司
书房布艺饰品设计	张琪满	南通大学
雨的印记	吴丽奇	浙江和心控股集团有限公司
Memory and rememberance	Lee Mi Kyeong	

铜奖

作品名称	作者姓名	参赛单位
天使贝贝聚乳酸婴幼床品	刘俊霞	南通富之岛美安科技发展有限公司
重塑	李美慧、吕治家、姜磊	山东魏桥嘉嘉家纺有限公司
星巢·极光	杜兆隆 杨艳	孚日集团股份有限公司
蓝·蕴	王倩、黄雨桐、顾婷婷	南通大学
家园	张颖	华尔泰国际纺织（杭州）有限公司
3D几何太空棉	周志泉	杭州尼特尔纺织有限公司

作品名称	作者姓名	参赛单位
高粱红了	赵京洁、赵萍、薛瑞芬、赵艳	孚日集团股份有限公司
Always	Tark Jung Eun	
富春山居	史玲玲	上海凯盛床上用品有限公司

品牌潮流风尚奖

作品名称	作者姓名	参赛单位
月白	王文婷	南方寝饰科技有限公司
乘风破浪	刘畅	福建佳丽斯家纺有限公司
丝路春晓	高叙礼	上海饰爵家纺科技有限公司
亭深逐梦	沈小红	南通东调调家居科技有限公司
维京大道	纪珊珊	江苏宝缦家纺科技有限公司
黛·辉	金燕	江苏大唐纺织科技有限公司

未来设计师之星

作品名称	作者姓名	参赛单位
荷风	李金舜、刘恋	鲁迅美术学院
蒸汽朋克—埃及幻想	刁建鹏、徐洋	江苏工程职业技术学院
织之韵	宋修卿	北京服装学院
状元张——儿童家纺产品设计	邢鑫玉	江苏工程职业技术学院
雀羽	刘恋	北京服装学院

产品设计人气奖

作品名称	作者姓名	参赛单位
状元张——儿童家纺产品设计	邢鑫玉	江苏工程职业技术学院
雨后芬芳	吕嘉琳	鲁迅美术学院
倾慕之心	何帝漫	黛富妮家饰用品有限公司
雨林秘境	袁加雄	
海兔的一天	许欣悦	中国美术学院
望春信使	殷千惠	湖南工业大学

附录四 "震泽丝绸杯" 2021中国丝绸家用纺织品创意设计大赛获奖名单

金奖

序号	作品编号	作品名称	作者姓名	参赛单位	指导老师
1	149	画说生肖	李金洋	广西艺术学院	陆红阳

银奖

序号	作品编号	作品名称	作者姓名	参赛单位	指导老师
2	1342	虎虎生威	陈康/朱彤	青岛大学	彭卫丽、郑骞
3	2165	夏日心语	李玲	清华大学	贾京生
4	2103	盛世于群檐	李凯文	苏州大学	张晓霞

铜奖

序号	作品编号	作品名称	作者姓名	参赛单位	指导老师
5	1977	第五十夜的皮毛和雨林	毛祎祺	鲁迅美术学院	冯媛
6	1814	流金岁月	杨光灿	云南民族大学	刘晓蓉
7	1511	物·语	朱猛	青岛大学	郑骞
8	328	归途的记忆	张钰	苏州大学	张晓霞

附录五 2021年国民经济和社会发展统计公报

表1 2021年居民消费价格比上年涨跌幅度（％）

指标	全国	城市	农村
居民消费价格	0.9	1	0.7
其中：食品烟酒	−0.3	0	−1.2
衣着	0.3	0.3	0
居住	0.8	0.8	1.1
生活用品及服务	0.4	0.4	0.4
交通和通信	4.1	4.2	3.9
教育文化和娱乐	1.9	2	1.7
医疗保健	0.4	0.3	0.7
其他用品和服务	−1.3	−1.4	−1.2

表2 2021年居民消费价格月度涨跌幅度

项目	1月	2月	3月	4月	5月	6月	7月	8月	9月	10月	11月	12月
月度同比（％）	−0.3	−0.2	0.4	0.9	1.3	1.1	1.0	0.8	0.7	1.5	2.3	1.5
月度环比（％）	1	0.6	−0.5	−0.3	−0.2	−0.4	0.3	0.1	0.0	0.7	0.4	−0.3

表3 2021年房地产开发和销售主要指标及其增长速度

指标	单位	绝对数	比上年增长（％）
投资额	亿元	147602	4.4
其中：住宅	亿元	111173	6.4
房屋施工面积	万平方米	975387	5.2
其中：住宅	万平方米	690319	5.3
房屋新开工面积	万平方米	198895	−11.4
其中：住宅	万平方米	146379	−10.9

指标	单位	绝对数	比上年增长（％）
房屋竣工面积	万平方米	101412	11.2
其中：住宅	万平方米	73016	10.8
商品房销售面积	万平方米	179433	1.9
其中：住宅	万平方米	156532	1.1
本年到位资金	亿元	201132	4.2
其中：国内贷款	亿元	23296	−12.7
个人按揭贷款	亿元	32388	8

表4　2017~2021年国内生产总值及其增长速度

项目	2017年	2018年	2019年	2020年	2021年
数值（亿元）	832036	919281	986515	1013567	1143670
增幅（％）	6.9	6.7	6.0	2.2	8.1

表5　2017~2021年全部工业增加值及其增长速度

项目	2017年	2018年	2019年	2020年	2021年
数值（亿元）	275119	301089	311859	312903	372575
增幅（％）	6.2	6.1	4.8	2.4	9.6

表6　2017~2021年全国居民人均可支配收入及其增长速度

项目	2017年	2018年	2019年	2020年	2021年
数值（元）	25974	28228	30733	32189	35128
增幅（％）	7.3	6.5	5.8	2.1	8.1

表7　2017~2021年社会消费品零售总额及增长速度

项目	2017年	2018年	2019年	2020年	2021年
数值（亿元）	347327	377783	408017	391981	440823
增幅（％）	10	8.8	8.0	−3.9	12.5